21世纪工商管理系列教材

本书获得湖北省教育科学“十二五”规划项目“基于创新能力培养的人力资源管理实验课程开发与实践”（编号：2013B035）、湖北省高等学校省级教学研究项目“基于双创视角下大学生创客教育的理念、条件与服务”（编号：2015166）、中南财经政法大学校级教学研究项目“人力资源开发与管理实验课程体系研究”（编号：2013YB31）、中南财经政法大学校级实验教学项目“人力资源管理实验教材建设研究”（编号：SY201429）资助出版

人力资源管理实训教程

赵　君　刘容志　主编

WUHAN UNIVERSITY PRESS
武汉大学出版社

图书在版编目(CIP)数据

人力资源管理实训教程/赵君,刘容志主编 .—武汉：武汉大学出版社,2016.11(2024.2 重印)
21 世纪工商管理系列教材
ISBN 978-7-307-18781-8

Ⅰ.人… Ⅱ.①赵… ②刘… Ⅲ.人力资源管理—高等学校—教材 Ⅳ.F243

中国版本图书馆 CIP 数据核字(2016)第 272317 号

责任编辑:詹 蜜 责任校对:汪欣怡 版式设计:马 佳

出版发行：**武汉大学出版社** (430072 武昌 珞珈山)
(电子邮箱：cbs22@ whu.edu.cn 网址：www.wdp. com.cn)
印刷:武汉邮科印务有限公司
开本:720×1000 1/16 印张:17.25 字数:347 千字 插页:1
版次:2016 年 11 月第 1 版 2024 年 2 月第 3 次印刷
ISBN 978-7-307-18781-8 定价:48. 00 元

前　言

随着现代人力资源管理研究的不断深入，技能的不断提高，实践的不断创新，高校大学生课堂仅仅关注对知识点的理解和掌握已远远不够，特别是管理类的 实践型学科，我们更希望学生可以掌握一些管理技巧、实践能力和解决问题的方法，同时培养学生的团队合作意识和创新精神。本教材正是致力于此，作为专业的实训教程，我们按照人力资源管理的各个模块对相关的优秀案例进行整理和汇总，共分为九个章节，分别为组织结构设计、工作分析、招募、甄选与录用、培训与开发、绩效管理、薪酬福利、职业生涯管理、劳动关系管理。每个章节有4~6个针对重要知识点的实训和1个综合实训，每个实训建议学习2~4个学时。

本教材适用于高等院校经济管理专业本科生、研究生阶段的学习和教学使用，既可作为专业的实训教材，也可以作为理论课程的课后辅导；既可按照章节顺序来学习，也可根据教师授课情况针对某些模块进行练习。我们的宗旨在于丰富学生的实际操作经验，在以灵活多样的实训形式（包括案例分析、情景模拟、角色扮演、拓展训练等）为教学增添乐趣的同时，强化实践教学的新理念，同时适应新形势下经济管理人才培养的需要。

本教材最突出的特点是“简而精”。每一章节的开头我们都对该模块的相关知识点进行整理和回顾，每一个案例都是精心挑选出来的，具有代表性，整本教材也几乎涵盖了人力资源管理过程中可能面对的所有问题。再则，简而不缺，精益求精。每一个实验都列出了实验的目的、材料、步骤、考核标准、参考资料等，且相对独立，作为读者学习或工作的参考也相当方便和有效。

本教材由中南财经政法大学赵君副教授和刘容志讲师担任主编，负责教材整体框架和知识点的编排整理、案例的筛选及文字的统稿与修改，同时感谢以下几位研究生同学在案例搜集整理和编写等方面提供的帮助与努力，具体如下：谢慧芹负责第一章、第二章和第九章；肖素芳负责第三章和第四章；宋杏丽负责第五章；程丽负责第六章和第七章；郑超负责第八章。校稿工作主要感谢肖素芳、程丽和郑超的支持和帮助。另外，本书在编写过程中参考了国内各位专家的教材、专著和论文资料，借鉴了部分案例，也引用了一些观点，在教材后均有列出，特向有关参考书的各位作者表示诚挚的感谢。

本教材受到了湖北省教育科学“十二五”规划项目“基于创新能力培养的人

力资源管理实验课程开发与实践”（编号 2013B035）、湖北省高等学校省级教学研究项目“基于双创视角下大学生创客教育的理念、条件与服务”（编号 2015166）、中南财经政法大学校级教学研究项目“人力资源开发与管理实验课程体系研究”（编号 2013YB31）、中南财经政法大学校级实验教学项目“人力资源管理实验教材建设研究”（编号 SY201429）的经费资助，同时也得到了中南财经政法大学公共管理学院和工商管理学院各位领导的大力支持和鼓励，在此表示衷心的感谢。此外，由于编者水平有限、时间紧张，难免会有不足之处，在此热忱欢迎读者提出批评、建议和宝贵的意见。

赵 君 刘容志

2016 年 8 月

目　　录

第一章　组织结构设计……1

知识要点……1

实验一　组织结构设计案例分析……3

实验二　组织结构设计实验……8

第二章　工作分析……13

知识要点……13

实验一　工作分析计划书设计……16

实验二　职位分析访谈实验……18

实验三　岗位说明书的编写……20

实验四　岗位资料调查模拟实验……29

实验五　综合案例……33

第三章　招募……42

知识要点……42

实验一　招聘计划的编制……45

实验二　招聘广告的编制……51

实验三　招聘渠道选择……54

第四章　甄选与录用……57

知识要点……57

实验一　简历制作与筛选……59

实验二　结构化面试……67

实验三　无领导小组讨论……69

实验四　录用通知……76

实验五　招聘评估……78

第五章 培训与开发 …… 83
知识要点 …… 83
实验一 设计培训需求调查问卷 …… 90
实验二 制订新员工培训计划 …… 97
实验三 培训方法选择 …… 107
实验四 培训方法模拟一——角色扮演法 …… 112
实验五 培训方法模拟二——啤酒游戏 …… 116
实验六 培训效果评估 …… 120

第六章 绩效管理 …… 125
知识要点 …… 125
实验一 绩效考核指标设计 …… 129
实验二 绩效考核技术 …… 134
实验三 绩效反馈面谈 …… 138

第七章 薪酬福利 …… 143
知识要点 …… 143
实验一 职位评价 …… 144
实验二 薪酬设计 …… 170
实验三 员工福利 …… 173

第八章 职业生涯管理 …… 178
知识要点 …… 178
实验一 职业生涯诊断 …… 182
实验二 职业目标选择 …… 185
实验三 职业通道变更 …… 188
实验四 职业生涯分析 …… 193
实验五 人员评估与挑战 …… 199
实验六 本章综合案例 …… 205

第九章 劳动关系管理 …… 226
知识要点 …… 226
实验一 劳动合同编写实验 …… 229
实验二 劳动关系管理实验 …… 238

实验三　劳动关系诊断实验………………………………………………………… 244
实验四　集体谈判模拟实验………………………………………………………… 247
实验五　劳动争议仲裁模拟实验…………………………………………………… 258
实验六　本章综合案例……………………………………………………………… 263

第一章　组织结构设计

》》知识要点

1. 组织结构设计的概念

组织设计是指对组织结构进行设计，是把组织内的任务、权力和责任进行有效组织协调的活动（余凯成，2001）。组织结构的调整和设计一般要遵循诸如服务战略和目标、专业化、命令一元化、权责对等、有效管理幅度、精干高效等原则。

2. 组织结构设计的内容与方法

组织调整设计一般可以分为三类，即以“人”为中心的调整设计、以组织结构为中心的调整设计和以任务和技术为中心的调整设计。以“人”为中心的调整设计主要涉及知识、态度和行为的变革。以组织结构为中心的调整设计包括划分或合并新部门、改变职位权责关系、协调管理幅度和层次等。以任务和技术为重点的调整设计包括改革原有工作流程，采用新工艺、新方法以及实行控制技术和新的管理技术等。

组织调整设计的方法可以分为工作分析法、纵向决策分析法和横向分析法。工作分析法以组织目标为依据，通过分析明确目标和关键业绩影响因素，从而确定哪些工作需要加强，哪些可以取消，进而增加、减少或合并机构。纵向决策分析法是根据决策权限来考虑组织设计调整问题。横向关系分析是就横向业务联系分析组织调整设计问题。

3. 组织结构的类型

常见的组织结构类型有直线型、职能型、直线—职能型、矩阵型、多维立体型、事业部型、母子公司制等。表 1-1 比较了一些组织结构的特点以及组织结构与战略性人力资源规划的关系。

表 1-1 **组织结构与战略性人力资源规划①**

组织结构	特点	适用情形	对战略性人力资源规划的影响
直线型	指挥和管理由行政负责人自己执行，下属只接受一个上级的指挥	未实行专业化管理的小型企业，或现场作业管理	①层级化的清晰的晋升路线 ②清楚、详细的工作说明 ③报酬支持、功绩晋升与投入 ④根据工作需要进行培训 ⑤最高管理层掌握信息
直线—职能型	①实行专业化分工，以加强专业管理 ②企业管理结构和人员分为两类，一类是直线指挥机构和人员，另一类是职能机构和人员	在规模较小、产品品种比较简单、工艺比较稳定、市场销售情况比较容易掌握的情况下采用	
矩阵型	形态如横、纵排列的矩阵，既有按职能划分的垂直领导系统，又有按项目划分的横向领导系统	设计、研制等创新性质的工作。例如，军工业、航天工业、高科技产业	①概括性的工作描述 ②员工发展路径多 ③培训强调通用性和灵活性 ④报酬强调个人的知识和工作小组的业绩 ⑤与工作小组共享信息
多维立体型	在矩阵组织结构的基础上再增加一些内容，就形成了多维立体组织结构	跨国组织或跨地区的大组织	
事业部型	对于企业的生产经营活动，按产品或地区的不同，建立不同的经营事业部，同时，每个经营事业部是一个利润中心，在总公司领导下，实行统一政策，分散经营，独立核算，自负盈亏	规模较大、产品种类较多、适应性要求较强的大型联合企业或跨国组织	①明确的市场导向 ②多元化的组织架构、工作职位 ③多元化的人员素质需求 ④组织结构和人员结构随市场变化进行调整 ⑤注重多元能力和适应能力培训 ⑥报酬与事业部或子公司紧密关联 ⑦组织内部共享多元信息
母子公司制	①母公司对子公司的控制，主要通过股权进行 ②子公司具有法人资格，自主经营、独立核算、自负盈亏，独立承担民事责任	采用股份制且实行跨行业多种经营的大型集团公司	

① 赵曼，陈全明．人力资源开发与管理（第二版）［M］．北京：中国劳动社会保障出版社，2007：77.

4. 组织结构设计的流程

一般来讲，组织结构设计的流程如图 1-1 所示。

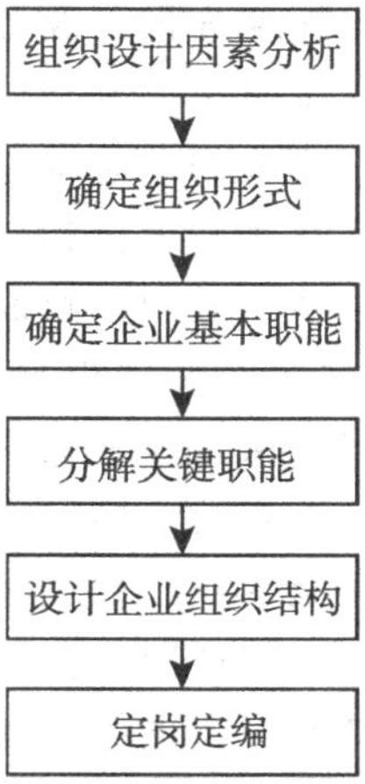

图 1-1　组织结构设计基本流程图

实验一　组织结构设计案例分析

1. 实验目的

了解组织结构设计的要素，掌握组织结构的类型与特点；了解影响组织结构变革的因素以及组织结构变革的发展趋势。

2. 实验条件

多媒体教室或者实验室。

3. 实验时间

本次实验时间以 2 个课时为宜。

4. 实验内容

【案例材料 1】

波音公司基于全球化的网络化运作①

一位美国的著名学者认为："波音飞机除了商标是波音公司的，所有其他

① 任浩．现代企业组织设计［M］．北京：清华大学出版社，2005：549-550.

的部件属于全世界。”这话从一个全新的视角，说明了基于全球化的网络化企业运作思想，也用事实说明了网络化企业的发展方向。作为全球最有竞争力的飞机制造者，波音公司所制造的飞机的3000多个零部件，都是由全球拥有最专业技术的十几个国家和地区来完成的。波音公司与这些零部件的生产厂商紧密联系在一起，以比竞争对手低得多的价格，得到性能更优、质量更高的零部件，从而达到波音飞机优质、高效的总装条件。波音公司利用基于全球化的网络运作，聚集了全球的优秀人才和技术，构筑了自身的科学管理模式和核心竞争力，在强手林立的行业中，成为独树一帜的龙头老大。

（1）在产业结构方面，波音公司在设计、研发、制造和服务上，集中了世界上的优势资源和生产技术，采用了全球化的网络化企业运作方式，实现了以发达国家的核心技术、人才管理为主导，以跨国公司为主要动力的全球产业结构优化组合，使自己成为了世界工厂的飞机制造王国。

（2）在管理手段方面，波音公司构建了基于便捷、高效的多媒体的全球网络交互方式，创造了各群体在不同的国家和地区分布与合成的现实和虚拟的管理工作环境。例如，在世界范围内，共同完成某一任务的群体成员，需要知道不同地区每个成员前期和当前的工作情况，便捷的方法就是通过多色鼠标、不同类型的多色表达和交互语言，以及在每一个工作点的平台上开辟所有参与者的有序窗口和合成窗口，从而实现全球化的不同群体之间并行或协同的管理工作。

（3）在设计方法方面，波音公司利用“虚拟手”，即VR-CAD（虚拟现实计算机辅助设计），在世界范围内建立了分布式、协同式、并行式、合成式的现实与虚拟结构的设计环境。利用VR-CAD系统，共同进入交互式、沉浸式、全球式的三维设计环境，在并行工程思想与优化技术的指导下，把分布在世界各地设计结点上的设计师和智慧系统结合在一起，不断对群体虚拟图与整机设计图进行拆分与合成、修改与优化，直至达到设计要求。

（4）波音公司建立了全球的供应链系统（以航空运输为主），把分布在世界各地的制造企业、供应商、销售商、航空公司及服务系统连接在一起，形成一个利益和效益并行总装的共同体，通过卫星资源定位系统，对全球供应链上的结点进行实时跟踪和监控，同时对全球已投入营运的飞机进行全程跟踪与监控，收集各类与飞机设计、制造、安全有关的重要数据，进行及时分析和反馈。

（5）在信息化建设方面，波音公司对分布在世界各地的网络企业及分公司，都构筑了PDK（产品数据库）、ERP（企业资源规划）、BPR（企业流程再造）、CAD/CAM（计算机辅助设计/辅助制造）、CRM（客户关系管理）、DSS（决策支持系统）、专家咨询系统、人才库、技术库、思想库等，使所有应用系统与波音公司的业务流程和管理架构形成无缝连接，并在并行与协同管理的基础上，构筑了系统分析、诊断、预测、预警、咨询、调控、决策等应用体系，使基于全球化的网络化企业运作方式的波音公司，进入崭新的科学管理阶段。

◎ **案例讨论：**

（1）分析波音公司应如何构建网络型组织结构？

（2）如何运行一个网络型的企业，从案例中可以得到哪些启示？

【案例材料 2】

YY 公司现行组织结构①

YY 公司是一家大型的老牌国有企业，随着改革开放和市场经济的发展，公司规模和经营范围的不断扩张，原有的组织结构越来越难以适应企业的管理要求（见图 1-2），为了适应公司发展的需要，2006 年底公司决定聘请 S 大学的管理专家对公司的组织结构进行重新设计。专家们在充分调查研究的基础上，结合公司未来发展的战略要求，向公司提出了一个全新的组织设计图（见图 1-3），并进行了配套设计，公司在充分讨论的基础上决定采纳专家们的建议。

◎ **案例讨论：**

（1）根据组织结构的理论知识，讨论该公司组织结构为什么要做上述调整？

（2）新的组织结构有哪些方面需要加以改进？

【案例材料 3】

万科：维护制度和程序是有成本的②

1998 年初万科公司发生了一件事。

万科公司上海分公司是大的分公司，在整个万科公司的业务中举足轻重。不幸的是 1997 年这个分公司的部分高层管理人员发生了集体受贿事件，导致万科对上海分公司进行大换血。

1997 年末万科从总部派出新的“三驾马车”，分别任命为上海分公司的正、副总经理和市场部经理，接管已严重受损的上海业务。年轻的新领导班子

① 瞿晓理，姚乐．人力资源管理案例汇编［M］．北京：经济科学出版社，2012：14-15.

② 夏光．人力资源管理案例·习题集［M］．北京：机械工业出版社，2006：51-52.

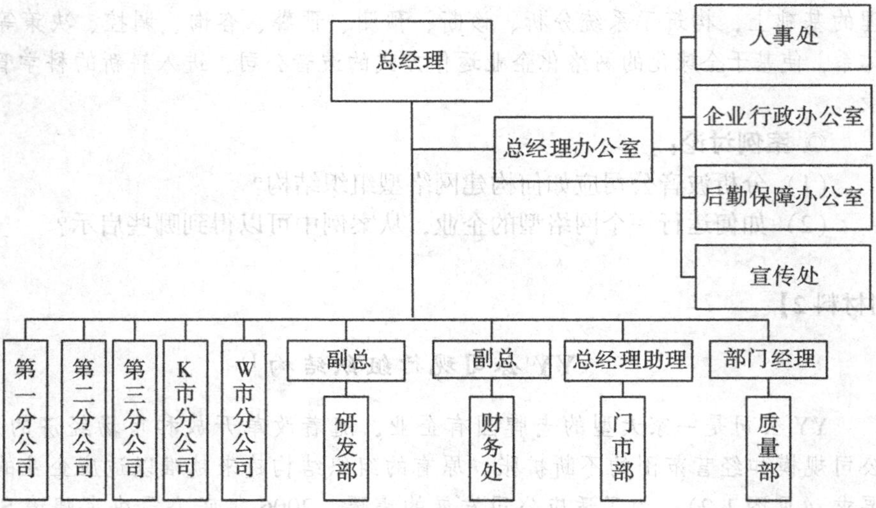

图 1-2　YY 公司原有组织结构图

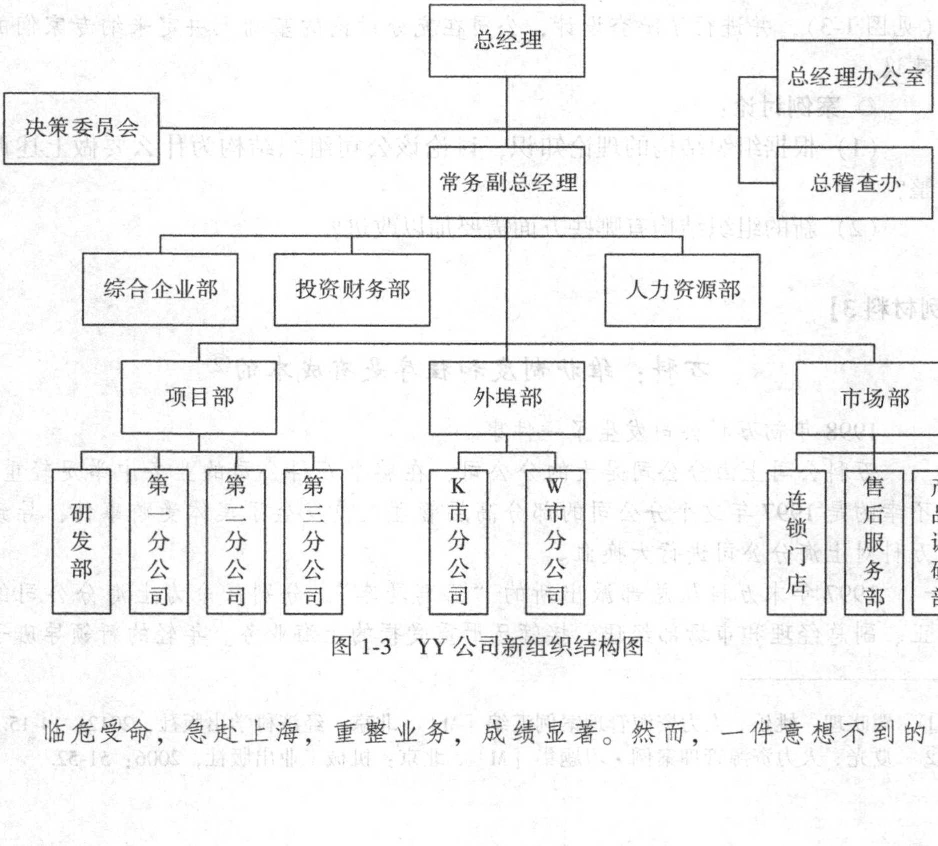

图 1-3　YY 公司新组织结构图

临危受命，急赴上海，重整业务，成绩显著。然而，一件意想不到的“小事”，却使得这个刚组建的领导班子差点解体。

1997年末，劳累了一年的万科人力资源部总经理解冻，在处理完年底最后一点活，兴冲冲地准备度假时，上海分公司一个销售主任飞抵深圳总部向解冻投诉，上海分公司违反人事制度把他解雇了。

原来，这个当地的销售主任和总部刚派过去的市场部经理，发生了严重的工作冲突，以至于工作不能正常继续下去。在会上，这个市场部经理当场表示要炒掉这个主任。会后，他征得一同派来的正副总经理同意后，第二天便解雇了这名销售主任。可是这名被炒的销售主任认为：上海分公司违反了万科公司的制度。因为万科公司的人事制度是，基层管理者如果在工作上犯了错误，首先应该降职，之后才能将其辞退。另外，公司在《职员手册》关于解雇的程序上明确规定，要辞退一个员工，也必须在征得分公司老总和总部人力资源部共同同意，并征询职委会（工会）的意见下方可进行。因此，仅凭他因工作问题与上司发生冲突，并不足以将其辞退。所以，他一气之下向万科总部“讨说法”来了。

解冻接到投诉后，立刻着手调查此事。在调查过程中了解到：上海分公司坚持认为该员工不服管理，应该予以辞退；同时市场部经理也表示，如果万科总部要撤销这个解雇决定，他就立刻辞职。解冻为难了。上海分公司的做法显然不符合程序，可是上海分公司已经出了公告。让上海分公司收回成命，就意味着不仅要失去一名刚派去的高级管理人员，而且对新管理层的士气影响巨大。两权相害，取其轻吧！为了维护上海分公司管理层的权威和尊严，解冻还是决定维持原判，同时告诫上海分公司下不为例，并将此处理意见反馈给职委会。

本来这个事件到此可以告一段落了。可是，职委会收到事件调查报告后，立即对此提出了异议，认为既然《职员手册》是公司员工应该遵循的规章大法，为何不遵照执行？如果开了这样的先例，是不是今后任何一个部门经理只要对员工不满意，都可以随意辞退？那员工利益还如何得到保障？因此，职委会对辞退该员工表示反对，认为这样的先例不能开。于是官司打到了董事长王石的台面上。王石不愧是万科公司的领头人，在经过同上海分公司新的领导层充分沟通后，说服他们收回了成命。于是该销售主任保住了饭碗，但受到降职降薪的处理；而“三驾马车”变成了两驾，市场部经理辞职了。

◎ **案例讨论：**

（1）导致案例中解雇问题出现的原因是什么？有什么解决问题的办法？

（2）本案例给我们的启示是什么？

5. 实验步骤

（1）由教师说明实验任务和实验要求，以及考核标准。

(2) 分析案例材料，回答问题。

(3) 撰写案例分析报告。

(4) 教师评分和点评。

6. 考核要求

(1) 是否掌握案例分析的基本方法。

(2) 能否在规定时间内完整地完成案例分析报告。

(3) 分析案例分析的注意事项。

(4) 是否完整记录实验内容，文字表达是否准确、清晰。

(5) 总成绩 100 分，实验成绩占 70%，实验报告占 30%。

7. 实验思考

(1) 绩效考核指标设计需要遵循的原则有哪些？

(2) 绩效考核指标设计存在哪些方法？

(3) 绩效考核指标设计的流程和步骤是什么？

7. 实验思考

(1) 网络化结构的特点是什么？如何构建网络化结构？

(2) 组织结构变革的趋势与特点是什么？

实验二 组织结构设计实验

1. 实验目的

了解组织结构的类型和特点；掌握组织结构设计的要点以及主要流程；提高自身的方案设计能力。

2. 实验条件

多媒体教室或者实验室。

3. 实验时间

本次实验时间以 2 个课时为宜。

4. 实验内容

【案例材料 1】

××会计师事务所的组织结构

××会计师事务所是国内著名的会计师事务所，是一家合伙性企业，拥有员工 130 多人。主要服务领域包括审计、税务、人力资源、交易、危机管理等，通过制定解决方案及提供实用性的意见，不断为客户及股东提升价值。其主要的经营范围如下：

（1）保证企业咨询服务。具体包括：财务报表审计、石油行业价值分析、全球扩展及私有化、内部控制服务、内部审计服务、风险管理、外包服务等。

（2）商业程序外包。具体包括：财务及会计、应用流程、采购、人力资源、不动产管理等。

（3）财务咨询服务。具体包括：企业重组服务、致力于有形及无形资产评估等公司价值咨询服务等。

（4）管理咨询服务。具体包括：公司战略、技术战略、组织战略、经营战略、改造战略等。

（5）全球人力资源服务。主要包括全球人力资源咨询服务以及提供人力资源解决方案。

◎ **案例讨论：**

请根据案例材料为××会计师事务所设计一个适当的组织架构。

【案例材料2】

××设备制造企业组织结构诊断①

××设备制造企业以研究开发、设计、制造、经营工业自动化领域电子及供配电子产品为主营业务。随着设备制造业的快速发展，消费者对电子、供配电设备的需求量增加，该企业面临一个快速发展时期，但是因其刚刚进行兼并重组，急需对组织结构进行调整。

××设备制造企业原有组织结构如图1-4所示：

对××设备企业组织结构的诊断内容如下：

（1）行政系统诊断：

①行政系统庞大，不符合目标中心原则，企业高层领导需耗费大量时间在非重要管理职能上。

②行政系统部门过多，具体职能过少，存在严重的人浮于事、效率低下的情况。

③人事部被规划到了行政系统中，降低了人事部的作用和地位。

（2）营销系统诊断：

由于企业的营销系统管理成本高，且实行了绩效考核制度和薪酬制度，因

① 孙宗虎．组织结构设计实务与范例［M］．北京：人民邮电出版社，2014：223-224.

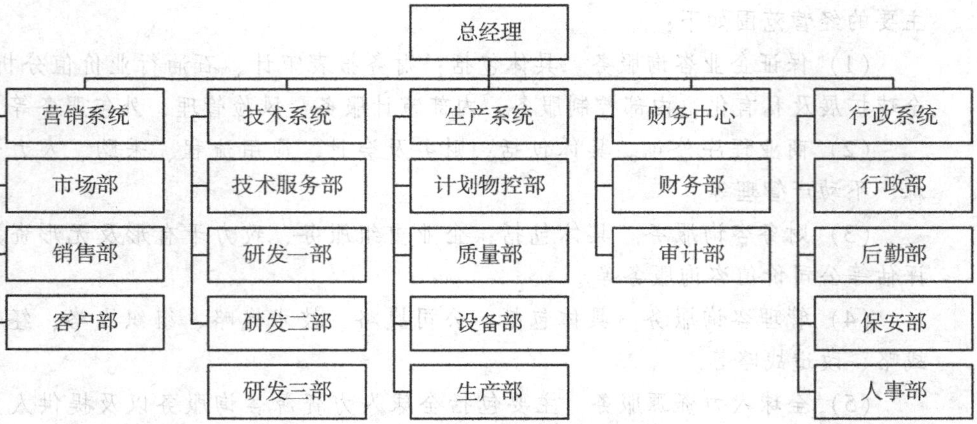

图 1-4 ××设备制造企业原有组织结构图

此员工间互相推诿的情况较多。另外，由于很多销售问题的决策时效性强，而相应的决策须在企业总经理办公会后才能做出，因此经常因决策效率低而影响市场的反应速度。

(3) 生产系统诊断：

①生产系统中未设置品质检验部，对产品质量的把控不够严格，导致客户返修率和零件返修率较高。

②由于企业的设计部和生产部的车间技术人员都有承担现场工艺技术服务的职能，因此在工作中经常出现互相推诿和互相指责的现象。

③采购职能由计划物控部下面的采购科负责。产品特点决定了采购人员必须具有较高的专业性，加上企业业务的不断扩大，现有的采购物品的质量、及时交货率及采购成本的控制方面存在较多问题，无法满足产品生产的要求。

(4) 技术系统诊断：

技术系统实行研究项目制，将研发技术人员划分为多个研发部，没有明确的分工。它们都能获得独立承担企业研发项目的机会。

◎ **案例讨论：**

(1) 如何改善××设备制造企业现有组织结构问题？请给出改善对策与建议。

(2) 根据原有组织结构的问题及对策，设计××设备制造企业新的组织结构。

5. 实验步骤

(1) 由教师说明实验任务和实验要求，以及考核标准。

（2）划分实验小组，进行案例分析和组织结构设计。

（3）展示组织结构方案。

（4）教师评分和点评。

6. 考核要求

（1）是否掌握组织结构设计的内容和方法。

（2）能否在规定时间内完成组织结构设计。

（3）分析组织结构设计的注意事项。

（4）是否完整记录实验内容，文字表达是否准确、清晰。

（5）总成绩 100 分，实验成绩占 70%，实验报告占 30%。

7. 实验思考

（1）会计师事务所的组织特点是什么？适合怎样的组织结构？

（2）不同组织结构的优缺点是什么？

【参考资料】

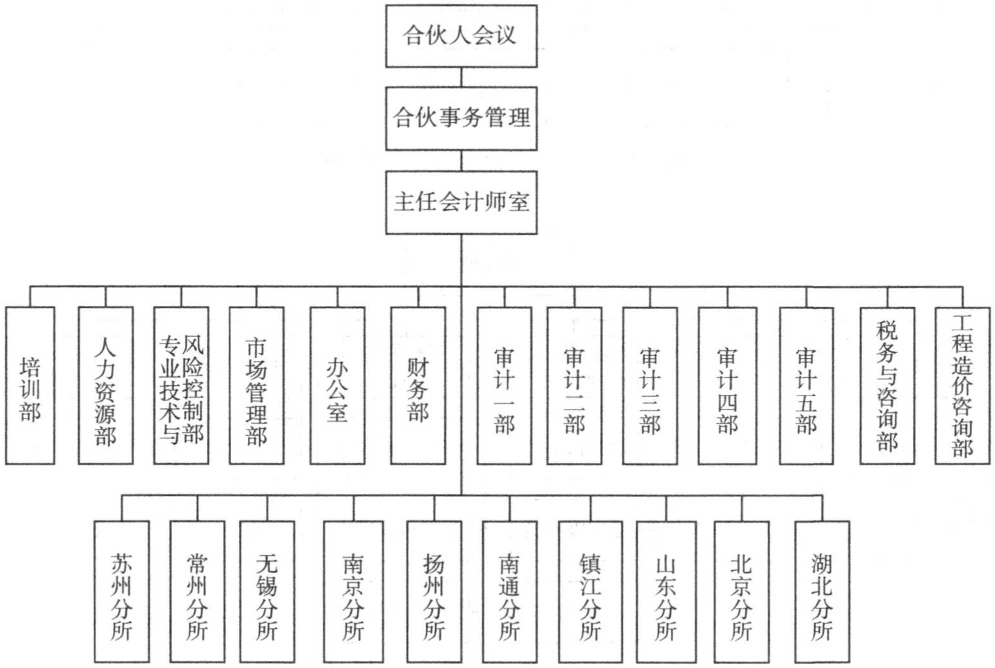

图 1-5　××会计师事务所组织结构图

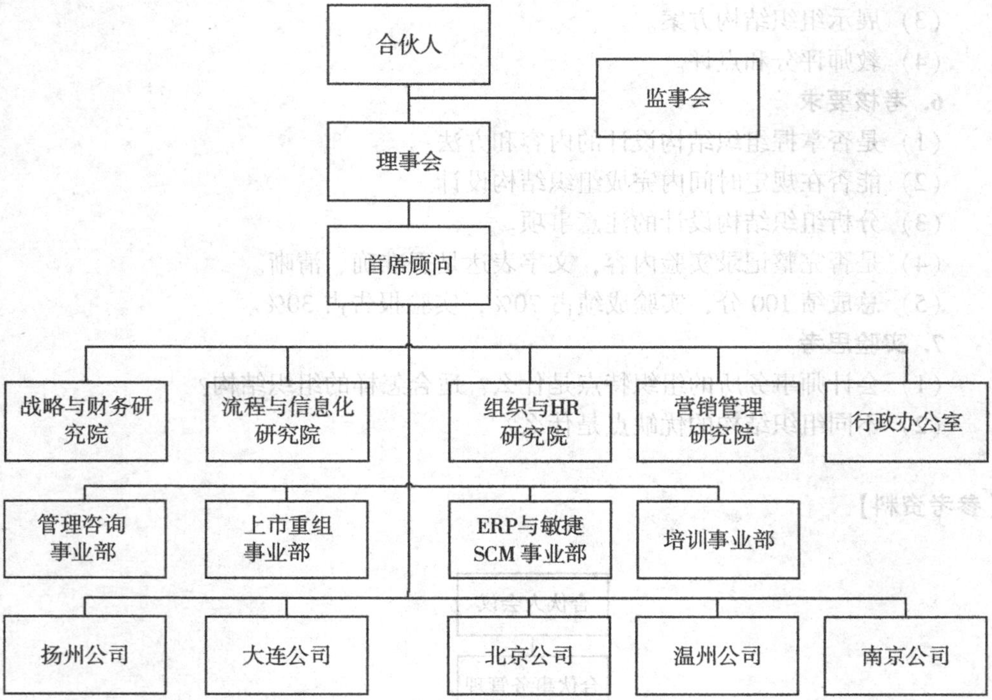

图 1-6 某管理咨询公司组织结构图

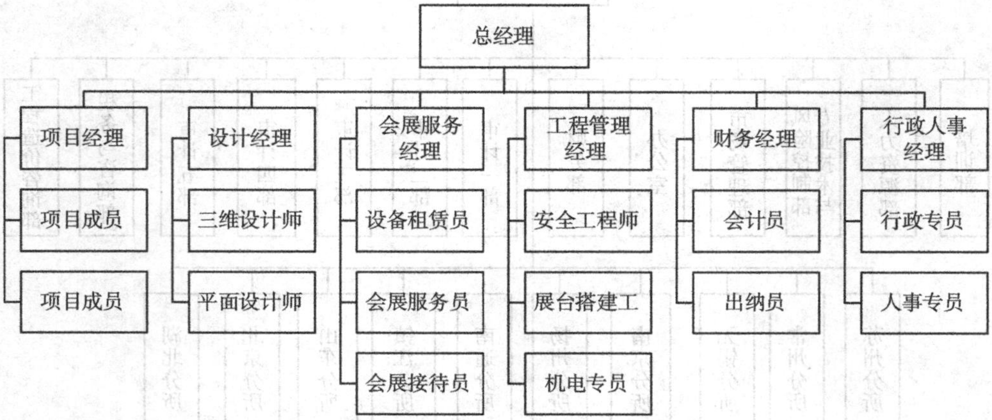

图 1-7 某公司的会展项目制组织结构

第二章 工作分析

知识要点

1. 工作分析的定义

工作分析是全面了解一项职务的管理活动，也是对该项职务的工作内容和职务规范（任职资格）的描述和研究过程，即制定职务描述书（一般包括职务说明和职务规范两个部分）的系统过程。

2. 工作分析的作用

工作分析是企业人力资源管理工作的基础，可以为企业提供明确的职责和工作范围，为企业组织结构设计、人力资源规划的制定、人员的招聘和培训、绩效考核和薪酬计划等提供依据。

3. 工作分析的方法

(1) 观察法。观察法是指工作分析人员在工作现场通过感官或其他视听工具的协助，对特定对象的特定工作活动进行观察，收集记录有关工作的内容、形式、方法、程序、工作环境等信息，在此基础上分析和归纳出有关的工作要素，以达到分析目的的一种方法。观察分析法适用于常规性、重复性工作，不适用于以智力活动为主的工作。

(2) 问卷调查法。问卷调查法是由人力资源部门设计或提供问卷，交由任职员工对有关工作内容、工作行为、工作特征和工作人员特征的重要性和频次做出描述或打分，然后对结果进行统计与分析，找出共同的有代表性的回答，并据此编写职务描述，再反馈该职务工作者的意见，进行补充和修改。当工作分析涉及分布较广的大量员工时，问卷调查是最有效的方法。

(3) 工作日志法。工作日志法是指任职者本人按工作日志的形式，依照时间顺序详细记录自己在一定工作周期的工作内容与工作过程，然后经过归纳、分析实现工作分析目的的一种方法。该方法比较适用于循环周期短、工作稳定、无大幅度变化的工作。

(4) 工作访谈法。工作分析人员通过面对面的访谈方式，就职位的具体内容了解任职者或与任职者相关人员的意见和看法。该方法适用于对于所分析的工作，分析者没有实际条件去做或者难以观察到工作者的实际工作时。

(5) 关键事件法。关键事件是指使工作成功或失败的行为特征或事件。关键事件记录法要求管理人员、员工或者熟悉其他工作的员工，记录工作行为中的关键事件，主要包括以下几个方面：①事件发生的背景和原因；②员工特别有效或者多余的行为；③关键行为的后果；④员工能否控制或支配上述后果。对这些关键事件的收集与整理进行分类总结后，就可以找出该工作的关键特征和行为要求了，不仅能够掌握该工作的静态信息，还能获得工作的动态信息。

(6) 资料分析法。通过分析整理和总结现有的资料，可以降低工作分析的成本，现有资料的分析可以为进一步的调查分析奠定基础，例如人事档案可以提供任职者的基本素质能力资料，包括专业技能、文化程度、年龄、经验等。机器的操作说明书可以提供大量关于操作内容、操作程序、工作职责的信息。

(7) 实验法。实验法是指主试者控制一些变量，引起其他变量的变化来收集工作信息的一种方法。实验方法通常可以分为两种：现场实验法和实验室实验法。两者的主要区别在于实验场地的不同，企业常用现场实验法。

4. 工作分析的主要程序

工作分析是对工作的一个全面分析评价过程，这个过程可以分为准备阶段、调查阶段、分析阶段和完成阶段，四个阶段相互联系、相互影响，如图 2-1 所示。

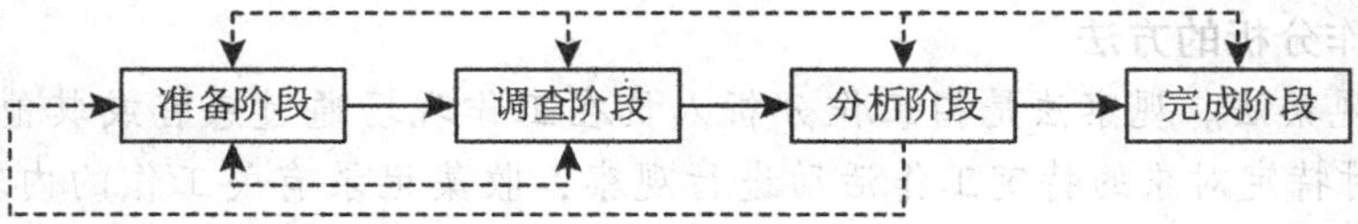

图 2-1 工作分析的主要程序

(1) 准备阶段。准备阶段主要是了解情况、确定样本、建立关系及组成工作小组。具体工作如下：

①由工作分析专家、岗位在职人员、上级主管组成工作小组。

②确定调查和分析对象的样本，同时考虑样本的代表性。

③利用现有的文件与资料，对工作的主要任务、责任、工作流程进行分析总结。

④把各项工作分解成若干工作元素和环节，确定工作的基本难度。

⑤提出原来的职位说明书中存在的不清楚的问题，对新的职位说明书提出拟解决的主要问题。

(2) 调查阶段。调查阶段主要是对整个工作过程、工作环境、工作内容和工作人员等主要方面作出全面的调查，具体的工作如下：

①编制各种调查问卷和调查提纲。

②到工作场地进行现场考察，观察工作流程，记录关键事件，调查工作必需的工具与设备，考察工作的物理环境与社会环境。

③对主管人员、在职人员广泛地进行问卷调查，并与主管人员、“典型”员工进行面谈，收集有关工作的特征以及所需要的各种信息，征求改进意见。

④若有必要，工作分析人员可以直接参与调查工作，或通过实验的方法分析各因素对工作的影响。

（3）分析阶段。分析阶段的工作主要是对有关工作的特征和工作人员的特征的调查结果进行全面的分析和总结。具体的工作如下：

①仔细审核、整理获得的各种信息。

②创造性地分析发现有关工作和工作人员的关键成分。

③归纳、总结出工作分析必需的材料和要素。

（4）完成阶段。完成阶段的工作主要是根据工作分析规范和信息编制岗位说明书。具体的工作如下：

①根据工作分析的规范和经过分析处理的信息草拟岗位说明书。

②将岗位说明书与实际工作对比，根据对比的结果决定是否需要进行再次调查研究。

③修改岗位说明书，可重复以上工作，形成最终的岗位说明书。

④将岗位说明书应用于实际工作中，并注意收集反馈信息，不断完善岗位说明书。

⑤对工作分析这一工作本身进行总结评估，为今后的工作提供经验与信息基础。

5. 岗位说明书的编写

（1）岗位说明书的内容。岗位说明书的编写过程并无固定的模式，需要根据工作分析的特点、具体要求与目的等具体确定编写的条目。岗位说明书一般包括以下内容：

①岗位概要。岗位概要概括了本岗位主要的工作内容、范围与特征。

②责任范围和工作要求。列出任职人员需要完成的任务，所需要承担的责任，所使用的材料及最终产品，与他人的联系，所接受的监督和所施予的监督等。

③工作条件与环境。列出有关的工作条件，以及可能遇到的危险、工作场所的布局等。

④任职资格。任职资格指出该岗位人员应该具备的基本资格和条件，如性别、年龄、身体状况、工作经验、文化程度、相关培训、知识技能等。

（2）岗位说明书的编写要求。岗位说明书可以帮助任职人员了解其工作，明确其责任范围，也可以为管理者的某些重要决策提供参考。编制岗位说明书应该注意几点要求，首先是清晰的说明。整个岗位说明书对工作的描述需要清晰透彻，使得任职人员能够清楚读懂，明白其工作，无需再询问他人或查看其他说明材料，专业难懂的词汇需要解释清楚。其次是具体的描述。在措词上应该尽量选用一些具体的动词，如“安装”“加工”“传递”“分析”“设计”等，指出工作的种类、复杂程度，需要任职者具备的具体技能、技巧，应承担的具体责任范围等。一般来说，由于基层员工的工作更为具体，其岗位说明书的描述也更具体、更详细。最后，语言应简明扼要，对于岗位的相关描述要简洁明晰，抓住关键词，避免冗长的表达和赘述。

实验一　工作分析计划书设计

1. 实验目的

了解工作分析计划书的编写要素；掌握工作分析的组织和实施过程。

2. 实验条件

多媒体教室或者实验室。

3. 实验时间

本次实验时间以 2 个课时为宜。

4. 实验内容

【案例材料】

L公司市场部改革

L 公司是一家医药类民营企业，在企业成立之初，市场部作为企业核心部门，主要负责产品销售和推广任务，只设有销售主管和产品主管岗位。随着企业业务的拓展，原有的市场部也逐渐发展扩大，形成了现有的架构，拥有经理级 1 人，主管级 6 人，专员若干人。但是随着公司的做大做强，企业提出了更加专业化分工要求，原有的市场部结构设计已经不能满足公司的发展需要。经由董事会决定，增设销售部，将其从原有的市场部划分出来，专门负责销售部门业务，要求人力资源部门尽快给出方案。人力资源部决定首先对市场部进行工作分析，在工作分析的基础上重组市场部和销售部。该公司市场部组织结构如图 2-2 所示。

◎ 案例讨论：

请根据 L 公司的市场部现状，编写工作分析计划书。

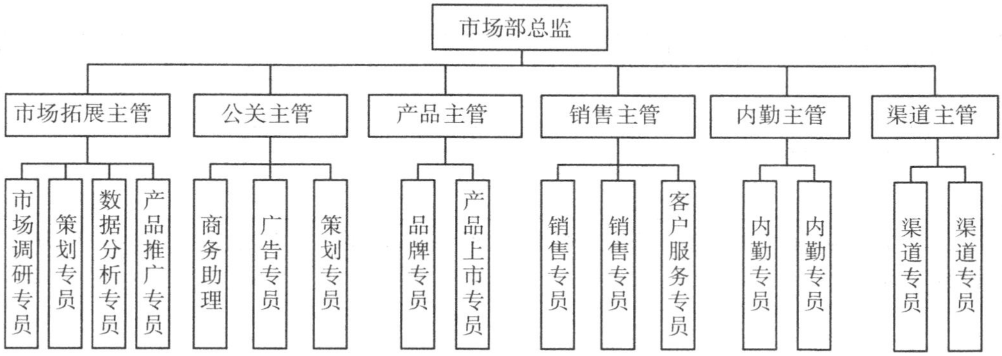

图 2-2　L 公司市场部组织结构图

5. 实验步骤

（1）由教师统一说明实验任务与要求，以及实验考核方法。

（2）按实际情况划分实验小组，本实验以 3~4 人为宜。

（3）小组讨论并设计方案。

（4）小组展示及教师点评。

6. 考核要求

（1）是否掌握工作分析计划书的构成要素。

（2）能否在规定时间内完成工作分析计划书的编写。

（3）分析编写工作计划书的注意事项。

（4）是否完整记录实验内容，文字表达是否准确、清晰。

（5）总成绩 100 分，实验成绩占 70%，实验报告占 30%。

7. 实验思考

（1）工作分析计划书有哪些构成要素？

（2）工作分析组织与实施要点有哪些？

【参考资料】

表 2-1　**工作分析计划书**

一、工作分析的目的
二、工作分析的目标

续表

三、工作分析的小组构成及职责
四、工作分析的内容
五、工作分析的职位（根据实际情况的不同，有时会计划选取一些具有代表性的岗位作为工作分析样本）
六、工作分析的方法选择（由于各职位的工作性质不同，可能需要采用诸如观察、问卷、访谈等不同方法）
七、工作分析步骤及时间安排
八、可能出现的问题及解决方式
人力资源部 年　月　日

实验二　职位分析访谈实验

1. 实验目的

了解工作分析的主要内容；了解访谈的方法和技巧；提升信息处理能力与沟通能力。

2. 实验条件

可由学生在课后完成，不局限于教室。

3. 实验时间

本次实验访谈设计部分时间以 2 个课时为宜，访谈总结时间以 1 个课时为宜。

4. 实验内容

选择某个职位，运用访谈法，收集该职位的相关信息，编制访谈提纲，整理访谈记录，梳理职位的相关信息。

5. 实验步骤

（1）由教师说明实验任务与实验要求，告知考核标准。

（2）确定实验小组，建议以2~3人为宜，也可由个人完成。

（3）对访谈提纲和访谈报告进行点评。

6. 考核要求

（1）是否掌握访谈提纲内容设计的方法与原理。

（2）能否在规定时间内完成访谈内容设计。

（3）分析访谈内容设计的注意事项。

（4）是否完整记录实验内容，文字表达是否准确、清晰。

（5）总成绩100分，实验成绩占70%，实验报告占30%。

7. 实验思考

（1）工作分析的主要内容有哪些？

（2）访谈中应当注意哪些问题？

【参考资料】

工作分析访谈提纲1

（1）请问您所在的部门是什么？

（2）您的职位名称、职位编号是什么？

（3）请问您的直接上级主管岗位是什么？

（4）您有直接下属吗？有几个？他们是在什么岗位上？

（5）请您用一句话概述该岗位的作用。

（6）请您详细地描述一下您所在岗位的各项职责以及为完成这些职责所开展的各项工作，请举例说明。（您可以按照活动发生的时间顺序或者重要性程度进行详细讲述）

（7）为了完成上述工作，您需要什么样的辅助工具或者设备？

（8）为了完成工作，你通常会与哪些人员发生联系？（包括组织的内部和外部）

（9）请您描述一下本岗位的工作环境。

（10）请您说明本岗位需要具备哪些能力？请举例说明。

（11）本岗位对学历和工作经验有怎样的要求？

（12）在工作中你有哪些权限？为了更好地开展工作，您还需要怎样的权限？

（13）您的工作时间是从几点到几点？

（14）您的工作是否需要加班？

（15）您是否需要经常出差？

（16）您所在的组织是如何考核你的工作的？

（17）您还有什么要补充的吗？

(18) 您确保所有信息的真实性吗？

工作分析访谈提纲2①

访谈者姓名：
被访谈者姓名：
访谈日期：
所属部门：
岗位名称：
观察内容：
(1) 你从事这项工作有多长时间了？
(2) 你所做的是一种什么样的工作？
(3) 你所在职位的主要职责是什么？你具体做什么？你参加过什么活动？
(4) 你的工作环境与工作条件与别人有什么不同？
(5) 做这项工作需要什么样的教育经历、工作经历和技能证书？
(6) 做这项工作需要工作许可证吗？如果需要，是什么样的许可证？
(7) 做这项工作对身体条件有要求吗？
(8) 在你的工作中身体可能受到伤害吗？
(9) 你从事工作的基本职责是什么？
(10) 你的工作标准有哪些？
(11) 为完成工作，你应该承担什么责任？
(12) 为完成工作，你拥有的权利是什么？

实验三 岗位说明书的编写

1. 实验目的

了解岗位说明书的内容以及编写的相关要求；了解岗位说明书编写的过程，掌握岗位说明书的编写技巧；了解岗位说明书编写过程中易出现的问题及学会如何避免和解决相关问题。

2. 实验条件

多媒体教室或者实验室。

① 何筠，陈洪玮．人力资源管理理论、方法与案例分析［M］．北京：科学出版社，2014：38-39.

3. 实验时间

本次实验时间以 2 个课时为宜。

4. 实验内容

【案例材料】

A：王经理（工作分析人员） B：陈伟明（电话销售员）

表 2-2 **访谈清单①**

时间	2006 年 2 月 8 日	被访谈人	B（陈伟明）
被访谈部门	市场部	职位	电话销售员
访谈人	A（王经理）	记录人	王田

A：你好，感谢你参与这次的访谈。

B：不客气。

A：能否介绍你平时需要做哪些工作？

B：我平时的主要工作内容有，一是客户关系管理，建立客户档案，对客户信息进行收集和整理，并对重点客户进行跟踪服务。二是与软件演示员携手开发市场并完成销售目标。三是进行标书的制作。四是预约、联系、跟进、开发客户。

A：能否介绍一下你的主要工作职责？

B：我的工作职责有，一是制订销售计划，对软件销售有建议权和反馈权。二是资源调度，为了完成预定的销售目标，允许一定程度的资源调度。三是工作任务，必须完成基本的销售任务。四是信息反馈，充当技术研发和客户之间的信息桥梁。五是协调沟通，进行部门之间的相互协调。六是尽量控制本部门的开支，催促回收货款。

A：你是如何完成这些工作的？

B：首先，要有计划性和紧迫感，自己要主动承担工作责任；其次，要发挥个人的特长，把每一项工作尽可能做好；最后，要寻求总经理和各部门的支持与配合。

A：你的工作一般是在哪些地点完成的？

B：我的工作主要在办公室完成。

① 萧鸣政．人力资源管理实验［M］．北京：北京大学出版社，2012：36-37.

A：工作中你觉得需要怎样的学历、技能、经验或专业执照？

B：这份工作一般需要大专以上的学历，有半年以上的电话销售经验，或者起码要有一年的业务经验。

A：对于你这个职位公司的基本绩效标准是什么？

B：我这个职位考核的重点是业绩指标和财务指标，如销售业绩、利润率；次要的考核指标有考勤、客户开发指标等。

A：完成工作需要哪些环境和条件？

B：工作主要是和计算机打交道，因此要熟悉计算机、扫描仪、复印机、投影仪等，能够长时间、长期地使用计算机。

A：工作中有哪些生理要求、情绪及感情上的要求？

B：这份工作要求声音甜美、语言表达流利，要有一定的抗压能力，同时还要有自我激励和情绪调控能力。

A：这份工作的安全和卫生状况如何？

B：工作的安全和卫生状况优良，不会给身体带来明显的损害。

◎ **案例讨论：**

请根据所提供的有关电话销售人员的工作信息材料编制电话销售人员的职位说明书。

5. 实验步骤

（1）实验准备：教师介绍实验内容、实验要求、实验任务以及考核方法。

（2）确定小组：每个小组以4~5人为宜。

（3）小组讨论：每个小组仔细阅读案例材料，自由讨论，充分交流意见。

（4）完成任务：每个小组按照实验要求和讨论结果完成岗位说明书的编写。

（5）点评总结：由教师对每个小组的作业进行点评，以及对相关的问题进行讲解和点评，这是实验的反馈阶段，具有重要意义。

6. 考核要求

（1）是否掌握岗位说明书的编写方法。

（2）能否在规定时间完成岗位说明书的编写。

（3）分析编写岗位说明书的注意事项。

（4）是否完整记录实验内容，文字表达是否准确、清晰。

（5）总成绩100分，实验成绩占70%，实验报告占30%。

7. 实验思考

（1）岗位说明书的主要内容有哪些？编写岗位说明书有哪些要求或原则？

（2）编写岗位说明书时，获取岗位信息的渠道有哪些？

【参考资料】

表 2-3 **某学院院长岗位说明书**

<table>
<tr><td rowspan="3">职务概况</td><td>职务名称</td><td>学院院长</td><td>所属部门</td><td>院长办公室</td><td>定编人数</td><td>1</td></tr>
<tr><td>直接上级</td><td>院党委</td><td>职务编号</td><td>A101</td><td>薪酬等级</td><td>一等一级</td></tr>
<tr><td>直接下属</td><td colspan="5">副院长</td></tr>
<tr><td>工作概述</td><td colspan="6">统筹学院总体发展规划和重大事项的主要决策</td></tr>
<tr><td>工作内容和职责</td><td colspan="6">（1）参加政府组织的教育工作会议、党委会议，并负责上述会议精神的贯彻；
（2）召集和主持学院管理委员会议，组织讨论和决定学院的发展规划、经营方针、年度计划及日常经营工作中的重大事项；
（3）检查管理委员会议的事实情况，并提出报告；
（4）审查各副院长提出的各项发展规划、计划和执行结果，并提请院党委会讨论；
（5）定期审阅学院的财务报表和其他重要报表，全盘控制全院系统的财务状况；
（6）签署批准学院招聘的各级高级管理人员和专业技术人员；
（7）签署对外的重要协议、上报印发的各种重要报表、文件、资料；
（8）负责出席对外重要会议，接待参观或视察学院的贵宾或重要人物；
（9）负责代表学院向上级主管部门或政府机关主要领导汇报学院管理运行情况，反映学院的意见和要求；
（10）处理其他由上级主管授权的重大事项</td></tr>
<tr><td>工作权限</td><td colspan="6">（1）院党委或院管理委员会决策的否决权；
（2）对学院重要业务活动有执行综理权和上级主管部门的代行权，并承担执行学院各项规章制度的义务</td></tr>
<tr><td>工作重点考核项目</td><td colspan="6">（1）学院各项重大决策的正确性；
（2）工作批复的及时性；
（3）监控各副院长和高管人员工作业绩的及时性和准确性</td></tr>
<tr><td rowspan="4">工作关系</td><td>所受监督</td><td colspan="5">受上级主管和院党委的监督</td></tr>
<tr><td>所施监督</td><td colspan="5">对院管理委员会成员和各高管人员的工作监督</td></tr>
<tr><td>内部关系</td><td colspan="5">与院管理委员会成员和各高管人员有工作指导协调的关系</td></tr>
<tr><td>外部关系</td><td colspan="5">与上级主管领导和政府机关负责人的工作联系</td></tr>
<tr><td rowspan="3">任职资格</td><td rowspan="3">身体条件</td><td>年龄</td><td>35～50 岁</td><td>性别</td><td colspan="2">不限</td></tr>
<tr><td>身高</td><td>无特殊要求</td><td>相貌</td><td colspan="2">无特殊要求</td></tr>
<tr><td>体能</td><td colspan="4">身体健康、精力充沛，能承受快节奏、高负荷的工作</td></tr>
</table>

续表

<table>
<tr><td rowspan="14">任职资格</td><td>学历要求</td><td colspan="7">大学本科以上学历</td></tr>
<tr><td>专业要求</td><td colspan="7">无特殊要求，管理专业尤佳</td></tr>
<tr><td>经验要求</td><td colspan="7">5 年以上学院管理经验，3 年以上本职务工作经验</td></tr>
<tr><td>个性素质</td><td colspan="7">为人正直，清正廉洁，有高度责任心，性格沉稳，善于决断和沟通</td></tr>
<tr><td rowspan="3">工作技能</td><td>计算机</td><td colspan="6">能使用一般办公软件操作系统</td></tr>
<tr><td>外语</td><td colspan="6">读写能力强</td></tr>
<tr><td>其他</td><td colspan="6">普通话流利，有驾驶执照尤佳</td></tr>
<tr><td>必备工作资格证</td><td colspan="7">无特殊要求</td></tr>
<tr><td rowspan="8">岗位基本能力</td><td>A</td><td colspan="2">领导决策能力</td><td>A</td><td colspan="3">社会活动能力</td></tr>
<tr><td>A</td><td colspan="2">统筹规划能力</td><td>A</td><td colspan="3">人际关系能力</td></tr>
<tr><td>A</td><td colspan="2">激励授权能力</td><td>A</td><td colspan="3">理解实施能力</td></tr>
<tr><td>A</td><td colspan="2">组织指挥能力</td><td>B</td><td colspan="3">语言表达能力</td></tr>
<tr><td>A</td><td colspan="2">开拓创新能力</td><td>B</td><td colspan="3">文字表达能力</td></tr>
<tr><td>A</td><td colspan="2">分析判断能力</td><td>B</td><td colspan="3">学习成长能力</td></tr>
<tr><td>A</td><td colspan="2">沟通协调能力</td><td>A</td><td colspan="3">冲突管理能力</td></tr>
<tr><td colspan="7">要求程度：A. 高；B. 较高；C. 一般；D. 较低；E. 低</td></tr>
<tr><td colspan="2">所需技能培训</td><td colspan="7">学院文化、战略发展规划、领导和管理艺术</td></tr>
<tr><td rowspan="3">职业发展</td><td>可直接晋升的职位</td><td colspan="7"></td></tr>
<tr><td>可相互转换的职位</td><td colspan="7"></td></tr>
<tr><td>可升迁至此的职位</td><td colspan="7">副院长</td></tr>
<tr><td rowspan="2">工作条件</td><td>工作强度</td><td colspan="7">比较忙碌，会经常加班</td></tr>
<tr><td>工作环境</td><td colspan="7">主要在室内工作，环境较好、舒适，有时出差</td></tr>
<tr><td rowspan="3">工作考核指标</td><td></td><td>工作绩效</td><td></td><td>领导决策</td><td></td><td>分析判断</td><td></td><td>人际关系</td></tr>
<tr><td></td><td>指导协调</td><td></td><td>冲突管理</td><td></td><td>工作创新</td><td></td><td>责任荣誉</td></tr>
<tr><td></td><td>工作能力</td><td></td><td>授权激励</td><td></td><td>统筹规划</td><td></td><td>成本意识</td></tr>
</table>

表 2-4　**某财务部部长岗位说明书**

<table>
<tr><td colspan="4">一、岗位基本信息</td></tr>
<tr><td>岗位名称</td><td>所属部门</td><td>直接上级岗位</td><td>直接下级岗位</td></tr>
<tr><td>财务部部长</td><td>财务部</td><td>副总经理</td><td>财务部副经理、财务主管</td></tr>
<tr><td colspan="4">二、岗位设置目的</td></tr>
<tr><td colspan="4">主持财务管理部工作，全面负责预算管理、资金管理和会计核算工作</td></tr>
<tr><td colspan="4">三、在组织中的位置</td></tr>
<tr><td colspan="4">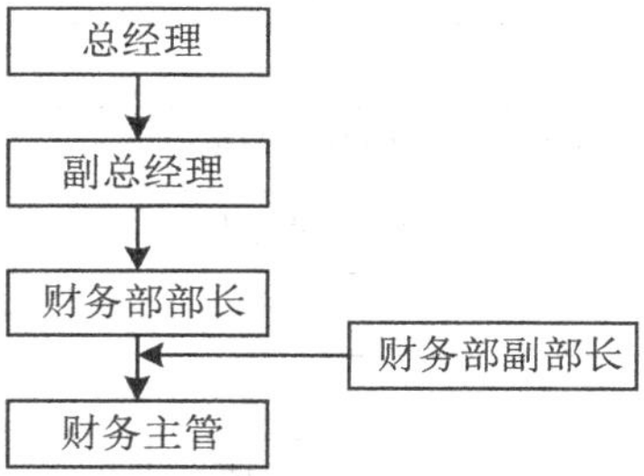
</td></tr>
<tr><td colspan="4">四、岗位工作内容</td></tr>
<tr><td colspan="4">主要工作内容</td></tr>
<tr><td>1</td><td colspan="3">组织编制公司总部财务预算</td></tr>
<tr><td>2</td><td colspan="3">指导分公司编制财务预算</td></tr>
<tr><td>3</td><td colspan="3">制定公司资金管理政策</td></tr>
<tr><td>4</td><td colspan="3">审核分公司资金计划，为资金调剂和融资做好准备</td></tr>
<tr><td>5</td><td colspan="3">编制公司汇总资金计划，协助公司领导统筹全公司资金调度</td></tr>
<tr><td>6</td><td colspan="3">负责审核公司内部信贷业务，包括贷款的用途、利息</td></tr>
<tr><td>7</td><td colspan="3">按照会计制度建立财务账目；出具工程项目日月资金收支报表，上报公司相关职能部门和领导，并对可能存在的重大问题提出预警</td></tr>
<tr><td>8</td><td colspan="3">根据投资、经营计划制订公司融资规划和基本管理政策</td></tr>
<tr><td>9</td><td colspan="3">负责开设内、外（市内）银行账户，向各商业银行筹措资金，按期偿还银行贷款</td></tr>
<tr><td>10</td><td colspan="3">审核分公司项目融资计划，确定项目借款计划额度</td></tr>
<tr><td>11</td><td colspan="3">协助清理回收难度大的工程款</td></tr>
<tr><td>12</td><td colspan="3">负责组织公司日常会计核算、财务报表编制</td></tr>
<tr><td>13</td><td colspan="3">按规定保管好部门财务印章</td></tr>
</table>

续表

14	加强工程项目管理，掌握项目资金动态，做好工程项目资金的使用、控制与分析，协助相关管理部门做好各种往来款项的清理工作
15	负责落实监督公司内部承包风险抵押金缴纳、第三方担保等情况
16	负责公司税务管理以及税务登记证的保管、使用，用好各项税收政策，配合税务机关的检查
17	提供工程成本及账面利润考核数据
18	负责与税务部门联系，争取税收优惠政策并进行合理的税务筹划
19	负责公司企业所得税核算清缴工作
20	负责协助会计师事务所对公司财务年报审计工作
21	负责公司 QEO 管理体系中涉及本部门的管理工作
22	公司领导交办的其他工作

五、任职资格要求

维　度	要　求
学历要求	本科及以上学历
专业要求	会计、财务管理或金融类专业等
知识要求	具备相应的财务管理知识、行政管理知识、法律知识
技术资格	持有会计从业资格证书、会计师以上职称
经验要求	具有 7 年财务、会计工作经验
其他要求	能够熟练使用各种办公室软件和各种财务软件，具备基本的网络知识，具有较强的领导能力、判断与决策能力、人际能力、沟通能力、影响力、计划与执行能力

表 2-5　**某人力资源部主管岗位说明书**

基本信息		
单位：	职位名称：人力资源主管	编制日期：
部门：人力资源部	任职人：	任职人签字：
	直接主管：行政总监	直接主管签字：
任职资格		
学　历：　大学本科以上，经济管理类相关专业毕业		

续表

<table>
<tr><td colspan="5">经　验：三年以上相关工作岗位经验；具有三年以上上市公司职能部门、二级公司正副职职位工作经验者优先考虑</td></tr>
<tr><td colspan="5">技能要求：
熟悉人力资源管理、法律、企业管理等专业知识，具备一定的英语应用能力；
能熟悉掌握计算机办公软件，有较强的沟通、组织、协调能力</td></tr>
<tr><td colspan="5">证书要求：
中级（人力资源管理或劳动专业）以上技术职称及任职资格；
英语六级或同等水平以上证书</td></tr>
<tr><td colspan="5">年龄要求：男性 50 周岁以下，女性 45 周岁以下</td></tr>
<tr><td colspan="5">业务了解范围：
熟悉国家有关政策法规；全面掌握人力资源管理知识；熟悉国内外行政与人力资源管理体系与职能；全面了解国际与人力资源的新动向</td></tr>
<tr><td colspan="5">职位目的：
依据公司的发展战略目标、组织编制和人力资源规划，组织、协调各部门的人力资源工作，为公司年度经营任务和管理的有序开展提供人力资源的保障和支持。</td></tr>
<tr><td colspan="5">沟通关系</td></tr>
<tr><td colspan="5">内部：总裁　　各总监　　各职能部门
外部：政府劳动人事部门　人才交流中心　社会保障部门　培训机构　保险公司　咨询机构</td></tr>
<tr><td>下属人员</td><td colspan="4">人员类别</td></tr>
<tr><td>人数：　　人</td><td colspan="4">经理：　　人</td></tr>
<tr><td>直接：　　人</td><td colspan="4">专业人员：　人</td></tr>
<tr><td>间接：　　人</td><td colspan="4">其他：　　人</td></tr>
<tr><td colspan="5">工作内容</td></tr>
<tr><td colspan="2">职责范围</td><td>负责程度</td><td>绩效标准</td><td>占用时间</td></tr>
<tr><td colspan="2">1. 编制规章制度
组织编制公司人力资源管理的相关规章制度并组织实施并落实</td><td>全责</td><td></td><td>2%</td></tr>
<tr><td colspan="2">2. 人力资源规划
组织编制并落实“人力资源规划”，根据公司情况确定的员工总数及工资总额，组织有关人员预算目标，实现人力资源需要与人工成本的统一控制</td><td>全责</td><td></td><td>3%</td></tr>
</table>

续表

职责范围	负责程度	绩效标准	占用时间
3. 员工招聘 依据公司各部门的需求和任职要求，组织招聘新员工，办理新员工进入公司的手续	全责		20%
4. 员工管理 对公司的员工实施考勤、考核、晋升、调职、奖惩、辞退等全方位的管理	全责		15%
5. 薪酬福利管理 设计并实施公司的各种薪酬、奖励、福利制度。引进具有竞争力、公平性的薪酬管理体系，负责组织公司员工日常的薪酬福利管理	全责		15%
6. 培训管理 组织制订公司的培训计划，组织实施培训目标，对培训效果进行评估	全责		10%
7. 职位管理 组织编制公司的岗位说明书，并进行定期的修改、审核、建档	全责		10%
8. 考核管理 安排人员定期组织公司各部门实施员工绩效考核，并且与薪酬、晋升挂钩；根据公司的组织任命程序，实施晋升考核	全责		10%
9. 劳动合同管理 根据政府劳动部门的规定，组织员工办理劳动合同的签订及续签工作；协同法律顾问处理有关劳动纠纷	全责		4%
10. 社会保障管理 根据政府有关部门的规定，组织制定公司统一的社会保障体系，并制定相关的制度；安排人员按规定为员工办理保险和社会统筹手续，对劳动与社会保障中所产生的纠纷进行妥善处理	全责		2%
11. 人力资源开发 组织运用推广员工职业生涯规划设计等先进人力资源开发手段，最大限度地调动员工积极性，配合企业相关部门进行公司企业文化建设活动	全责		3%
12. 员工提案建议 安排部门员工协助收集员工有关公司运营全过程的建议和意见，对有价值的提案进行奖励	部分		1%
13. 部门内部管理 负责本部门员工队伍的建设、选拔、培训、绩效考核，最大程度地调动员工积极性；控制部门办公费用	全责		5%

实验四　岗位资料调查模拟实验

1. 实验目的

了解岗位资料调查的内容和方法；掌握各种岗位调查方法的优缺点及适用情况；加强组织协调能力和人际沟通能力。

2. 实验条件

多媒体教室或者实验室。

3. 实验时间

本次实验时间以 2 个课时为宜。

4. 实验内容

【案例材料】

脱离实际的岗位说明书①

"小王，我真不知道你到底需要什么样的机械操作工?"高尔夫机械制造有限公司人力资源部经理老陈说道，"我已经送去了 4 个人给你面试，这 4 个人都基本符合所需岗位说明书的要求，可是，你却将他们全部拒之门外。"

"符合岗位说明书的要求?"小王颇为惊讶地回答道，"我要找的是那种一录用，就能够直接上手做事的人，而你送给我的人，都不能够胜任实际操作工作，并不是我要找的人。再者，我根本没看见你所说的什么岗位说明书。"

闻听此言，老陈二话没说，为小王拿来岗位说明书。当他们将岗位说明书与现实所需岗位逐条加以对照时，才发现问题之所在：原来这些岗位说明书已经严重地脱离实际，也就是说，岗位说明书没有将实际工作中的变动写进去。例如，岗位说明书要求从业人员具备旧式钻探机的工作经验，而实际工作中却已经采用了应用最新技术的数控机床。因此，工人们为了更有效地使用新机器，必须具备更多的数学和计算机知识。

在听完小王描述机械操作工作所需的技能以及从业人员需要履行的职责后，老陈喜形于色地说道："我想我们现在能够写出一份准确描述该项工作的岗位说明书，并且用这份岗位说明书作为指导，一定能够找到你所需要的合适人选。我坚信，只要我们的工作更加紧密的配合，上述那种不愉快的事情，就

① 何筠，陈洪玮．人力资源管理理论、方法与案例分析［M］．北京：科学出版社，2014：59-60.

绝不会发生了。”

◎ **案例讨论：**

（1）老陈招聘的人才不能胜任岗位的主要原因是什么？

（2）请提出解决上述问题的思路和方法。

（3）请模拟使用观察法、问卷调查法等方法对不同岗位信息资料进行收集，设计相应的方案，并进行角色模拟。

5. 实验步骤

（1）由教师说明实验任务和实验要求，以及考核标准。

（2）划分实验小组，进行岗位调查设计和角色模拟。

（3）进行岗位调查方案和角色扮演展示。

（4）教师评分和点评。

6. 考核要求

（1）是否掌握岗位资料调查的方法。

（2）能否在规定时间内完成岗位资料调查。

（3）分析岗位资料调查的注意事项。

（4）是否完整记录实验内容，文字表达是否准确、清晰。

（5）总成绩100分，实验成绩占70%，实验报告占30%。

7. 实验思考

（1）岗位资料收集有哪些方法？不同方法的优缺点是什么？

（2）在岗位资料调查过程中应该注意怎样的问题？

【参考资料1】

岗位分析观察提纲

被观察者姓名： 日期： 观察者姓名：

岗位名称： 所属部门： 观察时间：

观察内容：

（1）什么时候开始正式工作？

（2）上午工作多长时间？

（3）上午休息多长时间？

（4）什么时间休息？

（5）上午完成产品多少件？

（6）工作中是否需要及何时需要请示上级？请示内容是什么？

（7）工作中是否需要及何时需要与同事交流？交流内容是什么？

(8) 工作的环境如何?
(9) 工作的工具和设备有哪些?
(10) 工作的流程是什么?
(11) 工作的标准是什么?

【参考资料2】

表2-6　**工作日志填写范例**

姓名:	年龄:	岗位名称:		所属部门:	
直接上级:		工龄:		填表日期:	
序号	工作活动名称	工作活动内容	工作活动结果	时间消耗	备注
1	复印	协议文件	4页	6分钟	存档
2	起草公文	贸易代理委托书	8页	75分钟	报上级审批
3	贸易洽谈	玩具出口	1次	40分钟	承办
……	……	……	……	……	……
17	计算机录入	经营数据	2屏	60分钟	承办
18	接待	参观	3人	40分钟	承办

表2-7　**某大学校长工作任务时间列**

任务	花费时间	发生次数
1. 指导自己所带的博士生	90	1
2. 电话	22	8
3. 召开会议	60	2
4. 发布指令	18	2
5. 处理来信、文件	8	1
6. 打字、复印、装订等	7	2
7. 审查相关资料	4	1
8. 接待兄弟院校的领导	30	1
合计	239	18

表 2-8 **某公司网络信息部经理工作任务清单**

某公司网络信息部经理工作任务	检查	重要性
下面所列的是某公司网络信息部经理的职责与任务，请逐一核对，在符合本职任务的项目上画“✓”	确认后画“✓”	1—很低 2——一般 3—高 4—很高
1. 主持拟定公司网络建设规划和年度计划，提出建议后提交总裁	✓	4
2. 支持信息技术开发方案的可行性分析，并向总裁提交分析报告	✓	4
3. 主持召开网络工作会议	✓	3
4. 组织安排公司计算机网络的建立和推行	✓	2
5. 在专业领域内，负责对重大经营活动提出建议和咨询意见，并提交总裁	✓	2
6. 审定下属部门年度工作计划，定期向总裁汇报下属部门的工作情况，提交工作报告	✓	3

【参考资料 3】

工作分析调查问卷

一、基本信息

您的姓名： 岗位名称： 所属部门：

入职时间： 从事本岗位工作时间：

您的直接上级岗位：

您的直接下属岗位：

二、工作情况

1. 简洁描述一下您目前的主要工作内容和职责。

2. 请列举您有建议权、审核权、决策权的工作项目（人事、业务、财务等方面）。您认为除了这些权限之外，您还需要别的权限来支持您的工作吗？

3. 请简要描述您的上级如何指导和监督您的日常工作。

4. 简述一下您直属下级的人数及其主要工作内容。

5. 除您的上级和下级之外，您会和公司内部哪些部门和岗位有工作联系和沟通？

6. 除了公司内部的联络沟通外，您和外部哪些单位有工作联系和沟通，对方联络人通常是什么岗位？

7. 请列举您目前的所有绩效考核项目，并按主次顺序说明哪些是公司重点考核项。另请谈谈您对这些考核项目的看法。

8. 按照公司规定，您正常的工作时间应该是怎样的？您会加班吗？如果加班，通常是在什么时段，什么原因？这种情况多不多？您对此有什么看法？

三、岗位要求

1. 你认为需要什么样的专业技能才能胜任这份工作？

2. 您认为本岗位对于性别和年龄有限制吗？如果有，您认为应该是什么？

3. 您认为要胜任本岗位工作有什么样的学历要求？为什么？

4. 您认为本岗位需要工作经验吗？如果需要，您觉得多长时间比较合适？为什么？

5. 您觉得新加入公司的员工如果要较好地胜任工作需要岗前培训吗？如果需要的话，您觉得培训多长时间比较合适？为什么？

6. 您觉得具有什么样的性格和品质的人能够更好地胜任本岗位工作？

四、其他信息

1. 您觉得公司有提供给您职业发展的通道吗？您对自己在公司的职业发展是怎么规划的？如果晋升的话，您觉得自己会晋升至什么岗位？

2. 您对您所在部门的工作分配及职责划分有何建议？您对您自己这个岗位的工作安排有何建议？

3. 对于本问卷调查未提及的问题，若您觉得有必要提及的，请写出来。

填写人：

年　　月　　日

实验五　综 合 案 例

1. 实验目的

了解并掌握工作分析的整体框架知识与技术，并真正运用到组织管理中。

2. 实验条件

多媒体教室或实验室。

3. 实验时间

本次实验以 4 个课时为宜。

4. 实验内容

【案例材料】

W公司的工作分析①

W信息技术有限责任公司（以下简称W公司）成立于1998年10月，注册资金2500万元，为中国电信全资控股的ICT（信息通信技术）高新产业企业。办公占地4500多平方米，拥有员工450多人（其中65%以上为技术研发人员），聚集了一批具有博士、硕士学位和受过各项专业培训及认证的研发人员和市场营销人才。公司主要从事应用软件开发、系统集成、IT服务外包、互联网运营四大业务领域，是通过CMMI（软件能力成熟度模型）3级评估、ISO20000服务体系认证、ISO9000质量体系认证三项国际标准的企业，同时拥有计算机系统集成一级、涉及国家秘密乙级等众多资质证书，为省级企业技术中心、中国软件产业基地骨干企业。自成立以来，该公司坚持贯彻“追求企业价值与客户价值共同成长”的经营理念，凭借良好的社会信誉、过硬的技术能力、优质高效的服务保障，在省内外主导实施了众多具有代表性和影响力的综合信息化建设项目，得到了社会各界的广泛认可。目前W公司的业务已涉足国内十余个省份，实现了良好的市场开拓局面。

W公司注重技术团队建设和人才梯队培养，积极引入国内外高新技术和国际标准规范，不断优化技术管理体系建设，自主研发了一批拥有自主知识产权的信息化应用软件产品及行业解决方案，其中多项软件产品列入国家火炬计划和国家重点新产品计划，并在国内多个省份广泛应用。

W公司（副）总经理下设17个部门：共有行政职能部门4个，支持部门4个，前端销售部门3个，事业部2个，技术部门4个。公司的组织架构如图2-3所示。

W公司现有员工450人，所有人员分属于七小类（软件类、网络服务类、互联网类、市场类、销售类、行政类及管理类）或者大体分为三大类，分别为生产岗位人员、营销岗位人员和行政岗位人员。人员的具体构成情况为生产岗位人员292人，占65%；前端营销岗位人员115人，占26%；行政管理岗位人员43人，占9%。

全体员工中，拥有本科及以上学历人员占53.1%，拥有大专学历人员占40.0%，中专学历人员占4.1%，其他学历人员占2.8%。从年龄构成来看，大部分员工处于25~35岁，30岁以下的员工约占员工总数的2/3。从职业技能

① 赵心颖.W企业软件研发人员绩效考核方案设计［D］.兰州大学，2011.

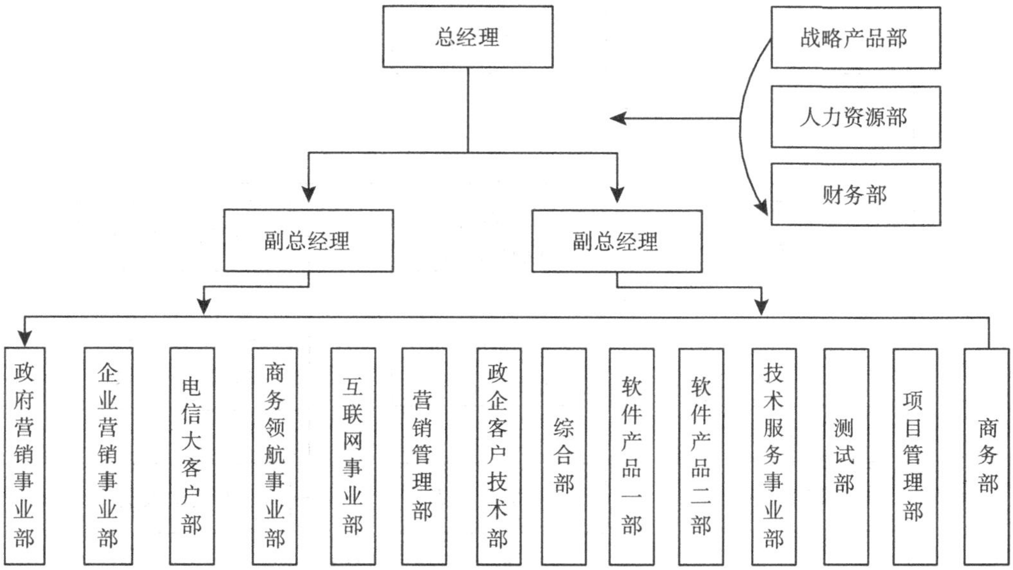

图 2-3　W 公司组织结构

状况来看，拥有高级职称和专业技术证书的人员 80 余人，中级职称及专业技术证书 200 余人；拥有项目经理证书的人员 70 人，其中包括国家高级 IT 项目经理 3 人、IT 项目经理 25 人、PMP 证书 3 人、通信工程项目经理 9 人、公司级 IT 项目经理 30 人。总体而言，万维公司的人力资源现状表现出年龄和技能结构较为合理、具备人力资源基础优势的特点。

技术研发人员约占公司员工总数的 65%，大多居于 W 公司的生产岗位，即软件产品一部、软件产品二部和测试部；他们大部分拥有较高学历，技术素质较高，年纪较轻。软件研发人员岗位由高到低分为 4 个级别：技术总监、部门经理（项目经理）、需求分析及架构设计人员、软件编程人员。其中，技术总监主要负责公司产品总体研发及管理工作，项目经理主要负责公司立项项目实施全过程的管理。同时，小型项目中的需求分析和架构设计也主要由项目经理负责。需求分析及架构设计人员主要负责大型项目的客户需求分析，与客户沟通，协调客户关系，指导软件产品的架构设计方案。编程人员主要负责编写软件代码。测试人员主要负责软件产品的测试工作。软件研发部门和测试部门的组织架构如图 2-4 所示。

（1）万维公司软件技术部门构成与职责。公司有三个软件技术部门，分别是软件产品一部、软件产品二部和测试部。两个软件产品部门的研发产品有

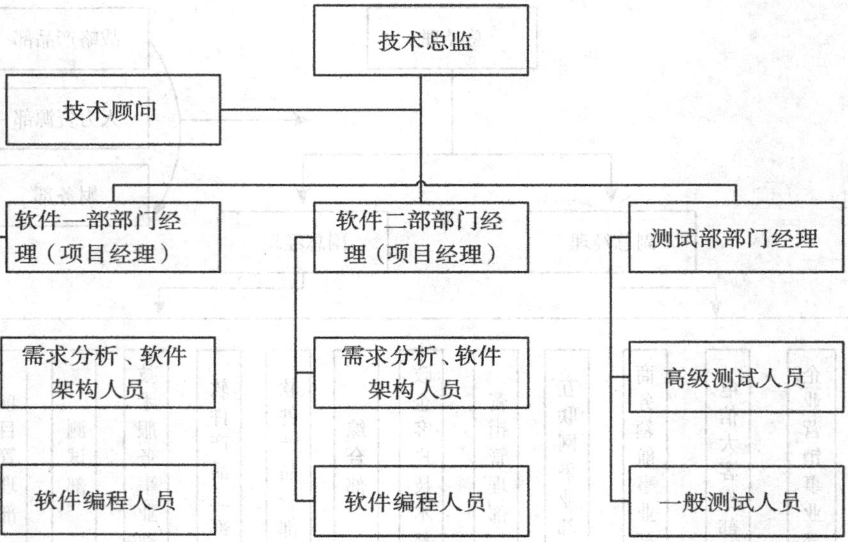

图 2-4 W 公司研发部门组织架构

所不同，但其职责基本相同。其部门职责主要如下：

①按照公司部署，在既定的产品线内从事软件项目的研发、实施及技术支持工作，并依据公司的项目管理制度进行项目的立项、项目小组组建及项目实施等工作。

②根据流程规定参与与其相关的综合性项目合同签订前的评审和会签，对系统硬件和软件选型、配置参与决策，进行软件技术方案的需求调研、设计、开发和实施。

③提供项目售前、售中、售后技术服务、咨询、培训，以及对市场推广活动的支持。

④接受职能管理部门的监督和指导，并积极改进工作。

⑤执行公司的财务计划，完成公司下达的业务指标。

（2）测试部门的主要职责如下：

①研究和发展软件测试技术，为软件产品部门提供软件测试开发工作，维护自动化测试工具，维护软件产品或项目的测试环境，保存并维护与软件测试相关的工件。

②参与软件项目研发阶段的评审，跟踪软件测试过程中出现的问题，确保产品提交给最终用户前被验证已解决。

③设计软件产品和项目测试方案，根据测试结果出具测试报告，并对软件

测试结果及被测软件进行分析、评估，制定并维护软件测试流程和文档的规范。

④接受职能管理部门的监督和指导，并积极改进工作。

⑤执行公司财务计划。

根据以上部门构成与主要职责的情况，将公司的所有研发人员分为项目经理、系统测试人员、软件编程人员三类。

(3) 项目经理工作内容。在 W 公司里，软件开发工作基本是以项目为主，因此项目管理工作是公司软件部门的管理重点，项目经理是一个项目最主要的管理人员。项目经理最重要的职责就是想方设法、保质保量地按期交付项目。同时，针对目前公司软件项目实施过程中项目需求分析和设计质量不高以及项目延期不能按时交付的问题，应将其作为考核重点设计到项目的考核内容中去。

项目经理的工作内容主要包括软件技术项目的计划、组织、领导、控制四个方面，如表 2-9 所示。

表 2-9 **项目经理的工作内容**

计划	对项目进行分解，做好项目计划项目总体计划和项目阶段计划，计划内容包括项目的范围、质量、时间和成本等
组织	组织项目所需的各种资源，组织项目团队，分配工作任务、职责和权限，建立和项目相关的内外部渠道，协调成员间的关系等
领导	在项目过程中对所有事情做出最终决策，包括项目进度计划、人事任免奖惩、关键技术措施、设计变更等，创建项目组的开发环境，提升项目组士气，加强项目组凝聚力以及合理安排各成员的工作，最大限度地发挥他们的效能并及时发现项目中出现的问题并加以处理
控制	重点进行项目的时间控制和团队管理，在项目生命周期的各个阶段跟踪、检查成员的工作质量；对项目进行配置管理与规划；控制各成员的工作进度，并快速解决成员碰到的难题；最终保证在预算成本范围内按规定的质量和进度交付项目

从软件项目的实施角度来看，项目经理在项目工作流程中需要有很好的沟通能力。首先，项目经理要与客户进行沟通，明确了解客户对产品的需求，最大程度地了解客户所要求实现功能的程度，进行需求分析后将其转换为对软件功能的需求。其次，还需把得到的信息准确传达给项目组其他相关人员。项目经理还需要有很强的制订计划的能力，制订项目的总体进度及计划，并将计划分解成阶段工作计划，包括工作内容和工作量。同时，在项目实施过程中不可避免地会发生各种问题，这时对于项目经理来说就需要有很强的应变能力和对

问题进行预估的能力，能够在问题出现前合理地化解，问题出现后及时果断地处理。项目进行到最后阶段，项目经理的工作是发布产品，配合客户进行产品验收，并在验收通过后组织项目组成员对项目进行回顾总结。通过项目经理的工作流程可以看出，确保项目按时按质的完成是项目经理的主要职责，而为了实现这一目标，项目经理在项目实施过程中必须着力于提高项目小组的工作能力。项目经理的工作流程如图 2-5 所示。

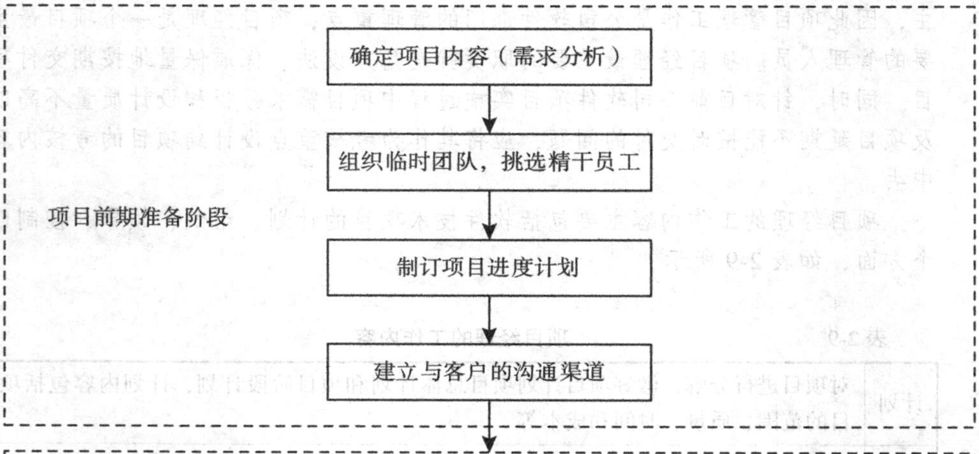

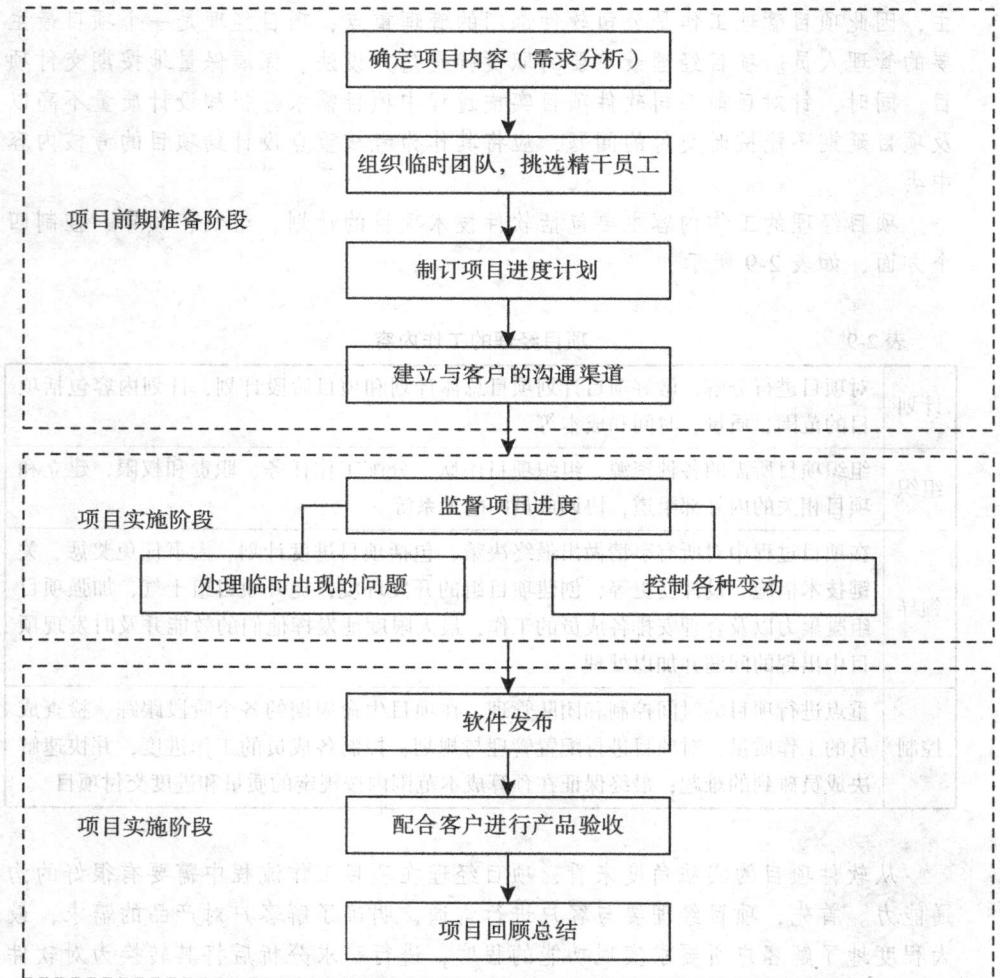

图 2-5 W 公司项目经理工作流程

（4）软件测试人员工作内容。很多软件企业（尤其是小型软件企业）往往对系统测试人员重视不足，认为测试仅仅是服务性工作。但从软件设计的过程来看，软件测试是十分重要的工作，它贯穿于软件生产整个周期中的各个阶段，对于软件产品的设计质量和使用可靠性起到关键的保障作用，而不仅仅是软件编程后的附加性过程。

在W公司，软件测试人员的工作内容主要是寻找并报告软件中的bug和缺陷，在理解产品所有功能和要求的基础上通过使用各种测试方法，来发现和寻找软件中不能满足用户需求、设计要求以及功能规格的缺陷，进一步检测软件的稳定性，并创建相应的测试规范和测试用例。

软件测试人员的工作流程包括制订测试计划、软件设计评审、编码评审、白盒测试、黑盒测试五个阶段：

①制订测试计划，创建测试用例。软件测试计划主要包括：哪些内容需要做测试、测试过程中使用的方法、测试用例的级别等。测试计划应做到全面，要保证测试软件的所有功能需求。测试计划还规定了测试用例的优先级，即对错误的严重程度进行定义。W公司把bug的严重程度分为四个级别：A. 影响系统正常运行的错误；B. 用户不可以容忍的错误；C. 不会给用户带来损失的错误；D. 可以不修改的错误。其中A类测试用例的优先级最高，D类测试用例的优先级最低。

②设计评审。设计评审是对软件的设计内容进行全面的评审，目的是尽力做到在软件开发早期阶段找出比较严重的缺陷，确保软件的设计能够实现全部的功能设计，符合用户的需求，同时还要充分考虑软件的可优化性和可升级性。

③代码评审。主要目的是进行单元测试，发现代码编写过程中的一些问题。如代码中的函数名、变量使用是否规范，代码的可读性、扩展性和安全性等。

④白盒测试（也称为结构测试）。即指测试人员对软件的内部结构、逻辑路径进行测试，检查软件的内部操作是否符合设计要求。

⑤黑盒测试（也称为功能测试）。即指测试人员不考虑软件的内部结构，把软件当作一个黑盒子，对软件的接口进行测试。功能测试主要检查软件的功能是否符合设计需求，比如软件的输入是否能被正确接收，输出的结果是否正确，有没有被遗漏的功能等。

软件测试人员的工作职责主要包括以下四个方面：

①软件测试人员不仅要发现错误，还应尽早、尽快地发现软件产品尽可能多的潜在错误。问题发现得越早，就越能减少企业和客户损失。发现得越迟，修正缺陷的代价就越大，给企业和客户造成的损失可能越大。

②在创建测试用例时，要注意测试用例的可读性（通俗地说，努力做到

让不懂测试的人也能理解测试用例的内容)。

③回归测试的重要性。回归测试是确保软件的bug能被正确处理的重要环节，测试人员在发现了文档或者代码中的bug后，不仅要提交测试用例，还应继续关注编码人员是否关闭了测试报告中的所有缺陷，并进一步验证编码人员在关闭错误过程中是否引入了新的错误。

④在软件发布时应尽量做到“零bug”，即使还存在错误，这种错误的等级应该是最低的，是不会给客户带来损失的。

测试人员是在整个软件项目中最关注项目质量的人员，其主要职责就是找出项目中存在的不合理、不合格的部分，并要求项目中的其他成员按其给定的项目质量完成项目，以确保软件产品和项目的质量。

(5) 软件编程人员工作内容。企业软件编程人员的工作内容就是要按时按量地完成自己负责的代码编写任务。简单地说，编程人员的根本职责是写代码。具体而言，在接到分配的任务后，编程人员应首先对客户需求进行充分、准确的了解；在编写程序时，应严格按照计划编写程序和文档说明；同时还要保持与团队内部的协作，及时修正bug。

软件编程人员的主要工作职责如下：

①编写代码的规范性。软件编程人员应使用规范的格式编写代码，增加代码的可读性。这样在编码发生错误时，测试人员容易理解代码，方便找出代码中的缺陷，还可以使自己快速地进行缺陷修复。

②代码的质量。软件编程人员应尽量减少代码的千行错误率，降低返工率。一味追求编程速度而不顾代码质量，最后可能会造成不可弥补的错误。尤其要注意绝对不能在项目后期出现高等级的错误，因为时间问题很可能导致产品无法按时完成，给客户造成很大的损失。

万维公司软件编程人员的主要工作职责是为了实现项目目标，在项目需求说明书的指导下完成模块设计及开发工作。由于软件编程以创造性工作为主，因此需要良好的分析和解决问题能力，需要熟练使用软件开发工具以及拥有很好的团队合作能力和意识等。

◎ **案例讨论：**

(1) W公司的组织结构有什么特点？其好处是什么？还有什么需要改进的地方吗？请具体分析。

(2) 请根据W公司的内部背景制订一份工作分析计划书。

(3) 请根据项目经理、软件测试和软件编程人员的工作内容及相关部门情况分别编写职位说明书。

5. 实验步骤

（1）老师简要地帮学生梳理一下关于组织结构与工作分析的相关知识，介绍本次实验的内容，明确要求，并说明注意事项。

（2）对全班同学进行分组，可以根据班级人数多少来定每组人数。

（3）小组成员进行讨论，并分工合作，准备实验案例的相关材料，根据要求进行分析讨论并设计方案。

（4）各小组对自己的成果进行展示，在课后形成书面的实验报告并上交以便存档。

（5）老师对学生的表现进行点评，指出学生在实验及展示过程中的不足，以便在下次实验中加以改进。

6. 考核要求

（1）是否掌握工作分析的内容和方法。

（2）能否在规定时间内完成实验要求。

（3）是否完整记录实验内容，文字表达是否准确、清晰。

（4）总成绩 100 分，实验成绩占 70%，实验报告占 30%。

7. 实验思考

（1）组织结构与工作分析有怎样的联系？

（2）工作分析有什么重要意义？

第三章 招 募

知识要点

人员招聘是人力资源管理中的六大模块之一，在人力资源管理实践活动中具有很重要的意义。招聘是培训、绩效、薪酬、员工关系管理等工作的基础。招聘是一个连续的过程，招聘流程必须完整地包括招聘活动的各个方面，才能最大程度地达成招聘目标。图3-1显示的是人员招聘的流程。

1. 招聘计划

（1）招聘计划。招聘计划是用人单位或部门根据发展需要、人力资源规划和工作分析的具体要求，对招聘的岗位、人员、时间等相关事宜作出详细的计划。招聘计划的内容主要包括：招聘的岗位、人员需求量和该岗位的具体要求；选择招聘渠道；招聘信息的发布时间和方式；招募对象的来源和范围；招聘小组组成人员；应聘者的考核方案；招聘预算；招聘工作时间安排以及新员工到岗时间等。

（2）招聘渠道。企业人员招聘的渠道主要有两个：一是内部招聘，主要包括提拔晋升、工作调换、工作轮换和人员重聘①，内部招聘的方法主要包括计算机化的职业生涯行进系统、主管推荐、工作公告法、职业生涯开发系统和档案记录法等；二是外部招聘，外部招聘的方法有很多种，主要包括雇员举荐、自荐式招聘、招聘广告、就业机构和猎头公司、校园招聘、网上招聘、人才交流市场/招聘洽谈会和海外招聘等②。外部招聘和内部招聘的比较如表3-1所示。

---

① 王丽娟．员工招聘与配置（第二版）［M］．上海：复旦大学出版社，2013：202-203.

② ［美］劳伦斯·S. 克雷曼．人力资源管理（第四版）［M］．北京：机械工业出版社，2009：66-74.

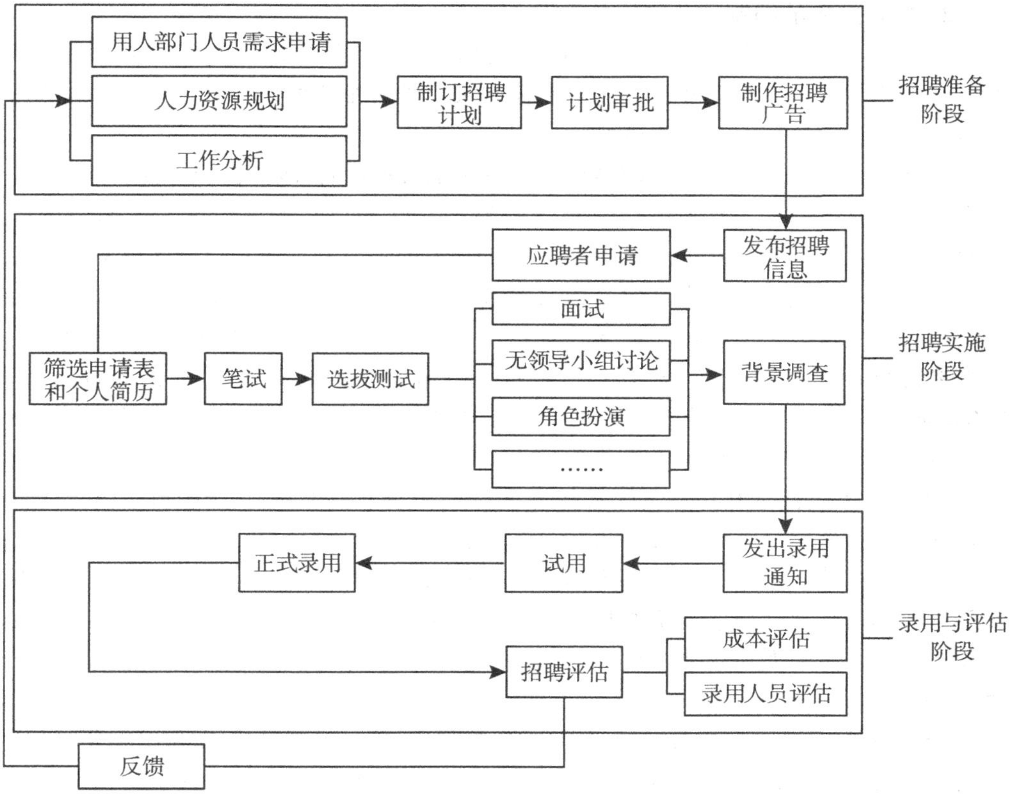

图 3-1　人员招聘流程

表 3-1　**外部招聘和内部招聘的比较**

招聘渠道	优势	劣势
内部招聘	①组织对候选人的能力有清晰的认识； ②准确性好，可信性高，忠诚度高； ③适应能力较强； ④鼓励高绩效，有利于鼓舞员工士气； ⑤节约时间和成本	①可能激化内部矛盾； ②容易造成“近亲繁殖”； ③滋生“裙带关系”等不良现象； ④失去外部优秀人才； ⑤过多内部招聘导致工作效率降低
外部招聘	①带来外部经济性； ②带来不同的价值观和新观点、新思路和新方法； ③有利于企业树立良好形象； ④有利于企业内部形成良性竞争； ⑤选择范围广，有利于吸引优秀人才	①筛选时间长、难度大、成本高； ②进入角色状态慢； ③影响内部员工的积极性； ④决策风险大； ⑤往往存在复杂的矛盾

2. 招聘广告的编制

（1）招聘广告编制的原则。一份好的招聘广告至少要达到以下两个目的：一是吸引人才，二是宣传企业，要树立企业形象，扩大企业的影响力。所以招聘广告的编制应该围绕这两个目的来进行。

招聘广告的编制应遵循 AIDAM（Attention，Interest，Desire，Action，Memory）原则①，即引起注意、产生兴趣、激发愿望、采取行动和留下记忆。“Attention”原则意为从广告设计的总体效果出发，引起人们的关注。“Interest”原则意为通过煽动性的广告词或画面引发求职者的兴趣和得到工作的兴趣。“Desire”原则意为广告不仅要使求职者感兴趣，还要让其产生得到工作的愿望。“Action”原则意为不仅要向求职者提供联络方式，还要用一些煽动性的话题促使对方采取行动。“Memory”原则意为不管看到广告的人是否采取了行动，都要在他们的记忆中留下深刻印象，这样可以达到企业宣传的作用。

（2）招聘广告的内容。一份完整的招聘广告应当包括以下主要内容：该工作岗位的名称及简单的描述、必备的任职资格、应聘的程序、应聘截止日期、公司名称、联系方式等。此外，还可以有选择地包括以下信息：有关公司或组织的描述性信息、理想的任职资格、薪资和福利信息、工作条件和工作时间等信息、有关社区方面的信息、希望开始工作的时间或其他特殊信息、企业标识、对求职信或个人简历的要求等。

（3）招聘广告的编写技巧。招聘广告的编写有一定的技巧，善于利用技巧，有利于吸引求职者，更好地达到招聘广告的效果。这些技巧分别为用语专业化，不排斥幽默化，不要晦涩难懂及要有合法性，其中，合法性中的歧视问题是我们在设计招聘广告时尤其要注意的。

表 3-2 **各种广告发布渠道的比较②**

类型	优势	缺陷	适用范围
报纸	①广告大小弹性可变； ②成本低； ③特定的招募区域； ④信息分类比较详细； ⑤有专门的人才市场报； ⑥易于保存，便于查找	①竞争较激烈； ②容易被人忽略； ③没有特定的读者群； ④印刷质量不理想	适用于区域性招聘

① 瞿海燕，赵荔，陆慧．人力资源管理实验教程［M］．北京：中国财政经济出版社，2012：75.

② 李浇，支海宇．人力资源管理实训教程［M］．大连：东北财经大学出版社，2009：72.

续表

类型	优势	缺陷	适用范围
杂志	①印刷质量好； ②保存期长，可不断重读； ③广告比较灵活； ④专业杂志吸引特定职业群	①传播周期长； ②短时间内难以取得效果； ③发行区域广	适用于全国性招聘，且专业与杂志的风格比较一致
广播电视	①容易引起注意； ②招募信息让人难以忽略； ③创造余地大，增强吸引力； ④自我形象宣传	①费用较高； ②信息持续时间短； ③可能会为无用的传播付钱； ④只能传送简短的信息	需要在短时间内扩大企业影响并提高企业知名度的招聘
互联网	①费用低； ②信息容量大，传递速度快； ③广告制作效果好； ④广告周期长	①信息过多容易被忽略； ②地域传播广； ③要求有上网条件或计算机使用能力	适用于全球范围的招聘

实验一　招聘计划的编制

1. 实验目的

了解招聘计划的主要内容，掌握如何选择招聘渠道以及编制一份完整的招聘计划书。

2. 实验条件

多媒体教室或者实验室。

3. 实验时间

本次实验时间以 4 个课时为宜。

4. 实验内容

【案例材料】

某公司招聘计划案例分析

××公司近些年来经营规模不断扩大，业务不断扩张，因此对人才的需求日益增加。为了满足公司需要，人力资源部正着手为公司招贤纳才。通过人力资源规划和工作分析等工作，以及其他用人部门上报的人员需求情况，人力资源部已经确定了招聘需求。统计得出，销售部需要销售人员 10 人，财务部需要财务 2 人，人力资源部需要人事专员 3 人，客服部需要客服 15 人。此次招聘从本年度 3 月开始，要在 5 月底全部完成。

◎ **案例讨论：**

（1）根据背景资料，编写一份完整的招聘计划书，如下文所示。

（2）根据给出的案例材料，以组为单位讨论招聘计划书的优点和不足，提出修改意见，并形成书面实验报告。

×××公司招聘计划书

一、确定空缺岗位和人数

岗位：××银行客服专员

人数：10 人

客服专员工作职责及入职要求具体见工作分析（此处略去）

二、选择招聘信息的发布时间和发布渠道

发布渠道：校园招聘，通过在××大学进行校园招聘来招募人员；举行招聘宣讲会、贴横幅、发行小册子广告等

发布时间：××××年××月××号

三、招聘小组成员及分工

宣讲会主负责人：人力资源管理部经理×××（负责整个流程的设计）、客服部经理×××（负责宣讲）

选拔人员组成：

（1）××银行人力资源部经理×××

（2）××银行客服部经理×××

（3）人力资源专员×××和×××

四、选拔方案

1. 初始要求（简历筛选）

2. 选拔方案：

（1）笔试；

（2）第一次面试；

（3）第二次面试（与客服部经理面谈）。

五、招聘预算表

项目	费用（单位：元）
宣传用品制作	200
印制申请表	100
印制试题	100
住宿费	1000

续表

项目	费用（单位：元）
交通费用	500
其他	100
合计	2000

六、招聘工作时间表

招聘相关活动	时间安排
确定客服专员招聘人数	××××年××月××日——××××年××月××日
进行工作分析并构建客服专员胜任力模型	××××年××月××日——××××年××月××日
选择招聘方式，确定为校园招聘	××××年××月××日
到××大学就业中心洽谈宣讲会事宜，确定宣讲会的具体时间、地点	××××年××月××日——××××年××月××日
分发、张贴招聘广告等前期宣传资料	××××年××月××日——××××年××月××日
召开宣讲会，收集应聘者资料	××××年××月××日
初步筛选投简历的人员	××××年××月××日——××××年××月××日
通知通过简历筛选的求职者，安排笔试	××××年××月××日——××××年××月××日
通过笔试的求职者进行第一轮面试	××××年××月××日
通过第一轮面试的人进行第二轮面试	××××年××月××日
做出录用决定，发出聘用通知	××××年××月××日
开始入职培训	××××年××月××日

5. 实验步骤

（1）老师简要地帮学生梳理一下关于招聘计划的相关知识，介绍本次实验的内容，明确要求，并说明注意事项。

（2）全班同学进行分组，可以根据班级人数多少来定每组人数。

（3）小组成员进行讨论，并分工合作，准备招聘计划书的相关材料，讨论和编写招聘计划书。

（4）各小组对自己的成果进行展示，并在课后形成书面的实验报告并上交以便存档。

（5）老师对学生的表现进行点评，指出学生在实验及展示过程中的不足，以便在下次实验中加以改进。

6. 考核要求

（1）是否掌握招聘计划书编制的内容和方法。

（2）能否在规定时间内完成招聘计划书的编制。

（3）分析招聘计划书编制的注意事项。

（4）是否完整记录实验内容，文字表达是否准确、清晰。

（5）总成绩100分，实验成绩占70%，实验报告占30%。

7. 实验思考

（1）试举例说明不同的职位类型应采用何种方式的招聘渠道。

（2）简要分析招聘计划的意义。

【参考资料】

表3-3　　**人员需求申请表①**

<table>
<tr><td colspan="2">申请部门</td><td></td><td>现有编制</td><td></td></tr>
<tr><td rowspan="8">申请增加人员要求</td><td>人数</td><td></td><td rowspan="8">增加理由、人员岗位和任务说明</td><td rowspan="8"></td></tr>
<tr><td>学历要求</td><td></td></tr>
<tr><td>专业要求</td><td></td></tr>
<tr><td>年龄要求</td><td></td></tr>
<tr><td>性别要求</td><td></td></tr>
<tr><td>工作经验</td><td></td></tr>
<tr><td>到位时间</td><td></td></tr>
<tr><td>其他要求</td><td></td></tr>
<tr><td colspan="2">人力资源部意见</td><td colspan="3"></td></tr>
<tr><td colspan="2">分管领导意见</td><td colspan="3"></td></tr>
<tr><td colspan="2">总经理意见
相关说明</td><td colspan="3"></td></tr>
</table>

① 刘星，冯明，李华，闫威．人力资源管理实验教程［M］．重庆：重庆大学出版社，2007：34.

表 3-4 **人员需求统计及招聘进度表**

申请日期：

部门	现员人数	定编数	计划需求人数	招聘进度（月度/人）											
				1	2	3	4	5	6	7	8	9	10	11	12
总经办															
研发部															
营销部															
采购部															
工程部															
财务部															
人事部															
行政部															
客服部															
合计															

表 3-5 **人力资源招聘计划书示例①**

一、招聘小组成员名单

组长：×××（人力资源部经理） 对招聘活动全面负责

成员：×××（人力资源部招聘专员） 具体负责发布招聘信息、安排笔试和面试

×××（人力资源部招聘专员） 具体负责接待应聘人员、整理应聘资料

二、招聘岗位

岗位编号	岗位名称	人员数量	要 求
	行政文员	1	（将工作说明书中的任职资格写出来）
	销售代表	3	（将工作说明书中的任职资格写出来）
	采购专员	2	（将工作说明书中的任职资格写出来）
	出纳人员	2	（将工作说明书中的任职资格写出来）

三、招聘时间和渠道

1. ××人才市场 ××××年××月××日至××××年××月××日
2. ××招聘网站 ××××年××月××日至××××年××月××日
3. ××报 ××××年××月××日至××××年××月××日

① 李浇，支海宇．人力资源管理实训教程［M］．大连：东北财经大学出版社，2009：63.

续表

四、选拔方案及时间安排 1. 行政文员 申请表或简历筛选 ××部经理、招聘专员 截止日期：××月××日 初试（笔试） 命题小组 ××月××日 8：45—16：00 复试（面试） 面试小组 ××月××日 9：00—17：00 2. 销售代表 申请表或简历筛选 ××部经理、招聘专员 截止日期：××月××日 初试（笔试） 命题小组 ××月××日 8：45—16：00 复试（面试） 面试小组 ××月××日 9：00—17：00 3. 采购专员 申请表或简历筛选 ××部经理、招聘专员 截止日期：××月××日 初试（笔试） 命题小组 ××月××日 8：45—16：00 复试（面试） 面试小组 ××月××日 9：00—17：00 4. 出纳人员 申请表或简历筛选 ××部经理、招聘专员 截止日期：××月××日 初试（笔试） 命题小组 ××月××日 8：45—16：00 复试（面试） 面试小组 ××月××日 9：00—17：00 五、新员工上岗时间：预计在××××年××月××日左右 六、招聘费用预算 1. ××报广告刊登费 5000 元 2. ××招聘网站信息刊登费 6000 元 3. ××人才市场 2000 元 4. 合计 13000 元 七、招聘工作时间表 ××月××日：起草招聘广告 ××月××日至××月××日：进行招聘广告版面设计 ××月××日：与人才市场、报社代理公司、网站进行联系 ××月××日：报纸、网站刊登广告 ××月××日至××月××日：接受、整理应聘资料，对资料进行筛选 ××月××日：通知应聘者参加初试（笔试） ××月××日：进行笔试 ××月××日：通知应聘者参加复试（面试） ××月××日：进行各岗位的面试 ××月××日：向通过复试的人员发出录用通知，同时也应通知没有被录用的人员 ××月××日：新员工报到

实验二　招聘广告的编制

1. 实验目的

理解招聘广告的相关知识，掌握招聘广告的编制技巧，学会根据背景资料编制各岗位的招聘广告。理解各种招聘广告发布渠道的优缺点，并能够根据需要选择合适的发布渠道。

2. 实验条件

多媒体教室或者实验室。

3. 实验时间

本次实验时间以2个课时为宜。

4. 实验内容

【案例材料1】

某公司招聘广告编制案例分析①

某集团公司是一家大型专业货运物流集团，始建于1992年。目前，已拥有海内外69家子（分）公司，员工2000多人，业务遍及全国各地。

集团坚持“以人为本，追求卓越”的经营理念，目前已形成自己独特的企业文化和管理运作模式。集团为员工提供一流的办公环境、平等的晋升机会和专业的业务培训。

“按照客户的需要设定和创造服务”是集团始终如一的原则。因集团业务的高速增长，现高薪诚聘财务总监、信息部总经理、市场部总经理、培训经理等高级专业人才。

◎ 案例讨论：

根据以上背景及个人所学知识编写以上职位的招聘广告。

【案例材料2】

×××广告有限公司的招聘②

招聘职位：平面设计师

招聘人数：5人

---

① 人力资源获取与再配置［EB/OL］.［2016-07-16］. http：//www. docin. com/p-528388611. html.

② 瞿海燕，赵荔，陆慧. 人力资源管理实验教程［M］. 北京：中国财政经济出版社. 2012. 78.

学历要求：大专以上

工作年限：3~5年

职位要求：35岁以下，男性，上海市户籍，具有3年以上广告公司平面设计工作经验，精通CAD设计。

待遇从优。

有意愿者请把简历寄到：×××广告有限公司人力资源部

◎ **案例讨论：**

（1）根据背景资料，撰写一则招聘广告。

（2）根据案例资料，对招聘广告进行分析，指出广告中存在的问题。

5. 实验步骤

（1）准备工作。老师先讲解一下知识要点，提醒同学们该实验的注意事项，介绍实验内容，明确实验任务，并明确实验成果。将全班同学进行分组，一般以每组5~6人为宜。

（2）小组讨论。每组就背景资料进行讨论，编写招聘广告，并就案例资料进行讨论，指出广告中存在的问题。

（3）小组报告。每一组派一个代表报告所在组的意见及展示所编制的招聘广告，并在课后形成书面的实验报告并上交存档。

（4）教师点评。老师对同学们的表现进行点评，提出同学们在实验过程中的优点和不足，方便在以后的实验中改进。

6. 考核要求

（1）是否掌握招聘广告的编制原则和内容。

（2）能否在规定时间内完成招聘广告的编制。

（3）分析招聘广告编制的注意事项。

（4）是否完整记录实验内容，文字表达是否准确、清晰。

（5）总成绩100分，实验成绩占70%，实验报告占30%。

7. 实验思考

（1）招聘广告中存在的歧视问题都有哪些？

（2）试举例说明企业在不同的发展阶段应采用何种广告发布渠道。

【参考资料】

世界上最好的工作——大堡礁护岛人①

澳大利亚昆士兰州旅游局是澳大利亚昆士兰州政府授权旅游代表机构，负责在

① “世界最好工作——大堡礁招聘”系列活动［EB/OL］.［2016-07-16］. http://news.nem365.com/dspd/20091123301033968.html.

全球推广昆士兰的旅游目的地。为了达到在全球推广的效果，昆士兰州旅游局进行了“大堡礁招聘”系列活动，被誉为世界上最成功的旅游推广案例。

2009年初，昆士兰州旅游局打出招聘广告，要在全世界寻找一位大堡礁岛屿看护员，大堡礁招聘事件占据着各国报纸和电视新闻的重要位置，标题千篇一律都是“世界上最好的工作”。由于有几名中国求职者杀入了最后面试环节，国内媒体也争先恐后地报道了该事件，给大堡礁作了大量的免费广告。大堡礁招聘护导员耗时半年，从全球3万人中进行“海选”。而澳大利亚昆士兰旅游局如此“兴师动众”，却醉翁之意不在“聘”。最大的赢家是这次招聘活动的主办方——昆士兰州旅游局。他们以170万澳元的低成本，却收获了价值1.1亿美元的全球宣传效应。全球媒体被牵着鼻子走，使得他们成功进行了一次超值的旅游营销。

本次招聘的简要介绍如下：

招聘职位：澳大利亚昆士兰州哈密尔顿岛看护员。

工作时间：2009年7月1日至12月31日。

工作内容：清洁鱼池，喂鱼；收发信件；每周发表文章及上传照片、影片；不定期接受媒体采访；巡游大堡礁水域内其他岛屿等。

职位薪酬：15万澳元/半年。

其他待遇：往返经济舱机票（距申请人所在国首都最近的机场）、住宿、在哈密尔顿岛上的交通费、合同期内的旅游保险、电脑、上网服务、具备录影功能的数码相机、往来大保礁岛屿间的交通等全部由昆士兰旅游局提供。

申请条件：年满18周岁，英语沟通能力良好，热爱大自然，会游泳，勇于冒险尝试新事物。申请人需上网填妥申请表，上传自制的60秒英文短片，说明自己是该工作最适合人选的理由。

申请招募活动由2009年1月中旬起至2月22日结束。申请截止后，昆士兰旅游局会连同国际市场的代表一同挑出10位最理想的人选，再加上1位由招募网站访客投票选出的“外卡”候选人，一起于5月初获邀前往大堡礁的部分群岛上进行面试。成功者将成为哈密尔顿岛看护员。

我们来分析一下昆士兰旅游局如何借着招聘护岛员的噱头达到成功推广的效果。

具有创意的“世界上最好的工作”的概念：候选者经历一次真实的招聘过程，招聘的条件又和当地的旅游资源（产品）息息相关。因此，尽管“世界上最好的工作”听起来像是精心策划的公关手段，但它确实是一份真实的工作，无法被质疑。此前没有任何人如此做过，这样做的目的在于通过探索者展示昆士兰独一无二的岛屿经历，向全世界游客提供一些与众不同的旅游地信息。

网络为主的整合传播：澳大利亚昆士兰旅游局网站于2009年1月9日发布招聘通告，并为此专门搭建了一个名为“世界上最好的工作”的招聘网站

(www. islandreefjob. com)，网站提供了多个国家语言版本〔英语、日语、韩语、中文（简体和繁体）和德语 5 个版本〕，同一时间向全世界发起这次公开招聘。“世界上最好的工作”招聘的所有关键环节都在网上展开，旅游局在全球各个办公室的员工则纷纷登录各自国家的论坛、社区发帖，让消息在网友中飞速扩散。而官方网站的合作伙伴是 Youtube，借助 Youtube 在全球的巨大影响，活动本身又得到了进一步的传播，而且一方面为网上申请提供了便利，另一方面也达到了更广泛的宣传效果。世界各地不同语言的人都可以轻松了解这样一个海选活动。招聘广告出现在各大门户网站上，同样也分属世界各地。由于有当地报名者，于是引起传统媒体的跟进报道，环环相扣的互联网使这次活动在第一时间风靡全球。

广泛参与，精准互动：让网民自主投票，为了进行充分的网络造势，主办方设计了经网络投票决出“外卡选手”的环节，入选 50 强的选手会不断拉票，而关注活动的人会为心仪的选手投票，还有人会持续关注包括投票在内的活动进展——主办方在投票过程上也进行了精心设置，投票者要先输入邮箱地址，然后查收一封来自“昆士兰旅游局”的确认邮件，确认后再行使投票权。在通过确认的这个过程中，参与投票的网民都可以好好浏览一下这个做得很漂亮，实质上是旅游网站的招聘网站，大堡礁的旖旎风光、万种风情马上就开始让人心旷神怡。更重要的是，投票者的邮箱未来都会定期或不定期地收到来自大堡礁的问候。

实验三　招聘渠道选择

1. 实验目的

掌握招聘渠道的相关知识，了解招聘渠道选择的技巧，能够熟练地根据实际情况选择合适的招聘渠道。

2. 实验条件

多媒体教室或者实验室。

3. 实验时间

本次实验时间以 2 个课时为宜。

4. 实验内容

【案例材料 1】

某公司招聘计划案例分析

某公司是一家大型的民营企业，主要提供跨境电商一站式服务，主要包括软件服务、电商以及物流等。该企业正处于发展成长期，近期更是有上市的打算，因此对人才的需求量很大（基层员工和管理层的人才需求都很大）。考虑到未来发展对人才的需求，总经理把人力资源部经理叫到办公室，希望他能够针对公司现状及未来发展规划出一套招聘方案，希望达到两个目的：一是招到公司真正需要的人才；二是为公司树立良好的社会形象，为公司上市做好宣传。走出总经理办公室，人力资源部经理开始了一系列工作，一个星期之后就拿出了一个适合公司的招聘方案，并通过了总经理的审批。

◎ **案例讨论：**

如果你是该公司的人力资源部经理，在设计招聘方案时，你会选择何种招聘渠道？为什么？

【案例材料 2】

TC 集团招聘渠道设计案例分析①

TC 集团在起步阶段时，曾在××招聘网上公开刊登向社会招聘高级技术管理人才的广告，在一周内就有 200 余名专业技术人员前来报名，自荐担任该集团经理、部门主管、总工程师等。公司专门从某大学聘请了人力资源管理方面的专家组成招聘团，并由总裁亲自参加。随后，招聘团对应聘者进行了笔试、面试等选拔测试，挑选出一批优秀的人才。这次向社会公开招聘人才的尝试，给 TC 集团带来了新的生机和活力，使其迅速发展成为当地的知名公司。

随着知名度的迅速提高，该公司开始从组织内部寻找人才。每当人员缺少时，该公司并不是立即对外招聘，而是先看本公司内部的其他部门有没有合适的人员可以调任。如果有，先在内部解决，各个部门之间可以进行人才交流，只要是本部门需要的人才，双方部门领导同意就可以向人力资源部提出调动申请。

◎ **案例讨论：**

（1）在起步阶段，TC 集团为什么采用外部招聘的方式？

（2）随着知名度的提高，TC 集团为什么优先从组织内部寻找人才？

5. 实验步骤

（1）准备工作。老师先讲解一下知识要点，提醒同学们该实验的注意事项，介绍实验内容，明确实验任务，并明确实验成果。将全班同学进行分组，一般以每组 5~6 人为宜。

（2）小组讨论。每组就背景资料进行讨论，选择招聘渠道，并就案例资料进

---

① HR 基础案例分析：如何选择招聘渠道［EB/OL］.［2016-07-16］. http://www.chinadmd.com/file/c6xzar6ocvvuities3xecrvc_2.html.

行讨论，说明该公司为什么会在不同阶段选择不同的招聘渠道。

（3）小组报告。每一组派一个代表就讨论内容报告所在组的意见，并在课后形成书面的实验报告并上交存档。

（4）教师点评。老师对同学们的表现进行点评，提出同学们在实验过程中的优点和不足，方便在以后的实验中改进。

6. 考核要求

（1）是否掌握基本的招聘渠道及招聘选择的原则。

（2）能否在规定时间内准确地选择招聘渠道并比较各招聘渠道的优缺点。

（3）分析招聘渠道选择的注意事项。

（4）是否完整记录实验内容，文字表达是否准确、清晰。

（5）总成绩100分，实验成绩占70%，实验报告占30%。

7. 实验思考

（1）选择招聘渠道时应该注意哪些问题？

（2）各种招聘渠道的优缺点是什么？

第四章　甄选与录用

》知识要点

1. 甄选

（1）初步筛选。初步筛选主要分为筛选求职申请表和筛选个人简历，一般来说，求职申请表是公司给求职者提供的结构完整且直截了当、包括公司所需全部信息的表格，有利于公司了解求职者信息。个人简历是求职者关于自我信息的简要介绍，个人简历是为了让用人单位的面试官在很短的时间内尽可能了解求职者的相关信息以及判断求职者是否具备录用资格。

个人简历的编制必须充分展现个人优势，同时兼顾简明扼要、得体适用等几个方面。简历的编制应遵循以下原则：求真务实、重点突出、简明扼要、有的放矢和得体合适，不能歪曲虚构，应突出个人的工作经历和特长，内容应该言简意赅，且针对不同企业的不同岗位进行相应修改。

一份好的简历可以成为推销自己的广告，必须要精心策划和写作。一份完备的简历应该包括求职者的个人信息（如，姓名、联系电话、邮箱、通讯地址、求职意向等）、教育背景、工作经历、技能水平等内容①。

在进行简历筛选时，应该注意几个问题：求职者的工作经历与招聘职位的匹配度；求职者的综合素质；求职者的跳槽频率；职业的一致性；教育培训背景等与岗位有关的信息。

在经过求职者申请表和个人简历筛选后，企业会安排笔试进行进一步的筛选。

（2）面试。面试是一种最普遍的选拔方法。所谓面试，是指一种经过精心设计，在特定场景下以面对面的交谈与观察为手段，由表及里地测评应试者有关素质的方式②。

面试有很多种类，根据结构化程度可以分为结构化面试、半结构化面试和非结构化面试。结构化面试是指面试前就面试所涉及的内容、试题的评分标准、评分方

---

① 瞿海燕，赵荔，陆慧．人力资源管理实验教程［M］．北京：中国财政经济出版社．2012：84.

② 李浇，支海宇．人力资源管理实训教程［M］．大连：东北财经大学出版社，2009：63.

法、分数使用等一系列问题进行系统的结构化设计的面试方式①。非结构化面试是指主试者根据应聘者的情况随机提问，半结构化面试则介于两者之间。另外，还有压力面试、情景面试、行为面试、小组面试、系列式面试和计算机辅助面试等面试类型。

在面试中，考官应该掌握一定的提问技巧，STAR 提问法被大多数人力资源管理者所认可，即围绕情景（Situation）、目标（Target）、行动（Action）、结果（Result）四个层面进行提问。另外，面试官应该多用行为描述问题进行提问，同时也可以进行递进式提问。

因为面试是由人来进行操作的，因此面试中容易出现主观偏差，这些偏差主要包括首因效应、晕轮效应、近因效应、与我相似效应以及刻板效应等。面试官在应聘过程中应该注意营造和谐的面试气氛，尽可能地避免主观偏差。

（3）无领导小组讨论。无领导小组讨论是评价中心技术中经常使用的一种测评技术。评价者或者不给考生指定特别的角色（不定角色的无领导小组讨论），或者只给每个考生指定一个彼此平等的角色（定角色的无领导小组讨论），但都不指定谁是领导，也不指定每个考生应该坐在哪个位置，而是让所有考生自行排位、自行组织。面试官不参与讨论，只是对每个受测者在讨论中的表现进行观察（可以通过专门的摄像设备），对受测者的各个考察要素进行评分，从而对其能力、素质水平做出判断。

小组讨论一般每组 4~8 人不等，参与者得到相同的信息，但是都未被分配角色，大家地位平等，要求他们分析有关信息并提出一个最终的解决方案，检测考生的组织协调能力、口头表达能力、辩论能力/说服能力、情绪稳定性、人际关系能力、非言语沟通能力（如面部表情、身体姿势、语调、语速和手势等）等各个方面的能力，以及自信程度、进取心、责任心、灵活性、情绪控制等个性特点和行为风格。

2. 录用与招聘评估

（1）录用。在对应聘者做了各项评估之后，就要进行录用决策。在录用决策时有两个选择：一是在候选人之间进行选择；二是在候选人与招聘标准之间进行比较。录用决策的要素包括以下四个方面：信息准确可靠（即候选人的原始信息和招聘过程中的现实信息都要准确可靠）、资料分析方法正确、招聘程序科学以及能力与岗位匹配。

应聘通知是录用工作中的一个重要部分，分为录用通知和辞谢通知两种。在通知被录用者时，最重要的原则是及时。对于未录用的申请者，同样应该用相同的方式通知。一份完整的录用通知书通常包括以下内容：称呼（被录用者姓名）、工作岗位、地点、劳动报酬、报到时间、地点、手续、报到需要提供的材料、注意事项以及公司所要求的其他事项。很多企业往往只关注那些被录用的候选人，而忽视对

① 王丽娟. 员工招聘与配置（第二版）［M］. 上海：复旦大学出版社，2013：202-203.

未被录用应聘者的回复。其实，对未被录用的应聘者进行答复是体现公司形象的重要工作。答复最好采取书面形式，如E-mail，语言尽量简洁、坦率、礼貌，同时具有鼓励性，并表示希望与应聘者建立长期的联系①。

（2）招聘评估。招聘评估主要分为成本评估和录用人员评估，招聘成本包括招募和录用过程中招募、选拔、录用、安置以及适应性培训的成本，录用人员评估是指根据招聘计划对录用人员的质量和数量进行评价的过程。

评价招聘工作是否成功，可以从以下四个方面来看：①负责招聘的人员是否花时间与公司其他部门的经理们一起讨论他们对应聘人员的要求；②招聘部门的反应是否迅速，能否在接到用人要求后，在短时间内找到符合要求的候选人；③部门经理能否及时安排面试；④公司是否在物质资金方面给招聘部门支持并给予足够的授权。

实验一 简历制作与筛选

1. 实验目的

了解简历编制的基本要求和简历包含的主要内容，掌握简历的制作方法，了解什么样的简历能够吸引HR的眼球，以及如何筛选简历等。

2. 实验条件

多媒体教室或者实验室。

3. 实验时间

本次实验时间以2个课时为宜。

4. 实验内容

（1）每个学生根据自己的实际情况制作一份简历，注意简历的内容和制作简历的技巧。

（2）以组为单位，小组成员轮流担任HR，指出其他成员的简历中存在的问题，并说出自己最喜欢的简历。

（3）各成员根据其他成员提出的意见并结合自身情况对简历进行修改。

5. 实验步骤

（1）老师简要介绍与简历制作和筛选相关的知识以及注意事项，介绍实验内容，明确实验任务和实验成果。

（2）学生各自制作自己的简历。

（3）所有学生进行分组，进行简历制作和筛选模拟，并对存在的问题和看法进行总结。

（4）分组汇报在模拟过程中总结的问题以及对挑选出的最好的简历进行展示。

---

① 李浇，支海宇．人力资源管理实训教程［M］．大连：东北财经大学出版社，2009：86.

（5）老师进行总结和点评，对学生的简历制作提出建议，帮助学生进一步完善简历。

6. 考核要求

（1）是否掌握简历制作的内容。

（2）能否在规定时间内制作个人简历。

（3）分析简历制作的注意事项。

（4）是否完整记录实验内容，文字表达是否准确、清晰。

（5）总成绩100分，实验成绩占70%，实验报告占30%。

7. 实验思考

（1）简历制作的技巧有哪些？

（2）筛选简历时要注意的要点有哪些？

【参考资料1】

表4-1 **简历模板**

<table>
<tr><td>姓名</td><td></td><td>性别</td><td></td><td rowspan="5">照片粘贴处</td></tr>
<tr><td>生日</td><td></td><td>民族</td><td></td></tr>
<tr><td>籍贯</td><td></td><td>毕业院校</td><td></td></tr>
<tr><td>政治面貌</td><td></td><td>专业</td><td></td></tr>
<tr><td>学历</td><td></td><td>邮编</td><td></td></tr>
<tr><td>联系电话</td><td></td><td>电子邮件</td><td colspan="2"></td></tr>
<tr><td>地址</td><td colspan="4"></td></tr>
<tr><td>自我评价</td><td colspan="4"></td></tr>
<tr><td>专业介绍</td><td colspan="4"></td></tr>
<tr><td rowspan="3">主修课程</td><td></td><td colspan="3"></td></tr>
<tr><td></td><td colspan="3"></td></tr>
<tr><td></td><td colspan="3"></td></tr>
<tr><td>英语水平</td><td colspan="4"></td></tr>
<tr><td>计算机水平</td><td colspan="4"></td></tr>
<tr><td>在校职务</td><td colspan="4"></td></tr>
<tr><td>获奖情况</td><td colspan="4"></td></tr>
<tr><td>社会实践</td><td colspan="4"></td></tr>
</table>

【参考资料2】

九大知名企业如何看简历①

投放简历，是求职者找工作的第一步，而简历也就成了求职的敲门砖。是否有机会参加下一步的考核赢来工作机会，全看这敲门砖好不好。各大公司、企业又是如何筛选简历的呢？它们衡量简历的标准又是什么呢？

中国移动通信集团公司

（1）采访对象：人力资源部高级项目经理刘灵心先生。

（2）选择标准：先看专业再挑学校背景。

中国移动利用多种方式招聘，如招聘会、报纸杂志、猎头等，用得最多的是网络招聘；同时还会针对招聘项目，进行校园招聘、社会招聘和内部竞聘。移动已经将很多工作外包给专业人才网站，因此在筛选简历、笔试和面试时都遵循着一个既定的程序和标准。一个优秀人才应聘移动，需要经过以下几个程序：软件系统筛选简历→人工筛选简历→第一轮面试→笔试→第二轮面试。自动软件系统会通过考查五个方面来挑选简历：学校和专业、学习成绩、班级排名、英语能力和项目经验，它们是你应聘中国移动的五大拦路虎。中国移动青睐来自重点院校、专业对口的大学生，而名校背景、突出的英语能力、担任过班长、学生会干部、社团组织者的经历，都会成为应聘中国移动的加分亮点。

ABB（中国）有限责任公司

（1）采访对象：人力资源经理唐炜女士。

（2）选择标准：言简意赅的简历最受欢迎。

ABB是根据每个职位的岗位描述和招聘需求来筛选简历的，之后，人力资源经理把选中的简历发到对应的业务部门进行第二轮筛选，在业务部门经理和人力资源经理沟通、协商好之后，产生面试名单。

一份干净整洁、言简意赅的简历是最受ABB欢迎的，简历页数在2~3页比较合适。个人信息、工作经验的叙述和招聘职位的要求越接近越容易赢得入围机会；那些越精美或者越花里胡哨的简历并不见得就最受欢迎。简历的真实内容才是考查重点。

对于应届毕业生的简历，ABB比较注重对方的相关社会经历，比如参加过哪

① 九大知名企业如何看简历［EB/OL］．［2016-07-16］．http：//blog. renren. com/share/250529305/4244720957.

些社会活动，是否为学生干部等。而招聘社会人员时，对方的工作经验是最受关注的。ABB 集团的销售人员，也需要严格的专业教育背景和行业工作经验。

北京·松下电子产品有限公司

（1）采访对象：人事科长张裕才先生。

（2）选择标准：从简历判断求职者的思维特点。

对于市面上蜂拥而现的大贴艺术照和写真照的简历，张科长表示自己不反对也不赞成，他强调企业用人是根据岗位需求和个人情况来选择的，简历再漂亮也起不到决定性的作用，尤其是应届毕业生更不该如此制作简历。

在谈到筛选简历的根据时，张科长说，针对不同岗位的需求，会有不同的考察侧重点。比如招聘技术型人才时，会比较注重应届毕业生的专业成绩，在校是否有过相关作品；如果招聘的是管理型人才，除了看所学专业和学习成绩外，还会看重他在校时参加的学生会工作、社会活动等。看社会人员的简历时，除了硬件必须符合招聘岗位需求之外，主要看他的工作经历。

张科长认为，简历行文里透漏出来的信息其实很重要。对方表述自己的语言、行文方式、简历撰写的层次性、逻辑性、流畅性、重点性，都能流露出作者的思维特征。

朗讯科技（中国）有限公司

（1）采访对象：人力资源部专员毋誉蓉小姐。

（2）选择标准之一：申请职位不明的应聘者不是朗讯的首选。

很多人发来简历只表示希望来朗讯工作，却没有说明申请的职位。如果应聘者连简历都写不完整，我会觉得不是他能力有问题就是太过粗心，这都不是朗讯的首选人才。还有简历的性别栏中不写男女，用染色体 XY 来表示，让人哭笑不得。简历版面干净、符合规范、清晰明了是最好的，我们通常不在意照片，但也不要太简单。

（3）选择标准之二：细节考查职业诚信。

朗讯非常在意职业道德和职业诚信，通常会注意查看简历内容的完整性、真实性，应聘者工作的连续性和稳定性。朗讯并不在意应聘者有其他方面的工作经历、不够良好的教育背景和中断的工作时间，但隐瞒和欺骗就会使公司对你个人的诚信和职业道德有所怀疑。

为此，HR 会关注简历细节的描述是否冲突。朗讯会保存每份投来的简历，建立简历档案。有一次我看到两份投递时间不同，但内容几乎完全相同的简历，但是前一份简历中有做教师的工作经历，后一份简历却完全是做销售的经验。我猜他无非是想加强销售方面的经验和背景，增加职位竞争力。

很多人为没有受到很好的大学教育而感到遗憾，所以会在简历中把教育背景模糊掉。其实他不写反而令人猜想得更多。此外，很多应聘者也知道企业非常关注职业的连续性，有些人可能有一段时间没有工作，但在简历中会把时间归到某段工作中，这些都会在背景调查时被查出来。

（4）选择标准之三：用数字体现个人业绩。

介绍工作经历的时候，在某公司工作的时间，应该精确到月而不是年。要有公司的全称（也可对公司做简要介绍），担任的职位名称及所在部门名称、主要工作职责、主要工作业绩等。也可以简要介绍上下级关系，比如直接上司的职位，所辖下属的人数等。

我们更习惯于用数字说话，“非常出色”“作出很大的贡献”这些用词都是不合适的。最好能够改成“我完成了多少销售业绩，联系了多少家公司”，如果数字过于敏感、不适宜表达，可以用百分比，或者用企业的表彰来表达，还可以写上获得的证书。有些不像销售部门那么容易量化的部门，比如行政部门，可以通过办公设备的维护和采购、降低成本、客户满意度、如何及时维修等方面做出说明；HR部门可以通过客户满意度、招聘周期、人岗匹配、离职率等来体现。

北京住总房地产开发有限责任公司

（1）采访对象：人力资源经理姜水女士。

（2）选择标准：挤出简历中的“水分”有高招。

说到简历筛选，姜经理告诉记者有两道程序。先是普通筛选，主要根据性别、专业、年龄淘汰；接着细选，主要看工作经历、技术水平。在条件同等、多选一的时候，学历占优势。

每次人才招聘中，住总地产招的应届毕业生人数占招聘总人数的10%～20%。看应届毕业生的求职简历时，主要看专业、在校成绩、社会实践、学生会工作等。

作为一名丰富经验的人力资源经理，在谈到如何慧眼辨别真假“美猴王”时，姜经理透露了几点小玄机。首先，将求职者担任的职位和发挥的作用对应起来考核。比如，对方原来担任的只是一个大公司的普通人事主管，那么，公司的人力资源发展规划、薪酬设计等重要决策性工作，是不可能由他来独立完成的。所以，如果对方在这一点上夸大业绩，就会露出破绽。

其次，如何分辨求职者的原薪酬真伪。根据求职者原来的职位、行业背景、所在公司的背景等，来判断求职者提供的原薪酬数目是否真实。如果求职者原来担任的是一个微利行业的普通职位，在面试时夸大自己的年薪收入，其心可见一斑。

乐百氏（广东）桶装水发展有限公司

（1）采访对象：助理人力资源经理唐凌先生。

（2）选择标准：乐百氏挑选简历的三道工序。

乐百氏有自己独特而鲜明的选才理念——求同存异。所谓求同，就是要求求职者与乐百氏企业文化相融，心态开放，热忱向上，亲和且值得信赖，渴望与乐百氏共同发展。招聘官初次浏览一份简历的时间平均在1分钟左右，主要通过一些硬性指标进行筛选。因此，招聘官不会对长篇大论的简历感兴趣，最好投递简洁、条理清晰、有实在内容的简历。

第一道程序，对硬性指标如年龄、工作年限、学历、专业、相关职业背景、期望待遇水平、选择工作地域等信息进行快速筛选淘汰，同时根据不同的岗位进行分类。

第二道程序，将初选的资料传送到相关的用人部门，由用人部门对候选者的具体岗位经历、工作内容、业绩进行筛选，确定可面试者，将名单交给人力资源部跟进。

第三道程序，由人力资源部向面试者发出邀约，进行笔试、面试和实操。经过这三个步骤，确定最终候选人员，人力资源部将会同用人部门，对侯选者进行评价，人力资源部门享有建议权，最终录用权归属用人部门。

青睐擅长学习的人

仅仅对自己过往的学习和工作经历以流水账形式书写的简历，乐百氏一般不予考虑。乐百氏看重应聘者过去学习过什么、做过什么，但更看重他现在实际掌握了什么、在过去做出过什么业绩。希望简历中有具体的事迹来证明应聘者具备胜任该岗位所需要的特质、能力或经验，所以应聘者写简历时应该有针对性地重点推销自己的优势，最好还能提到期望加入本企业的原因。

乐百氏不迷信名牌大学，但对有技术要求的岗位，需要从正规院校毕业生中挑选。另外也看重他毕业后的在职进修、培训经历，是否获得相关职业资格证书或更高的学历，乐百氏需要具备较强学习能力、吸收能力和持续学习热情的人才。

首信股份有限公司

（1）采访对象：人力资源经理尤文勇先生。

（2）选择标准：要外表美也要内在美。

尤经理说，好的简历应体现个人的实力，所以工作经验、成果、技能与知识，这些内容应在简历中最显眼的位置标明，并且用简洁流畅的语言表述出来。简历的格式应简洁、布局清晰，让人一目了然。

别出心裁的简历也代表着创意，代表着突破思维惯性的精神，企业并不反对。但企业更注重实际的内容而不是外表。如果应聘公关及礼仪方面的职位，可以附上照片。尤经理说，简历可以反映的内容是很有限的，企业招聘时应结合岗位要求，重点考察工作相关的内容及学习经历。这是简历中比较实在的部分。公司在招聘部门骨干人员时，希望他能够独当一面，并取得显著的成果。所以他们的工作经历与工作成果是面试中最重要的方面。从岗位所需要的成果（对公司的贡献）出发，从知识结构、工作技能、办事打交道的能力、与人打交道的能力四个方面来考察。

中国冶金建设集团

（1）采访对象：人力资源部黄长路副部长。

（2）分辨真假简历有七项注意。

黄长路副部长在接受记者采访时说，中冶集团的岗位说明是根据实际情况来制定的，由业务部门根据岗位说明书标准提出用人的岗位需求，集团人事部门规范岗位说明。

人力资源部对应聘者填写的各种应聘申请表格进行审查，淘汰那些不符合要求的应聘者。针对简历所提供信息的准确性问题，黄部长总结了七个需要特别注意的方面，第一，学历、经验和技能水平适合岗位需求。第二，职业生涯的发展趋势。主要预计求职者任职的稳定性，比如，其在一定时间内跳槽或转岗的频率。第三，履历的事实依据。是否实事求是，内容是否具有行为描述的特征。比如，当时的情境是什么？面对的任务是什么？采取了什么行动？结果如何？第四，自我评价的适度性。适度的自我评价能够反映求职者的素质和自我认知的客观性。第五，推荐人的资格审定及内容的事实依据。主要看推荐人是否可靠、客观，提供的事实是否有说服力。第六，书写格式的规范化。这能体现求职者的基本训练和素质，必要时，可以要求提供手写的简历或信件。第七，联系方式及求职者的自由度。求职者的正当要求应当得到尊重。

北电网络中国有限公司

（1）采访对象：人力资源部招聘经理张鸿伟先生。

（2）选择标准之一：北电网络的择才标准。

通信行业是一个发展变化很快的行业，要求员工有良好的适应变革甚至是欢迎变革的心态，并且要有持续的学习能力才能保证不落伍。企业希望员工能够有很强的工作主动性和对工作的驱动能力以完成设定的工作目标。诚信办事、尽职尽责、团队协作、开拓创新都是企业非常看重的品质。

（3）选择标准之二：名校和名企背景并没有太大帮助。

北电网络招聘时，看简历的着眼点主要是与职位相关的工作经历、项目经历、实习经历等。如果是研发类职位，教育背景也是很重要的。

如果是应届毕业生的简历，第一眼看他的教育背景和专业背景，考察内容更偏重专业背景、成绩排位、社会活动等。而对资深人员的简历，会浏览其全部内容之后再做出评估，考察内容更偏重实际的工作经历。应届毕业生的名校背景和资深人员的名企背景肯定会是一个优势因素，从简历来看确实会更显眼，但面试的时候名校和名企背景就没有太大帮助了。

【参考资料3】

知名外企简历要求知多少①

应聘外企，第一步是投递自己的求职简历。很多求职者想要进入外企工作，但是，只有一份好的简历才能吸引HR的眼球。那么，应聘外企，什么样的求职简历容易通过呢？

柯达：内容符合职位要求的简历容易通过

柯达公司认为，简历上提供的信息是否符合职位要求将起决定性作用。一份简历，需要列明应聘的职位，提供本人的基本信息、教育背景、工作经历以及所接受的培训。如果所列相关经历和专业背景符合应聘职位的要求，并且来自相近的公司，那么就比较容易通过。

惠普：有亮点和特点的简历容易通过

惠普公司希望应聘者能够用最短的时间吸引招聘人员，多了解公司的招聘职位和职位要求，然后在自己的简历里强调自己适合这个职位的原因，让招聘人员知道你有这方面的能力、经验和知识。所以，一般来说应该有一个亮点或者最突出的部分，概述性地交代自己在什么学校毕业，有几年的工作经验，有哪些证明等，让招聘人员看到这几条就觉得自己是他们想要的人才。这样能节省时间，对路不对路马上就可以区分出来。另外，应聘者要写明自己与别人不同的地方在哪里，什么方面是特别适合惠普公司所提供的职位的。

IBM：主题明确的简历容易通过

IBM公司招聘人员表示，他们在看简历的时候，对于内容清楚、段落分明的简历，会有良好的第一印象。另外，主题要明确，简历最好能针对应聘岗位条件表达自己的能力是不是符合IBM公司的要求，把能够表达自己能力的重点写得突出一

---

① 知名企业简历要求知多少［EB/OL］.［2016-07-16］. http://arts.51job.com/arts/05/294797.html.

些。在简历中，讲到自己做过一些什么样的工作的时候，最好不要只说明做过什么工作，而要强调自己是怎样做到的以及业绩如何。总之，主题明确一点的简历比较容易通过。

NEC：中英文对照的简历容易通过

应聘者在写好中文简历之后，还应准备一份英文简历，英文简历一定要能与中文简历相互对应，这样的简历比较容易通过。

实验二　结构化面试

1. 实验目的

了解结构化面试的设计流程，掌握结构化面试的提问技巧，掌握结构化面试提纲的设计以及结构化面试评分表的设计等。

2. 实验条件

多媒体教室或者实验室。

3. 实验时间

本次实验时间以 4 个课时为宜。

4. 实验内容

【案例材料】

表 4-2 为×××公司销售专员胜任力模型事例。

表 4-2　**×××公司销售专员胜任力模型事例**

指标类型（一级指标）	素质与能力要素（二级指标）	测评标准
必备知识	销售知识与销售技巧	掌握相关的销售知识与技巧等，能在与顾客沟通时熟练运用
	计算机及信息系统知识	熟练使用 Office 办公软件及自动化设备，对客户信息实行动态化管理
	保险知识	掌握保险市场的相关理论，并且深刻了解本公司的各种保险产品及业务
	公司知识	了解公司历史、目前的发展状况以及未来的走向，并且认同公司的文化价值观

续表

指标类型（一级指标）	素质与能力要素（二级指标）	测评标准
工作技能	沟通能力	说话方式得当，让顾客感到轻松自然，赢得顾客信任；善于倾听并抓住顾客的讲话要点；细致、全面地向顾客介绍本公司的产品与服务
	反应能力	在与顾客发生分歧时，能运用一定的沟通技巧迅速缓和气氛；与客户沟通时，能够迅速地找出销售切入点；在工作中遇到突发事件时，能够及时做出决定，实施相应对策，使损失降到最小
	市场拓展能力	善于收集市场信息，发现潜在客户群；与老客户保持良好的关系，通过老客户发展新客户
	创新能力	愿意积极了解，尝试并接受新鲜事物；善于思考，经常提出一些创新方案，提高工作效率
	学习能力	明确自身发展方向，并制订学习计划，不断充实完善自己；自主利用课余时间阅读各种书籍，扩宽自己的知识面；有终身学习的观念
职业素养	进取精神	喜欢挑战，积极主动地面对困难并克服困难；能够完成目标，并获得成就感
	责任感	认真对待每一件工作，不马虎了事；积极记录顾客提出的每一条意见，并整体考虑
	客户意识	在与客户沟通时，要尊重客户，不能强行将自己的意愿加在客户身上；在面对顾客提出的要求时认真倾听并耐心解答
	忠诚度	对本企业要保持高度的忠诚，不能轻易离职；在面对其他公司的诱惑时要保持清醒，积极与领导协商处理解决此问题；对客户信息等公司机密要严格保守

◎ **案例讨论：**

（1）根据上面的胜任力模型（或者小组重新选定某个岗位）拟定一个面试提纲。

（2）根据面试提纲设计一个面试评分表。

（3）根据做好的面试提纲和评分表进行结构化面试模拟。

5. 实验步骤

（1）老师先简要介绍与面试相关的知识，在面试流程中要注意的问题，以及拟定面试提纲和设计面试评分表时的注意事项，确定实验内容，明确实验任务和实验成果。

（2）对所有的学生进行分组，每组人数可依班级总体人数而定。

（3）以组为单位，每组选择一个岗位，根据岗位说明书确定胜任力指标，据此拟定面试提纲。

（4）根据面试提纲，设计相关的面试评分表。

（5）根据面试提纲和面试评分表进行面试模拟，并对该过程中接受面试的同学的表现进行评价和打分（该部分如果人数较多，会花费很长时间，因此可考虑部分同学参与，其他同学对参与同学的表现进行评价）。

（6）老师对学生的表现进行点评，提出同学们在此次实验中的优点和不足，方便学生在日后的学习中改进。

6. 考核要求

（1）是否掌握面试的基本内容。

（2）能否在规定时间内进行面试模拟。

（3）分析不同面试方法的优缺点和注意事项。

（4）是否完整记录实验内容，文字表达是否准确、清晰。

（5）总成绩100分，实验成绩占70%，实验报告占30%。

7. 实验思考

（1）面试题目的类型有哪些？

（2）面试的过程包括几个阶段？在面试沟通过程中需要注意哪些要点？

实验三　无领导小组讨论

1. 实验目的

了解无领导小组讨论的基本知识以及基本程序，掌握实施无领导小组讨论的技巧及无领导小组讨论过程中要注意的问题。

2. 实验条件

安静、宽敞、明亮的教室，圆形或椭圆形会议桌，测评题目，观察记录表，评分表，无领导小组讨论的试题，纸笔等。

3. 实验时间

本次实验时间为2个课时。

4. 实验内容

【案例材料1】

某市政府每日信息通报分析

假设您是市政府信息处的工作人员。信息处的重要职责是将关于本市政治、经济、生活等方面的重要信息进行每日摘要并向市领导呈报。下面有两条信息：

信息一，某居民小区原有一个菜市场，在前一阶段的全市拆除违章建筑大行动中被拆除了。市政府一直没有重新给菜市场安排场地。这样该小区的居民就要到距离小区很远的其他菜市场购菜，给居民尤其是家中仅有老人的居民生活带来极大的不便。居民呼吁市政府尽快解决该问题。

信息二，本市有一家中型企业，常年来一直亏损，开不出工资。本年初新厂长及领导班子上任后，通过完善内部管理、改善经营机制，用半年多时间使企业扭亏为盈。

由于各种原因，上述两条信息只能选择一条呈报给领导。

◎ **案例讨论：**

（1）您认为应该将哪一条信息呈报给市领导？理由是什么？

（2）讨论前每个人有5分钟的时间阅读材料，30分钟的时间讨论，在讨论时间里各小组成员发表自己的意见，对于不同的观点进行辩论后得出一个统一的意见。然后选举一个代表，汇报该小组的意见，并阐述做出这种选择的原因，时间为5分钟。

【案例材料2】

无领导小组讨论案例分析

在炎热的8月，你乘坐的小型飞机在撒哈拉沙漠失事，机身严重撞毁，将会着火焚烧。飞机燃烧前，你们只有15分钟的时间从飞机中领取物品。飞机的具体位置不能确定，只知道最近的城镇是附近70公里外的煤矿小城。沙漠日间温度是40度，夜间温度随时骤降至5度。假设飞机上生还人数与你们小组的人数相同，你们装束轻便，只穿着短袖T恤、牛仔裤、运动裤和运动鞋，每个人都有一条手帕。全组人都希望共同进退。机上所有物品性能良好。

请从以下15项物品当中，挑选最重要的5项。

（1）一支闪光信号灯（内置4个电池）；

(2) 一把军刀;

(3) 一张该沙漠区的飞行地图;

(4) 七件大号塑料雨衣;

(5) 一个指南针;

(6) 一个小型量器箱（内有温度计、气压计、雨量计等）;

(7) 一把45口径手枪（已有子弹）;

(8) 三个降落伞（有红白相间图案）;

(9) 一瓶维他命丸（100粒装）;

(10) 十加仑饮用水;

(11) 化妆镜;

(12) 七副太阳眼镜;

(13) 两加仑伏特加酒;

(14) 一件厚衣服;

(15) 一本《沙漠动物》百科全书。

飞机失事时，如果你们只能从15件物品中挑选5件，在考虑沙漠的情况后，按物品的重要性，你们会怎么选择呢？请做出选择并解释原因。

在讨论前，你们有5分钟的时间看相关材料，30分钟的讨论时间并得出统一答案，最后，你们需要选取一个代表，在5分钟的时间内汇报你们小组的意见，并解释原因。

◎ **案例讨论：**

(1) 根据给定的题目以及要求，选取人员进行无领导小组讨论。

(2) 根据无领导小组讨论的情况进行点评和总结。

5. 实验步骤

(1) 老师先简要讲解无领导小组讨论的相关知识，并强调在讨论过程中需要注意的问题，确定实验内容，明确实验任务和实验成果。

(2) 选取参与无领导小组讨论的学生作为应聘者及考官，并告知他们相关注意事项。

(3) 考官入场，检查讨论场所的有关准备情况。

(4) 安排应聘者入场就坐，并分发材料。

(5) 应聘者阅读材料，时间为5分钟。

(6) 讨论开始，考官记录应聘者的表现。

(7) 讨论结束，代表进行汇报。

(8) 考官对自己的观察和记录进行整理，并根据每个应聘者的综合表现进行评分，必要时可以写上书面评价意见，并签字。

（9）整个无领导小组讨论全部结束，老师就学生们的表现进行点评。

6. 考核要求

（1）是否掌握面试的基本流程。

（2）能否在规定时间内完成实验内容。

（3）分析结构化面试和无领导小组讨论的注意事项。

（4）是否完整记录实验内容，文字表达是否准确、清晰。

（5）总成绩 100 分，实验成绩占 70%，实验报告占 30%。

7. 实验思考

（1）无领导小组讨论适用于哪些岗位的招聘？无领导小组讨论的优缺点有哪些？

（2）在无领导小组讨论中有哪些技巧？

【参考资料】

表 4-3 **销售人员面试提纲示例**

评价角度	评价项目	评价要点	提问实例
基本情况	自我认知	了解应聘者的基本信息是否符合基本要求	请你介绍一下你自己
	个性特点	应试者能否对自己有比较全面、深刻的了解，性格特点，是否善于自我总结	请你谈一下你的优缺点。这些会对将来的工作有影响吗？
	人际交往	侧面考察人际交往能力	假如工作中由于某位同事的失误使你难堪时你该怎么办？
专业素质	服务意识	①是否主动了解顾客需求； ②如何处理顾客的问题； ③售后回访，对产品质量进行反馈及跟进； ④与顾客的关系	对前来购物的顾客，你会怎样表现？ 假如我是一名前来店里换东西的顾客，其实东西不是质量问题，而是使用之后造成的，可顾客一口咬定是质量问题，你会怎么处理？ 假如某个时间，你约了顾客进行回访，可是此时你的上级又交给你一个很紧急又很重要的事，你该怎么办？
	销售技巧	①如何解决销售中的问题； ②对客户的了解程度； ③计划组织能力； ④对市场趋势的整体把握	针对不同类型的客户你会如何销售，请举例说明。 当遇到挑剔的客户时你会如何面对？ 请问你对这个行业的发展有什么看法？ 请列举一个成功的销售事例，并说明你在其中的角色和主要职责是什么？

续表

评价角度	评价项目	评价要点	提问实例
综合能力	人际沟通能力	①判断应聘者是否能够积极融入组织； ②是否能够协调人际交往中的矛盾； ③是否能够以理服人	在你上一份工作中，你是怎样融入组织的？你有没有与同事或朋友发生过矛盾，当时是什么样情况，你是怎样处理的？
	谈判能力	①逻辑分析能力； ②言语表达能力； ③推理论证能力	当你与主管意见相左的时候，你认为自己是对的，你会用什么方式让主管接受？ 你有没有与同事意见不合，当时是什么情况，结果是什么样？
	学习能力	①信息收集能力； ②数据分析能力； ③学习能力	请举例说明：当你平时遇到自己解决不了的问题时，你会怎么做？
心理素质	应变能力	根据其他问题的回答情况，判断应试者面对复杂问题的解决能力	假如你是单位领导，现在两个职工吵起来，找你评理，你该如何处理？ 你现在是副局长，在给下属安排的会议上，有一位下属公开顶撞你，使你难堪，你该怎么办？说明你的实际步骤和方法。
	自我调节能力	面对挫折能否进行自我调节	请举个例子说明你在遇到困难时是怎么调解及解决的？ 领导当着所有人的面冤枉了你，你会怎么办？
	抗压能力	测试面试者面对压力时的心理承受能力	我们觉得你在前面的表现都不错，但今天你的表现让我们有些失望，对此，你有什么想说的？

表 4-4　**面试评分表示例——××公司行政助理面试评分表**

编号		面试时间		应聘职位	
姓名		性别		出生日期	

面试项目	评分标准					
	具体指标	优秀 （90～100）	较好 （80～90）	一般 （70～80）	较差 （60～70）	很差 （50～60）
仪表气质 10%	健康程度					
	气质					

续表

面试项目	具体指标	评分标准 优秀（90~100）	较好（80~90）	一般（70~80）	较差（60~70）	很差（50~60）
专业素养 20%	介绍概括能力					
	语言表达能力					
	英语能力					
工作技能 40%	沟通与协调能力					
	执行与应变能力					
	学习与创新能力					
	团队合作精神					
个人素养 25%	自信心					
	进取心					
	责任心					
	工作热情					
	情绪控制					
求职动机 5%						
总分						
综合评语						
录用建议	予以录用					
	有待考察					
	不予考虑					
					签字	

表 4-5　**无领导小组评分表①**

组别：第　　组　　　　　　　　　　　　时间：　　年　　月　　日

测评要素	解决问题的能力	个人影响力	组织协调能力	团队协作能力	语言表达能力	稳定性举止仪表	总分
权重%	20	20	20	20	10	10	100
观察要点	分析问题的思路清晰，善于抓住问题的要害，解决问题的方法切实可行	思维敏捷，能根据场上情况及时调整、完善自己的思路，能抓住适当时机积极发言，有效赢得认可与支持	在讨论中善于寻求大家观点的共同点和不同点，为达成小组目标主动平息小组的纷争，推动小组形成统一意见	愿意与他人共同工作，专心聆听他人的意见，不压制，能够赢得他人的信任、支持与合作，从而构建融洽高效的小组	能够清晰地表达自己的观点和思路，语言生动、流畅，富有感染力	面试中情绪稳定、沉着，穿着打扮自然得体，言谈举止表现出良好的文化素质	
考生 1							
考生 2							
考生 3							
考生 4							
考生 5							
考生 6							
考生 7							
表现最好的应试者： 理由： 其他意见：				打分标准说明： 1. 满分是 10 分，请根据您的个人观点打分，不要与其他考官商量； 2. 8 分以上，非常好；4～8 分，较好；4 分以下，较差 考官签名： 年　　月　　日			

① 刘星，冯明，李华，闫威．人力资源管理实验教程［M］．重庆：重庆大学出版社，2007：207.

实验四 录用通知

1. 实验目的

了解录用的相关知识，掌握录用通知书及辞谢通知书的组成要素以及撰写过程中要注意的问题。

2. 实验条件

多媒体教室或者实验室。

3. 实验时间

本次实验时间以 2 个课时为宜。

4. 实验内容

【案例材料】

录用通知和辞谢通知

某中型外企想在下半年扩展自己的业务，因此在上半年进行了大规模的招聘活动，经过人力资源部门 1 个多月的努力，通过层层选拔，终于在 100 名应聘者中为公司挑选出 30 名合适的人才，确定了拟录用人选。人力资源部王经理让招聘专员小李对拟录用的人员发出录用通知，对未被录用的人员发出辞谢通知。

◎ 案例讨论：

假如你是招聘专员小李，请你根据实验目的撰写发给被录用者的录用通知书和未被录用者的辞谢通知书。

5. 实验步骤

（1）老师先讲解一下知识要点，提醒同学们该实验的注意事项，介绍实验内容，明确实验任务，并明确实验成果。将全班同学进行分组，一般每组 5~6 人为宜。

（2）每组就背景资料进行讨论，撰写录用通知书和辞谢通知书。

（3）每一组派一个代表报告本组撰写的录用通知书和辞谢通知书，并在课后形成书面的实验报告上交存档。

（4）老师对同学们的表现进行点评，提出同学们在实验过程中的优点和不足，以便在以后的实验中改进。

6. 考核要求

（1）是否掌握录用通知书和辞谢通知书的内容。

（2）能否在规定时间内完整地设计录用通知书和辞谢通知书。

（3）分析录用通知书和辞谢通知书的注意事项。

（4）是否完整记录实验内容，文字表达是否准确、清晰。

（5）总成绩 100 分，实验成绩占 70%，实验报告占 30%。

7. 实验思考

（1）企业在录用员工时应该注意什么？

（2）在录用通知书和辞谢通知书的撰写中应该注意哪些问题？

【参考资料】

表 4-6　**录用通知书范本**

《录用通知书范本》①

________先生/女士：

您好！

感谢您来到____________公司（以下简称公司）应聘，经过公司人力资源部和业务部门领导的认真考察、研究，决定录用您到公司工作。

一、工作内容与用工形式说明：

1. 工作内容：客户服务。

2. 用工形式：公司与您的首次合同期限为____年，其中根据公司规定，您的试用期将为______月；在您试用期满并考核合格后，您将成为公司的正式员工。

3. 有关您的薪酬、福利以及工作条件等细节，将会在劳动合同中作详细规定，您可以向人力资源部征询。

二、报到所需材料

1. 公司《录用通知书》（电子版或打印版）。

2. 身份证原件。

3. 学历、学位证书以及您曾获得的资格证书原件。

4. 彩色同底 1 寸照片 4 张。

5. 您服务的上一家公司出具的离职证明（应届毕业生不需要提供）。

请您务必携带上述材料按规定时间前往公司报到并签订劳动合同。

三、录用通知书的效力

公司将为您保留此公司岗位至______年____月____日，如您不能在此之前给公司人力资源部明确回复（电子邮件或书面回复），公司将认定您主动放弃本工作机会，本录用通知失效，由此给您个人造成的不便和损失我们不予承担。本通知如有其他未尽事宜将在劳动合同中予以进一步说明，若本通知内容与您未来的劳动合同内容存在冲突，一律以劳动合同规定为准。

如您有其他问题，我们建议您在______年____月____日前与人力资源部联系。

人力资源部联系人：____________________　联系电话：__________________

公司地址：____

公交、驾车提示：____

① 新员工入职必备工具指导［EB/OL］．［2016-07-16］．http：//www.docin.com/p-934544603-f2.html.

《辞谢通知书范本》①

________先生/女士：

非常感谢您对敝公司的兴趣和对我们工作的支持！您在应聘期间的良好表现，给我们留下了深刻印象。由于我们招聘名额有限，这次只能割爱。我们已将您的有关资料备案，并保留半年，如果有了新的空缺，我们会优先考虑您。

感谢您能够理解我们的决定。祝您早日找到理想的工作！

对您热忱应聘敝公司，再次表示感谢！

×××公司人力资源部

年　　月　　日

实验五　招聘评估

1. 实验目的

了解招聘评估的主要内容，掌握招聘活动有效性的评估技术并撰写招聘评估报告。

2. 实验条件

多媒体教室或者实验室。

3. 实验时间

本次实验时间以 2 个课时为宜。

4. 实验内容

【案例材料】

A 公司招聘效果评估②

A 公司因生产和业务需要，计划招聘中级技术人员和管理人员共 50 人，其中班、组长 10 人，机械维修技工 20 人，储备干部 20 人。人力资源部在当地主流报纸上登载了招聘广告，一星期后收到了 45 份求职申请。由于公司正赶上生产旺季，董事会和总经理都要求人力资源部在规定时间内完成招聘任务。人力资源部急忙组织面试，最后的招聘结果为：招聘了 7 名班组长、18

① 李浇，支海宇．人力资源管理实训教程［M］．大连：东北财经大学出版社，2009：95.

② A 公司招聘效果评估［EB/OL］．［2016-08-12］．http：//doc. mbalib. com/view/c0a3b544f8053fbedd993c4efe7ff31d. html.

名技工、20名储备干部。面试结束的第二天，人力资源部到当地人才市场招到3名班组长和2名技工。由于公司要求，所有新员工的试用期均为2个月。截止试用期结束，一共有9人考核不合格，予以辞退，其中，班组长2人，技工4人，储备干部3人，而在试用期内有17人主动离职，包括3名班组长、5名技工和9名储备干部。

◎ **案例讨论：**

（1）请你对这次招聘活动进行评估。

（2）如果你是该公司的人力资源部经理，你会如何组织这次招聘活动？

5. 实验步骤

（1）老师简要介绍招聘评估的相关知识，明确本次实验内容和实验要求，并说明注意事项。

（2）全班同学进行分组，每组5~6人。

（3）小组成员进行讨论，并分工合作，准备招聘评估报告的相关材料，编写招聘评估报告，并对如何改进此次招聘活动进行分析。

（4）各小组进行成果展示，并在课后形成书面实验报告并上交存档。

（5）老师点评，指出每组在实验过程中的表现，以便学生在下次实验中加以改进。

6. 考核要求

（1）是否掌握招聘评估的内容。

（2）各小组能否在规定时间内完成招聘评估报告。

（3）分析招聘评估的注意事项。

（4）是否完整记录实验内容，文字表达是否准确、清晰。

（5）总成绩100分，实验成绩占70%，实验报告占30%。

7. 实验思考

（1）招聘评估在企业中有什么作用？

（2）招聘评估的具体内容包括哪些？

【参考资料】

招聘活动的有效性评估

就企业而言，人员招募工作的成效可以用多种方法来检验。但是归根结底，所有的评价方法都要落实到在耗费既定资源的条件下，为工作岗位招募到具有适用性的工作应聘者。这种适用性可以用全部应聘者中合格的数量所占的比重、合格应聘者的数量与工作空缺的比率、实际录用人数与计划招聘人数的比率、录用后新员工绩效的水平、新员工总体的辞职率以及各种招聘来源得到的新员工的辞职率等指标来衡量。当然，不管使用什么方法，都需要考虑招聘成本，其中包括整个招聘工作的成本和所使用的各种招聘方式的成本；不仅要计算各种招聘方式的总成本，也要计算各种招聘方式招聘到的每位新员工的平均成本。此外，企业还应该对那些面谈后拒绝接受所提供的工作的应聘者进行调查分析，企业可以从中发现许多关于当时劳动力市场工资行情的重要信息。招聘效果评估是招聘过程中必不可少的一环，一般来说，招聘效果评估包括对招聘结果、招聘成本和招聘方法等方面的考察，HR 具体可考察数量、质量、成本、时间以及需要关注的其他内容。

（1）数量评估。录用员工数目的评估是对招聘工作有效性检验的一个重要方面。通过数量评估，分析在数量上满足或不满足需求的原因，有利于找出各招聘环节上的薄弱之处，改进招聘工作；同时，通过录用人数与招聘计划人数的比较，为人力资源规划的修订提供依据。

录用人员评估主要从应聘比、录用比和招聘完成比三方面进行。

①应聘比：指应聘总人数占计划招聘总人数的比率，应聘比＝应聘人数/计划招聘人数×100%。该指标越大，说明企业所刊登招聘信息的发布效果越好，企业的认可度越高。

②录用比：指录用总人数占应聘总人数的比率，录用比＝录用人数/应聘人数×100%。该指标越小，说明录用者素质越高。结合实际工作，从录用比可延伸出两个方面的数量比较，即报到率、留用率。报到率即实际报到人数占面试合格总人数的比率。报到率＝报到总人数/面试合格人数×100%；留用率＝15 天后实际留下工作的人数/实际报到人数×100%。

③招聘完成比：指实际留任人数占计划招聘人数的比率，招聘完成比＝实际留任人数/计划招聘人数×100%。

（2）质量评估。录用人员的质量评估，是对录用人员在人员选拔过程中对其能力、潜力、素质等进行的各种测试与考核的延续，也就是新进人员试用期内考核的过程，录用比和应聘比在一定程度上反应录用人员的质量，录用比尤为明显。

质量评估可用试用合格率来衡量应聘人员质量。

试用合格率是指通过试用期培训、考核合格的人员占实际留任人员的比例，试用合格率＝试用合格人数/留用总人数×100%。

（3）招聘时间评估。招聘时间评估也就是招聘及时性评估，或者叫招聘周期评估。招聘周期是指从提出招聘需求到新聘员工实际到岗之间的时间，也就是岗位空缺时间。一般来说，岗位空缺时间越短，招聘效果越好。但不同类型和层次的岗位，由于劳动力市场上的供求情况不同，其招聘难易程度和招聘周期也往往有很大差别，需要结合实际情况进行分析。招聘时间评估，是指从提出需求到实际到岗所用时间与用人单位期望到岗时间之比。

（4）招聘成本效益评估。招聘成本效益评估是指对招聘中的费用进行调查、核实，并对照预算进行评价的过程，包括以下内容：

①招募成本。招募成本是为吸引和确定企业所需要的人力资源而发生的费用，主要包括招聘人员的直接劳务费用、直接业务费用、其他相关费用等，招募成本效用=应聘人数/招募期间费用。

②选拔成本。选拔成本是指对应聘人员进行鉴别选择，以做出决定录用或不录用哪些人员所支付的费用构成，选拔成本效用=被选中人数/选拔期间费用。

③录用成本。录用成本是指经过招聘选拔后，把合适的人员录用到企业所发生的费用。录用成本包括录取手续费、调动补偿费、搬迁费和旅途补助费等由录用而引起的有关费用，人员录用效用=正式录用人数/录用期间费用。

④安置成本。安置成本是为安置已经被录取员工到具体工作岗位所发生的费用。安置成本由为安排新员工的工作所必须发生的各种行政治理费用、为新员工提供工作所需要的装备条件以及录用部门因安置人员所损失的时间成本而发生的费用构成。

⑤离职成本。离职成本一般是指因招聘不慎、因员工离职而给企业带来的损失，一般包括直接成本和间接成本两部分。

⑥重置成本。重置成本是指因招聘方式或程序错误致使招聘失败而重新招聘所发生的费用。

很多企业只重视招募成本、选拔成本和录用成本，却忽略了安置成本、离职成本和重置成本，以上均是企业要考虑的招聘成本效益评估的主要内容。

除了以上评估内容外，招聘评估还需关注以下会影响到招聘质量的方面：

第一，招聘规划是否科学、合理和全面。一方面，考察现阶段是否有人才浪费和人才不足的现象，另一方面，要考察所制定的招聘规划是否考虑到了组织的战略目标和未来发展。

第二，招聘人员招聘期间的言行表现。招聘人员的专业素养既影响招聘质量，也影响求职者的求职意愿和公司形象，因此必须予以考察，包括是否愿意与用人部门一起探讨并明确招聘需求。

第三，招聘渠道选择的有效性。很多企业一开始就没有具体分析各招聘渠道之间的差别，盲目投放招聘信息，产生大量不合格的应聘者，影响整个招聘进程。因此，应考察不同招聘渠道的效果，根据所招聘职位的性质和企业自身的发展状况找出最有效的招聘渠道。

第四，招聘程序是否严格按照招聘规程和规范执行。

第五，招聘策略的选择、招聘方案的制定以及招聘程序的执行等方面是否与组织的使命、经营目标和价值观相匹配。

第六，录用决策速度和拒绝候选人的态度和方式。

第七，新员工的满意度，包括对招聘人员的工作表现、所任职位和企业的满意度。对招聘人员招聘工作的满意度体现了对招聘人员招聘工作的感性认识，对所任职位的满意度能反映人岗匹配度的高低，对企业的总体满意度则反映了员工对企业的认同度。①

① 张四龙．从六大方面评估招聘效果［EB/OL］．［2016-06-20］．http：//www. docin. com/p-456477971. html.

第五章　培训与开发

知识要点

员工培训是指组织为实现自身目标和员工发展相结合而有计划地组织员工进行学习和训练，以改善员工态度、提高员工知识技能、激发员工创造潜能，进而使员工胜任本职工作的一种人力资源管理活动。

员工培训一般包括培训需求分析、培训方案设计、培训方法选择、培训方案实施以及培训效果评估等几个方面，如图 5-1 所示。

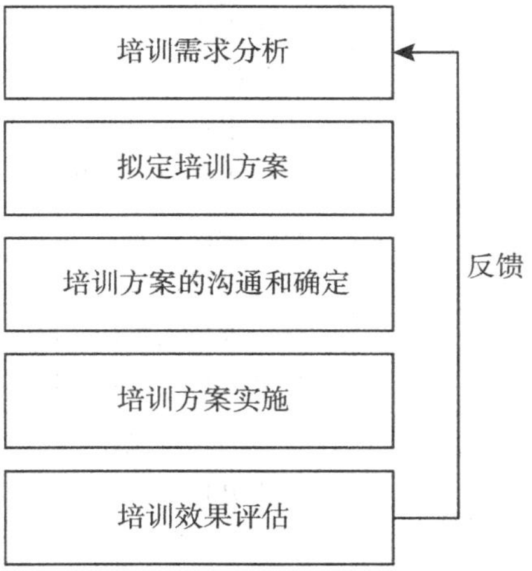

图 5-1　员工培训的过程模型①

1. 培训需求分析

要做好员工培训，首先要做好培训需求分析，在培训需求分析中通过企业战略分析、组织分析、任务分析、人员分析以及员工职业生涯分析，从个体、组织以及战略三大层次明确了解员工现有职能和预期职务之间的差距以及企业总体培训战略

① 萧鸣政：人力资源管理实验［M］. 北京：北京大学出版社，2012：114.

需要达到的目标，从而有针对性地制订培训计划。

（1）概念。培训需求分析是指在规划与设计每一项培训活动之前，由培训部门、主管人员、工作人员采用一定的技术和方法，对员工素质现状和组织发展目标的差异进行分析和鉴别，以确定是否需要培训以及培训的内容对象等要素。①

培训需求分析要明确和解决开展培训的相关要素："5W"和"1H"，即谁需要培训（Who），为什么需要培训（Why），需要培训什么（What），何时进行培训（When），何地进行培训（Where），以及对多少人进行培训（How many）。

培训需求分析的方法如表 5-1 所示。

表 5-1 **培训需求分析方法汇总**

必要性分析方法	①观察法； ②问卷法； ③访谈法（包括关键人物访谈）； ④文献调查法； ⑤小组讨论法； ⑥记录报告法； ⑦工作样本法； ⑧关键事件法； ⑨岗位工作要素分析法
全面性分析方法（四个环节）	①计划阶段； ②研究阶段； ③任务或技能目标阶段； ④任务或技能分析阶段
绩效差距分析方法（四个环节）	①发现问题阶段； ②预先分析阶段； ③资料收集阶段； ④需求分析阶段

（2）培训需求分析的对象。既要分析新员工，又要分析在职员工。对新员工来说，重点关注对企业文化、制度和工作岗位任职资格的培训；对于在职员工来说，重点关注对新技术、新技能的培训。

（3）培训需求分析的步骤。首先要了解培训需求，然后整理所获得的各种信

① 顾沉珠．人力资源管理实务［M］．上海：复旦大学出版社，2005：133-134．

息，最终形成培训需求分析报告。

（4）培训需求分析的作用。

①确认绩效的现有状态与应有状态之间的差距；

②可以快速适应和把握组织的各种变革；

③促进人事分类系统向人事开发系统的转换；

④提供可供选择的方法；

⑤决定培训价值和成本；

⑥能够获得内部和外部支持。

2. 培训方案的设计

了解了企业的培训需求之后，我们要根据需求制定培训方案。

企业培训方案是培训目标、培训内容、培训指导者、培训对象、培训日期与时间、培训场所和设备以及培训方法的有机结合。

（1）培训目标的确定。有了培训目标，才能确定培训对象、内容、时间、教师、方法等具体内容，并在培训之后对照目标进行效果评估。确定了总体目标后再对目标进行细化，就成了各层次的具体目标。

（2）培训内容的选择。培训内容包括知识、技能和素质培训三个层次，具体选择哪个层次的培训内容，要根据需求分析的结果以及受训者的具体情况来定。一般来说，管理者偏向于知识培训和素质培训，一般职员偏向于知识培训和技能培训。

（3）确定培训指导者。企业可以选择内部培训，也可以选择将培训外包给培训公司或是从外部聘请培训师。员工可以接受企业领导、骨干员工或是人力资源部的内部培训师的内部指导，也可以参加研讨会或学术讲座、年会等。

（4）确定培训对象。根据培训需求和培训内容确定培训对象。例如，岗前培训的对象是企业新入职的员工，而在岗培训或脱产培训是针对即将转换工作岗位的员工或是不能适应当前岗位的员工。

（5）确定培训时间。一般在公司组织结构或公司战略有重大调整，大规模招聘新员工，或是引进新的生产线，员工即将晋升或岗位转换以及老员工因为环境变化不能适应组织要求时要进行员工培训。

（6）培训方法的选择。培训方法多种多样，每种方法都有各自的优缺点，关键要做出正确的选择，也可以将不同的培训方法结合起来，灵活应用，达到培训目的的同时降低成本，提高培训效果。

常用的培训方法如表 5-2 所示。

表 5-2 常用的培训方法

直接传授式	①课堂讲授法； ②专题讲座法； ③个别指导； ④演示法； ⑤视听法； ⑥网上培训法
参与互动式	①案例分析； ②角色扮演； ③研讨法； ④管理游戏法
新型培训方法	①电脑化培训； ②视频培训； ③互动式视频培训； ④拓展培训

其中角色扮演法是在培训情景下给予受训者角色实践的机会，使受训者在真实的模拟情景中，体验某种行为的具体实践，帮助他们了解自己并提高改进。通常，角色扮演法适用于领导行为培训（管理行为、职位培训、工作绩效培训等）、会议成效培训（如何开会，会议讨论、会议主持等）、沟通、冲突、合作等。此外，还应用于培训某些可操作的能力素质，如推销员业务培训、谈判技巧培训等。

管理游戏法要求参与者在一定的规则、程序、目标和输赢标准下竞争，往往是全组合作达成一个共同的目标。这种方法寓教于游戏中，通过完成事先设计好的精妙游戏，让培训对象领悟到其中的管理思想，通过调动参与者的参与热情和兴趣来训练他们的合作意识。

拓展培训（Outward Bound）是一种体验式学习方法，在拓展培训师的指导下，通过个人在活动中的充分参与，从体验、震撼、分享、迁移到延续的整个过程中，有效激发成员活力和成就感，进而提升团队凝聚力和创造力。拓展培训包括“水、陆、空”等多种项目，适合于现代人和现代组织，旨在帮助组织激发员工的潜能。

对于公司基层员工，可以采取直接传授的方式，采用课堂讲授法或是演示法等；对于公司中层领导，一般采取专题讲座、研讨、案例或管理者培训等方法；对于公司高层领导者，可以采取案例法、头脑风暴法等。

（7）培训场所和设备选择。培训场所包括教室、实验室、会议室或是工作现场等。若以技能培训为主，最好选在工作场所，可以手把手地进行教学和操作，如果是知识学习型的培训方法可以选在实验室或会议室等。培训设备包括教材、模型、投影仪等。不同的培训内容和培训方法决定了不同的培训地点和设备。

总之，员工培训计划书应该包括培训的目标、内容、时间、地点、对象、讲师以及培训预算等各项内容，企业制订培训计划书时，一定要结合当前公司的实际情况，结合培训需求分析报告，制定出有效的、有利于企业进步的方案。

3. 培训方案的实施

在培训方案的实施过程中，可根据受训者的建议和其他突发事件，及时灵活地调整培训方案，以达到预期的培训目的和效果。在方案实施过程中，需要考虑以下几个因素：

(1) 做好充分准备。培训开始之前要确定好培训场地、检查培训设备，打印培训材料，联系培训师，选择培训方法等，充分的准备工作是培训活动顺利开展的保证。

(2) 注重调动培训对象参与的积极性。培训对象的参与程度越高，培训效果越好。这一点可以通过结合不同的培训方法，提供切合实际的培训案例来实现。

(3) 对受训者的知识转化程度和工作绩效进行科学、严格的考核和评估，从而考察是否达到培训目标。

从总体上说，培训计划的实施与管控包括明确实施培训计划的基本思路、确立培训计划的监督检查指标、计划实施全过程的评估与管控三个方面；而实施培训计划管理的配套措施包括培训文化的培育和培训环境的营造、师资队伍的建设、培训课程的开发与管理、培训成果的跟进、培训档案的管理、激励机制的确立等方面。

4. 培训效果评估

(1) 培训效果的概念。培训效果是指培训对象通过培训，将获得的知识、技能应用于实际工作的程度。培训效果评估就是用一定的方法或测量标准检验培训是否有效的过程。培训效果评估，既可以使我们了解到培训目的是否达到，是否有必要，以及培训成本收益率的大小，还可以作为借鉴指导今后培训活动的开展。所以说，培训效果评估这个环节也是非常重要的，不容忽视。

(2) 培训评估信息的收集。可采用问卷法、面谈法、绩效比较法等。

(3) 培训效果评估的五项重要指标。认知成果、技能成果、情感成果、绩效成果和投资回报率。

(4) 培训效果评估的内容。培训效果评估既包括对受训者情感成果、技能成果和行为改善度等方面的评估，也包括对培训主管的业绩评估、对培训教师的综合评估等，培训效果评估要形成评估报告。

(5) 柯氏评估模型。柯氏四级培训评估模型（Kirkpatrick Model）由著名学者 Donald L. Kirkpatrick 于 1959 年提出，是世界上应用最广泛的培训评估工具，柯氏培训评估模式简称“4R”：

Level 1，反应评估（Reaction）评估被培训者的满意程度；

Level 2，学习评估（Learning）测定被培训者的学习获得程度；

Level 3，行为评估（Behavior）考察被培训者的知识运用程度；

Level 4，成果评估（Result）计算培训创造的经济效益。

以上四个培训层次，实施程度由易到难，实施费用从低到高。是否评估，评估到第几阶段停止，应根据培训的重要性决定。

表5-3 柯氏四层次评估标准①

层次	名称	问题	评估方法
第一层次	反应层	喜欢此次培训吗？对培训者和培训方式满意吗？课程有用吗？有何建议？	问卷、面谈
第二层次	学习层	受训者在接受培训之后知识和技能的掌握是否提高以及有多大程度的提高？	笔试、绩效考评
第三层次	行为层	受训者在接受培训之后是否改进了以前的行为？是否运用了培训的内容？	由培训者、上级、同事、下级以及客户进行评价
第四层次	结果层	组织和员工的绩效是否得到了改善和提高？	员工流动率、生产率、利润率等指标考核

（6）培训效果评估步骤。培训效果评估一共有十个步骤，分别是界定评估目标、评估培训前的准备、选定评估对象、构建培训评估数据库、确定培训评估层次、选择评估衡量方法、统计分析评估原始材料、撰写培训评估报告、调整培训项目和评估结果的反馈等。

5. 管理人员培训

（1）管理人员的培训项目。包括高层管理者培训（培养经营理念、服务意识等）、中层管理者培训（侧重经营管理基本理论与实际应用）、基层管理者培训（培养经营管理工作者的基本素质）。

（2）管理人员培训开发的一般步骤。包括明确培训与开发目的、确认培训对象的差距、分析差距确定优先顺序、确定并执行培训计划四个步骤。

（3）管理人员的培训需求分析。管理人员的培训需求分析围绕战略与环境分析（要求做到什么）、工作与任务分析（应该做到什么）和人员与绩效分析（实际做到什么）三个层次。

（4）管理人员培训与开发的内容。

① 萧鸣政．人力资源管理实验［M］．北京：北京大学出版社，2012：131-132.

表 5-4　**管理人员培训内容**

层次/内容	品性 （包括态度、价值观等）	能力 （包括经验、技能等）	知识 （包括信息等）
高层	①经营思想与观念更新； ②能力与修养的提升； ③社会责任探讨	①企业发展战略研究； ②对策研究； ③组织设计与领导； ④现代管理技术	①国家政策； ②行业形势； ③对手信息
中层	①对待领导、下属、改革以及组织的态度； ②树立乐于为组织服务的正确价值观与态度	①创新能力； ②组织实施能力	组织内外的政策、法规与现代管理知识
基层	①对待领导、下属、改革以及组织的态度； ②树立充分体现组织与领导先进的思想与能力的服务态度	①操作实施能力； ②理解把握能力； ③解决实际矛盾与问题的技能、技巧	组织内外的新知识、新法规

(5) 管理人员的培训方法。在职管理人员培训的主要方法有：职务轮换、设立副职、临时提升等。

管理技能培训开发的一般方法有：替补训练、敏感性训练、案例点评法、事件过程法、理论培训、专家演讲学习班、大学管理学习班、阅读训练等。

管理技能培训开发的新方法有：一揽子事件法（文件筐）、角色扮演法、管理游戏法、无领导小组讨论法等。

其中敏感性训练又称为“T 小组”“恳谈小组”或“领导能力培训”，这是一种有争议的管理人员培养方法。敏感性训练过程中，人们坦诚地相互交流，并从培训者和小组其他成员那里获得对自己行为的真实反馈。目标是使个人更好地洞悉自己的行为，明白自己在他人心中的形象，更好地理解群体活动过程，通过群体活动培养判断和解决问题的能力。

6. 跨文化培训

在经济全球化的背景下，外派员工数量增多，由于不同国家文化、价值观、行为准则方面的差异，外派员工需要接受跨文化培训。跨文化培训可以调动员工的积极性、满足员工发展需要，同时也是保持企业核心竞争力的必要要求。

专门从事外派员工培训项目的公司提出了一种四步培训法：

第一步：重点关注文化的差异，学习不同文化差异对企业经营成果的影响。

第二步：让受训者理解人的态度（包括积极态度和消极态度）是怎样形成的，以及态度对人的行为产生怎样的影响（如：外派经理对待新下属的方式可能下意识地带有一些在原属国的陈规陋习)。

第三步：为受训者提供拟派驻国家的一些实际知识。

第四步：在语言、调整和适应能力等方面提供一些技能培训。

外派人员的培训包括三个阶段：预备教育、启程前教育和抵达后教育。预备教育大约需要一周，内容包括外派国的情况介绍、工作任务、职责与待遇介绍以及家庭安排等。启程前教育一般为4~5天，主要是语言训练、跨文化教育以及旅游和抵达的注意事项教育。抵达后教育包括周围环境介绍、公司基本情况介绍和公司实际运营状况介绍。

任期内也可享有管理技能开发、语言、跨文化沟通方面的培训。和一般的培训一样，外派人员的培训也十分重视培训方法的选择和培训效果的评估。

实验一 设计培训需求调查问卷

1. 实验目的

从企业的实际出发，了解培训需求的产生根源和产生过程，在培训需求调查的过程中掌握各种培训需求调查方法，鼓励学生通过各层面进行培训需求分析，设计出合理的培训需求调查问卷。

2. 实验条件

多媒体教室或者实验室。

3. 实验时间

本次实验时间以2个课时为宜。

4. 实验内容

【案例材料】

中国人寿保险公司培训需求分析

中国人寿保险股份有限公司成立于1949年，总部位于北京，注册资本282.65亿元人民币。作为《财富》世界500强和世界品牌500强企业——中国人寿保险（集团）公司以悠久的历史、雄厚的实力、专业领先的竞争优势及世界知名的品牌赢得了社会最广泛客户的信赖，始终占据国内保险市场领导者的地位，被誉为中国保险业的“中流砥柱”。2013年，中国人寿总公司及分公司总保费收入达到3868亿元，总资产达2.4万亿元。

中国人寿保险股份有限公司战略发展的基本定位是：以科学发展观为统领，致力于建设一个资源配置合理、综合优势明显、主业特强、适度多元、备受社会与业界尊重的内含价值高、核心竞争力强、可持续发展后劲足的大型现代金融保险集团，努力做大、做强、做优。

公司战略要求公司销售部门了解组织文化；提高学习意识，学习包括向顾客学习，向竞争对手学习，以及公司内部的相互学习；熟悉产品特性，强化品牌意识，寻找区隔概念以区别自己和竞争对手；创新营销模式，增强团队合作等。

该公司销售专员的主要业务有以下几项：

（1）寻找准客户（包括接洽、需求分析、设计投保方案、方案讲解），销售保险单（包括促成和递送保单），收取保险费，完成业务考核指标。

（2）为客户提供售后服务（包括续期收费、客户回访、满足客户需求和协助公司处理保全和给付事宜等）。

（3）参加公司有关会议和培训等活动。

（4）执行公司的有关规章制度，完成公司交办的其他相关事项。

◎ **案例讨论：**

2014年末，公司总部要求人力资源部制订2015年的全年培训计划，而制订计划之前需要先进行培训需求分析。我们都知道，对于保险公司来说，最主要的还是对销售人员的培训。人力资源部王经理指示接下来人力资源部的任务是结合胜任力模型和销售人员岗位说明书，对公司销售人员进行培训需求分析，并制订培训需求分析报告，假如你是中国人寿保险公司人力资源部的专员，你将怎样进行培训需求调查？

5. 实验步骤

（1）指导学生阅读背景材料，综合分析。重点了解培训需求的产生根源和产生过程。

（2）将全班同学分成小组，每组以4~6人为宜，选出组长。

（3）每个小组经过收集资料、思考分析、全员讨论之后，确定培训需求调查的对象、时间、方法以及调查内容等，然后设计调查问卷，注意每个问题的设计要求。问卷既不能太短也不能太长，问题要清晰明了，问卷结果能表明公司销售人员是否需要参加培训。

（4）老师对每个小组设计的问卷进行评分，重点表扬优秀的学生作业，使同学们了解设计问卷的各种注意事项，最后肯定全班同学的积极参与和学习热情。

6. 考核要求

（1）是否掌握培训需求的内容。

（2）各小组能否在规定时间内设计员工培训需求问卷。

（3）分析设计培训需求问卷时的注意事项。

（4）是否完整记录实验内容，文字表达是否准确、清晰。

（5）总成绩100分，实验成绩占70%，实验报告占30%。

7. 实验思考

（1）对培训需求的调查除了问卷法外，还可以使用哪些方法？

（2）对新老员工培训需求进行调查时考虑的因素应有哪些差异？

（3）针对销售人员、顾客以及销售主管的培训需求调查问卷，对制订整体培训计划分别有多大的参考价值？

（4）培训需求分析的结果如何影响培训方案的设计？

（5）是否可以根据调查问卷结果制定出一份培训需求分析报告。

【参考资料】

表5-5 **某保险公司销售专员工作说明书**

<table>
<tr><td colspan="6">基本资料</td></tr>
<tr><td>工作名称</td><td>销售专员</td><td>所属部门</td><td>销售部</td><td>定员人数</td><td>×</td></tr>
<tr><td>工资水平</td><td>×</td><td>直接上级</td><td>销售主管</td><td>直接下级</td><td>/</td></tr>
<tr><td colspan="6">工作描述</td></tr>
<tr><td>工作概要</td><td colspan="5">根据公司实施设置的销售发展战略推进自身的销售方案，有效管理客户；
独立进行销售工作；
独立或配合实施本销售区域的产品宣传、公关促销和推广策划工作</td></tr>
<tr><td rowspan="9">工作职责</td><td colspan="5">具体职责</td></tr>
<tr><td colspan="5">制定实施个人的完整的销售方案，确保计划执行并完成</td></tr>
<tr><td colspan="5">掌握最新的市场动态，熟悉市场状况并有自身对于产品的独特见解</td></tr>
<tr><td colspan="5">进行客户分析，建立客户关系</td></tr>
<tr><td colspan="5">定期对客户进行回访工作</td></tr>
<tr><td colspan="5">深入了解本行业，把握最新销售信息，为企业提供业务发展战略依据</td></tr>
<tr><td colspan="5">主持公司重大销售合同的谈判与签订工作</td></tr>
<tr><td colspan="5">负责建立并维护公司的良好形象，提高公司知名度</td></tr>
<tr><td colspan="5">完成销售主管交代的其他任务</td></tr>
<tr><td rowspan="2">工作关系</td><td>外部关系</td><td colspan="4">行业内各销售人员、客户</td></tr>
<tr><td>内部关系</td><td colspan="4">销售主管、其他业务部门人员、各职员</td></tr>
</table>

续表

关键指标	个人销售策略与企业销售目标的吻合度及可行性	
	客户数	
	销售费用成本	
	销售目标完成度	
	客户满意度	
工作环境	略	
任 职 资 格		
资历	学历	本科或大专以上
	专业	市场营销、工商管理、保险学等相关专业
	工作经验	有销售、市场营销管理工作经验者优先
必备知识	销售知识	掌握销售知识与技巧等，能在与顾客的沟通中熟练运用
	计算机及信息系统知识	熟练使用 Office 办公软件及自动化设备，对客户信息实行动态化管理
	保险知识	掌握保险相关理论，了解本公司的各种产品及业务
	公司知识	了解中国人寿的历史、目前的发展状况以及未来的走向，并且认同企业的文化价值观
工作技能	沟通能力	说话方式得当，让顾客感到轻松自然，赢得顾客的信任；善于倾听并抓住顾客的讲话要点；能够细致、全面地向顾客介绍本公司的产品与服务
	反应能力	与顾客发生分歧时，能运用一定的沟通技巧迅速缓和气氛；与客户沟通时，能够迅速地找出销售切入点；在工作中遇到突发事件时，能够及时做出决定，实施相应对策，使损失降到最小
	市场拓展能力	善于收集市场信息，发现潜在客户群；与老客户保持良好的关系，通过老客户发展新客户
	创新能力	愿意积极去了解，尝试并接受新鲜事物；善于思考，经常提出一些创新方案，提高工作效率
	学习能力	明确自身发展方向，并制订学习计划，不断充实完善自己；自主利用课余时间阅读各种书籍，扩宽自己的知识面；有良好的终身学习观念

续表

职业素养	进取精神	喜欢挑战，能够积极主动地面对困难并克服困难；能够完成目标，并获得成就感
	责任感	认真对待每一件工作，不能马虎了事；积极地记录顾客提出的每一条意见，并进行整理和考虑
	客户意识	在与客户沟通时，要尊重客户，不能强行将自己的意愿加在客户身上；在面对顾客提出的要求时能够认真倾听并耐心解答
	忠诚度	对本企业要保持高度的忠诚，不能轻易离职；在面对其他公司的诱惑时要保持清醒，积极与领导协商处理解决此问题；对客户信息等公司机密要严格保守，不泄露
	感恩之心	能够怀抱感恩之心去面对顾客、工作以及每天的生活；以高度的奉献意识服务社会、回馈社会

表 5-6　**培训需求分析层次表**

层次	需求分析的思考	需求分析的具体内容
组织层面	组织战略是什么，组织内实施培训的环境和条件如何，组织战略对销售人员的要求有哪些？	在职销售专员的绩效下降，需要基于组织目标、资源等制定培训方案；必要的组织支持包括两个方面，一是高管的支持，二是与培训关键部门建立联系
任务层面	销售人员的工作职责范围和任职资格是什么？	通过工作分析，确定具体工作任务任务，明确知识、技术和能力等任职资格条件，并确认能够通过培训得到改进的任务、知识、技术和能力
个体层面	个人绩效与理想绩效之间的差距，销售人员对培训的期待是什么？	对员工进行全面而准确的绩效评估，确认员工行为、特质与理想的绩效标准之间的差距，确认差距来源选择恰当的培训方式

表 5-7　**对销售人员的培训需求调查问卷举例**

为了更好地匹配您的培训需求，使培训更具针对性及实用性，切实帮助到您的日常工作，特制定本培训问卷，请给予宝贵意见。我们将在对您的反馈进行细致分析的基础上，结合公司发展战略制订相关培训计划。

我们重视您的宝贵意见，同时也对您所提供的个人资料严格保密；请于××××年××月××日前将此问卷交给人力资源部，以便统一整理。

续表

1. 您的销售时间为：

○1~3个月　○3~6个月　○6~12个月　○1~2年　○2~3年　○3年以上

2. 您认为公司对培训工作的重视程度如何：

○非常重视　○比较重视　○一般　○不够重视　○很不重视

3. 您认为，培训对于提升您的工作绩效、促进个人职业发展能否起到实际帮助作用，您是否愿意参加培训：

○非常有帮助，希望多组织各种培训

○有较大帮助，乐意参加

○多少有点帮助，会去听听

○有帮助，但是没有时间参加

○基本没有什么帮助，不会参加

目前影响培训开展的因素是什么［多选题］

□工作太忙，没时间培训

□不重视培训，认为培训没用

□以前的培训老师授课水平一般

□这些课程对我的工作没用，浪费我的时间

□培训老师讲的都是理论，在实际工作中我用不上

□培训的内容不是我们想学的，我最想学：________________

4. 关于以下培训理念，您比较认同哪几个选项（可同时选择三项）［多选题］

□培训很重要，公司逐步发展壮大，应该逐步发展和完善培训体系，帮助员工成长，吸引和留住人才

□作为销售部门，业绩最重要，培训对员工而言是一种负担，会占用到员工工作时间和休息时间

□公司应提供阶段性的培训给员工，发掘员工更多的潜能

□熟手、有经验的在职老员工都已经符合公司的要求了，不需要花大力气去进行培训

□培训是公司让员工进步和发掘员工更多潜能、栽培人才和发掘人才的方式

□除了课堂培训，应多利用分享会、比赛或其他激励措施营造快乐的学习氛围

□其他看法：________________

5. 目前您认为所接受的公司或部门组织的培训在数量上怎么样：

○绰绰有余　○足够　○还可以　○不够　○非常不够

6. 部门内部关于产品相关知识、市场信息、销售技能的培训、学习和分享活动是否充分：

○非常充分　○充分　○还可以　○不够充分　○基本没有分享

7. 您认为最有效的培训方法是什么？请选出您认为最有效的三种方法。［多选题］

□邀请外部讲师到公司进行集中授课

□由公司内部有经验的人员进行授课

□素质拓展训练

续表

□建立公司图书库，供借阅
□安排受训人员到外部培训机构接收系统培训
□部门内部组织经验交流与分享讨论
□利用光碟、视频等音像资料学习
□建立网络学习平台
□其他：________________

8. 您认为最有效的课堂教学方法是什么，请选出您认为最有效的三种：

○课堂讲授　○案例分析　○模拟机角色扮演
○音像多媒体　○游戏竞赛　○研讨会　○其他

9. 鉴于您在某一领域的丰富经验，被推荐担任某一门课程的内部讲师，您是否乐意？

○非常乐意，既可以锻炼自己又可以分享知识，何乐而不为
○乐意，但是没有经验，希望公司能提供关于讲授方面的培训
○乐意，但是没有时间做这个事情
○需要考虑一下
○不会担任

10. 您认为，对于某一次课程来讲，多长的时间您比较能够接受

○2~3 小时　○7 小时（1 天）　○14 小时（2 天）
○14 小时以上　○无所谓，看课程需要来定　○其他

11. 您认为培训时间安排在什么时候比较合适

○上班期间，如周二到周四上午几小时
○工作日下班后 2~3 小时
○周末 1 天
○双休日 2 天
○无所谓，看课程需要来定
○其他：________

12. 你希望或者能接受的培训频率是怎样的

○每周一次　○半月一次　○每月一次　○两月一次
○每季度一次　○半年一次　○每年一次　○其他

13. 您认为个人 2013 年下半年培训需求的重点在哪些方面［多选题］

□岗位专业技能　□企业文化　□产品相关知识　□人际关系及沟通技能
□通用技能　□职业素养，如商务礼仪等　□其他：________

为了更好地帮助您完成 2013 年下半年的工作目标，请您根据自身的实际情况，挑选出您最希望接受的培训。

14. 除了本问卷涉及的内容之外，您对公司培训还有哪些建议和期望？或者您还期望学到哪些方面的知识？

____

表 5-8　**培训需求调查意见征求表**

年　月　日

姓名				职务			
请您对本单位实际及发展战略提出本年度应重点开展的培训：							
序号	要解决的问题	培训项目名称	主要内容	培训对象	人数	培训时限	拟定日期

填表人签字：

实验二　制订新员工培训计划

1. 实验目的

通过此次实验课，让同学们意识到新员工培训的重要性，了解并掌握新员工培训计划的实施步骤和方法，并以此为例掌握企业各层级员工培训计划制订的一般步骤。

2. 实验条件

多媒体教室或者实验室。

3. 实验时间

本次实验时间以 4 个课时为宜。

4. 实验内容

【案例材料 1】

糟糕的第一周工作①

想到明天就要正式到公司报到上班了，李阳心里别提多高兴了。这家公司是业内很有实力的“新生企业”，名牌大学毕业的他要到该公司网络中心开始自己人生的第一次工作。虽然他的专业不是计算机方面的，而是市场营销，但他对计算机很有兴趣，在大三时，他就开始帮一些公司编程和开发应用软件系统。想到在最后一轮面试时总经理对他的欣赏，李阳认为明天公司肯定会为他们这几个新招来的大学毕业生安排一些“精彩节目”，比如高层管理者的接见与祝贺，同事的欢迎，人事部对公司各种情况的详细介绍和完整的员工手册

① 资料来源：http：//www. hr. com. cn/p/1423392407.

等。李阳的同学有的已经上班半个多月了，有不少同学都欣喜地告诉他自己的公司如何热情地接纳“新人”……

然而，第一天是令他失望的。

他首先来到人事部，人事部确认李阳已经来到公司，就打电话告诉网络中心的王经理让他过来带李阳到自己的工作岗位。过了一段时间，王经理才派自己的助手小陈来，小陈客气地伸出手，说：“欢迎你加入我们的公司！王经理有急事不能来，我来安排你的入职事宜。”来到网络中心，小陈指着一个堆满纸张和办公用品的桌子对他说：“你的前任前些天辞职走了，我们还没有来得及收拾桌子，你自己先整理一下吧！”说完，小陈自顾自地忙了起来。到中午，小陈带李阳去餐厅用餐，告诉他下午自己去相关部门办一些手续、领一些办公用品。在吃饭时，李阳从小陈那里了解了公司的一些情况，午休时与办公室里的一些同事又谈了一会儿，但他感到很失望，公司并没有像他想像的那样热情地接待他、重视他。

第二天，王经理见到李阳，把他叫到自己的办公室开始分派他的任务。当王经理说完之后，李阳刚想就自己的一些想法同他谈一谈，一个电话来了，李阳只好回到自己的电脑前面开始构思他的工作，他的工作是网络制作与维护。他知道，他需要同不少人打交道，但他还不知道谁是谁，只好自己打开局面了。

就在第三天，李阳被王经理“教训”了几句。原来，王经理曾让李阳送一份材料到楼上的财务部，李阳送去之后，就又继续自己的工作了。过了一会儿，王经理走了过来，问他：“交给财务了吗？是谁接过去的？”李阳回答：“交去了，是一位女士接的，她告诉我放那儿好了。”王经理一脸不悦地说：“交给你工作，你一定要向我汇报结果，知道吗？”李阳虽然嘴上说“知道了”，但脸上却露出了不满的神情。王经理便问他有什么意见，李阳忙掩饰说：“王经理教导得很对，希望你以后多多指导！”李阳认为，这些细节也太多余了，自己把工作完成就行了，王经理批评自己无非是想说明自己是领导。

这几天，李阳感到好受一点的是另外两个同事对自己还算热情。一个女孩是比自己高两届的校友，另一个男孩是那种爱开玩笑、颇能“造”气氛的人。李阳曾经问过他俩：“难道公司总是这样接待新员工？”校友对他说，“公司就是这种风格，让员工自己慢慢适应，逐渐融入公司。”“公司的创始人是几个工程方面的博士，他们认为过多的花样没多大用处，适应的就留下来，不适应的就走人。不少人留下来是因为公司的薪水还不错！”那个男孩对他说。

到了周末，李阳约同学出来吃饭，谈起自己的第一周工作，李阳望着窗外明媚的阳光、川流不息的车辆，茫然地说：“糟糕极了！”

【案例材料2】

王闯的工作为什么没有起色?①

A银行是著名的股份制商业银行W银行在S市的分行，成立两年多，全行共100多人。A银行的新员工来源非常广泛，有来自国有银行的，也有来自外资银行的，还有来自企业和学校的。王闯就是一名新员工，他来自某大型国有银行，自身综合素质较好，之前一直从事市场开发工作。A银行引进他的目的是希望他帮助分行个人业务部打开市场，把业绩做上去，个人业务部老总、人力资源部唐总以及行领导都对王闯寄予厚望。但王闯入行一个月以来，工作方面并没有多大起色，业绩也差强人意。这是怎么回事呢?

人力资源部唐总把王闯叫到了办公室，他需要跟王闯好好谈谈。一方面了解新员工的情况，另一方面也分析一下A银行的培训需求。当问到近期有什么困难时，王闯说道："来咱们银行之前，就听说过股份制银行工作前景很好，个人有很大的发展舞台，能力会有很大提高，但来了之后，发现实际情况远远超过我的预期，我自己除了做好本职工作以外，还要处理许许多多琐碎的日常工作，而这些事情非常花费个人精力。"唐总一边听，一边若有所思地点了下头，于是王闯继续说，"就拿上次报销的事情来说吧，我前前后后跑了4次，花了整整一个星期才把这件事情做好。第一次，上周一拿着产品推介会的费用发票去计财部报销，被告知报销费用需打印一份签报，以前在国有银行没有这一项要求，所以，就跟别人学着打一份简报。第二次，拿着签报和费用发票去计财部报销，被告知必须填一份费用报销专用单，而且需要部门领导和本人签字。第二次又没报成，谁让自己没问清楚呢。当签报、报销单、发票都准备妥当，第三次去报销时，已经是周三了，咱们行规定只有周一和周二才可以报销，我事先也不知道，计财部的人员倒是很客气，不过没办法，还是没报成，直到这周一我才把报销的事情办完。本来工作上的事情就很多，为了一个小小的报销又跑了这么多趟，真是糟糕透了。"唐总默默地听着，虽然没有发表自己的想法，但心里清楚，王闯为了一次普通的报销就来回跑了四趟，难免情绪不好，也影响了工作效率。这对开发分行业务也是不利的。

通过调查，唐总发现在新员工当中，类似王闯报销之类的事情不在少数。新员工对银行工作程序、劳动纪律，甚至企业文化、经营理念都不是非常清楚，经常因为小事花费了较大精力。因此，新员工的入职培训就必须列入他这个人力资源部经理的工作范畴。

---

① 于立.MBA案例精选——人力资源与组织行为学［M］.大连：东北财经大学出版社，2004：192-193.

但A银行的现实情况是，新员工一般都是经过老员工推荐，人力资源部面试考核通过进行录用的，人员引进非常分散，几乎每个月，甚至每周都有几名新员工入行。按照以前的做法，A银行的入行培训是每半年进行一次，但经过半年的工作，许多新员工已经通过自身的努力转为正式员工，对银行的规章制度、经营理念等知识已经有一定的了解，而入行最初所受的冷落、所走的弯路、无奈和彷徨却是无法挽回和弥补的，因此培训效果显然不是很好。如何对分散引进的、自身情况有较大差异的新员工进行系统完善的入行培训成了人力资源经理心头的一件大事。

【案例材料3】

新员工培训真的无关紧要吗?①

肖某是一家民营医药企业的总经理，最近由于新产品上市，在全国各地"招兵买马"，一举招聘了60名刚毕业的大学生。为了让这些新员工尽快适应工作，肖某要求人力资源部对这些新员工进行一天的新员工培训，主要是"任务与要求""权利与义务"等，培训结束后还发给每人一本员工手册。本想靠这些"初生牛犊"来打开新产品的市场，令人意想不到的是，不到一个月，60名新员工就有48名流失了，原因是部分员工认为公司没有人情味，将他们作为赚钱的机器，有的员工还认为薪酬虽高，但是压力太大，对如何进行销售心中没底，又没有老员工指导，什么都靠自己摸索，太难了……肖某没想到的是，"无关紧要"的新员工培训倒给公司埋下了"风险的种子"。

原来，肖某企业的新员工培训，只告诉员工他们有什么义务，要求员工为公司奉献，甚至要默默无闻地奉献。而很少有人告诉新员工，他们有什么权利，如何行使权利，他们将得到怎样的保护。这种培训不仅不会使新员工认同公司的企业文化，还会使他们产生抵触情绪。另外，公司的培训并不是关于公司的邮箱如何使用、复印机如何使用，文字材料采用什么格式等技能，反而给新员工上"沟通技巧、团队建设、职业道德"之类的课程。企业没有意识到新员工最迫切的需要，所以培训内容的选择也出现了偏差。

据统计，国内近80%的企业没有对新进员工进行有效培训，就安排他们上岗工作了。有的企业即便进行了新员工培训，也不太重视，仅把它当作简单的"行政步骤"，草草而过，不细致且欠规范。初入新环境，员工一下子面对

① 新员工培养真的无关紧要吗? [EB/OL]. [2016-08-12]. http://www.hr.com.cn/p/1423393000.

很多不同以往的“新鲜事”。有的和工作职责直接相关，比如，不同的业务流程，不同的行业、客户群；有的是管理风格和企业环境方面的，比如，财务审批制度比以前任职的企业更为复杂严格，部门间的沟通途径不一样，甚至电邮传发的权限规定也不同……很多老员工们已经习以为常、看似不值一提的细节，对新员工而言都是需要了解和适应的“新鲜事”，而且在陌生的环境下容易冒出不知所措、失望、沮丧等负面情绪的苗头，人才流失的风险同时也提高了。

◎ **案例讨论：**

每个小组针对以上三个案例进行讨论，首先任选两家公司指出他们在新员工入职方面存在的问题，以及这样做有什么影响，并提出解决办法。然后任选一家公司（可以是曾经实习过或工作过的公司），结合该公司实际人员状况制订新员工的培训计划，培训计划应该包括培训的目标、内容、时间、地点、对象、讲师以及培训预算等方面。

5. 实验步骤

（1）提前把案例材料发给学生，要求学生认真阅读案例，并参考各种书籍资料给出客观真实的想法和建议。

（2）将全班同学分成小组，每组4~6人，选好组长，并指定一人记录。鼓励同学们集思广益，得到有意义的结论和与众不同的想法，形成案例分析报告，并制订公司培训计划。

（3）全班交流，分享成果。案例分析小组派代表讲述本小组的讨论成果，并接受其他小组的质疑和提问。可对不同小组的观点进行补充，同学之间可以争论，教师注意引导学生，并管理好氛围。

（4）总结归纳，深化提高。老师对全班的观点进行总结概括，分析独特、有新意的观点，对优秀的培训计划进行介绍和点评，最后肯定全班同学的积极参与和学习热情。①

6. 考核要求

（1）是否考虑到不同类型的新员工的培训需求。

（2）各小组能否在规定时间内完成实验内容。

（3）是否根据不同员工的培训需求制订培训计划。

（4）是否完整记录实验内容，文字表达是否准确、清晰。

（5）总成绩100分，实验成绩占70%，实验报告占30%。

---

① 吴国华，崔霞．人力资源管理实验实训教程［M］．南京：东南大学出版社，2008：97-98.

7. 实验思考

（1）新员工在进入企业之初会考虑哪些典型问题？（如是否被同事认可？公司的承诺能否实现？是否有其他疑惑等）

（2）对新员工的培训是否是必要的？它给新员工带来了哪些便利？对公司来讲新员工培训的必要性体现在哪些方面？（如降低招聘成本，提高新员工满意度，降低离职率等）

（3）一个有效的新员工培训方案应该包括哪些内容？

（4）有哪些办法可以使新员工有深刻的入职感受？

【参考资料 1】

表 5-9　　员工培训计划的确定

<table>
<tr><th>知识点</th><th>作用/分类</th><th colspan="3">详解</th></tr>
<tr><td>培训计划概念</td><td colspan="4">培训过程中，根据培训目的和要求，运用一定的指标和方法，检查和评定效果的活动过程。承上启下，确保培训成功</td></tr>
<tr><td rowspan="8">规划要求</td><td>系统性</td><td colspan="3">保持一致性和统一性</td></tr>
<tr><td>标准化</td><td colspan="3">依据规范和规则</td></tr>
<tr><td rowspan="3">有效性</td><td colspan="3">资料数据的可靠性</td></tr>
<tr><td colspan="3">对象内容方式的针对性</td></tr>
<tr><td colspan="3">满足需求的相关性</td></tr>
<tr><td rowspan="3">普遍性</td><td colspan="3">涵盖不同工作、不同对象、不同培训需求</td></tr>
<tr><td colspan="3">具体任务具体策略，激发学员兴趣</td></tr>
<tr><td colspan="3">不同的程序方法满足不同需求</td></tr>
<tr><td rowspan="6">主要内容</td><td>目的</td><td>为什么培训</td><td>地点</td><td>现场或实验室或教室</td></tr>
<tr><td>目标</td><td>达到什么标准或效果</td><td rowspan="2">费用</td><td>直接成本：讲课费、交通费、食宿费、教室租赁费、教材费等</td></tr>
<tr><td>对象和内容</td><td>培训谁；培训什么；培训类型</td><td>间接成本：项目设计评估费、受训人工资福利等</td></tr>
<tr><td>范围</td><td>个人或基层或部门或企业</td><td>方法</td><td>集中或分散；在职或脱产</td></tr>
<tr><td>规模</td><td>人数、场所、工具、费用、性质</td><td>教师</td><td>专业人员</td></tr>
<tr><td>时间</td><td>半天或一天；集中培训等</td><td>实施</td><td>具体实施程序和流程</td></tr>
</table>

表 5-10　　制订培训计划的基本步骤图

流程	目标	方法
需求分析	明确员工现实技能与理想状态的差距	测评现有成绩，估计差距
岗位说明	收集新岗位和现岗位的要求数据	观察和查阅相关报告文献
任务分析	明确岗位培训的要求，预测潜在困难	对将要进行的培训进行分类分析
内容排序	排定学习内容或议题的先后次序	界定学习内容或议题的地位和相互关系并排序
描述目标	制定《目标手册》	任务说明和有关摘要
设计培训内容	依据目标确定培训项目和内容	请专家或培训公司组织培训
设计培训方法	依据项目的内容选方法方式	经验总结、小组讨论、专家咨询
设计评估标准	选择测评工具，明确测评指标和标准	模拟实验或专家测评
实验验证	发现优缺点，及时改进	征求多方意见或试验试点

【参考资料 2】

宁夏亚飞风立汽车有限公司新员工培养计划（试行）①

一、目的

为使新员工尽快适应公司发展环境，进入岗位角色，适应公司业务发展的需要；同时配合员工职业发展规划，为公司进一步储备核心人才，特制订新员工培养计划。

二、培训对象

入职 12 个月及以下，符合公司发展方向，认同企业文化的新员工。

三、培训方式

1. 职业引导人引领。

2. 教育培训：由公司、其他部门（兄弟公司）组织的公共培训、由行政部代表公司进行的岗前培训、由用人部门组织的岗位培训、由厂家进行的业务培训以及各类拓展活动。

3. 有计划的、系统性考核。

4. 规划员工职业发展计划。

---

① 宁夏亚飞风立汽车有限公司新员工培养计划（试行）［EB/OL］.［2016-07-16］. http://wenku.baidu.com/link?url=S4eboDc-p14-erKwHt4lg1n7_tWiUZmFMBIvEGGt63MW1GrTW314VojDuOiCuyBzbxoGivNQUjs0X_8tItpxK8jI14o2TzgQHMFRw5D0yO7.

四、具体培养实施

（一）职业引导人制度

1. 目的：

（1）使新员工快速融入公司，了解组织环境，认同企业文化，尽快进入岗位角色。

（2）增强公司核心骨干作为职业引导人的荣誉感，提高职业引导人组织管理能力，为培养公司管理干部队伍储备人才。

（3）增强员工之间的配合与协作精神，建立良好的合作氛围。

2. 根据新员工专业、将来的岗位、个性等不同特点，公司须为其合理安排职业引导人。

3. 在1~3个月的试用期内，职业引导人负责在工作过程中对新员工进行知识和业务的教授。

4. 新员工入职时，应由该岗位所在部门负责人，根据岗位情况从本部门骨干中确定符合任职条件的职业引导人，报行政部。

5. 行政部对入职引导人任职资格进行确认，由行政部人员对其进行培训，让其了解入职引导人制度和工作方法。

（二）培训课程安排

岗前培训应于员工入职后三天内进行。

岗位培训由各部门在当月的培训工作中落实。

表5-11 **培训计划内容**

培训主题	培训内容	负责部门	目的
岗前培训（共6课时）	①企业概况； ②组织机构； ③管理层； ④部门基本情况； ⑤企业文化手册； ⑥公司规章制度	行政部	对公司情况基本了解，或有初步了解
岗位培训（根据具体岗位确定课时数）	①工作心态； ②工作流程； ③工作职责； ④工作要求； ⑤工作技巧与能力	用人部门	掌握岗位技能，适应岗位要求

五、新员工在培养过程中应完成的工作任务

（一）主动完成培训总结

1. 入职第一周，新员工应写一份周感想，不少于 300 字，提交所属部门及行政部。

2. 入职满一个月，新员工应填写《新员工首月跟进计划》，其中对公司的建议部分不得少于 300 字，提交所属部门及行政部。

3. 入职满 2 个月，新员工应写一份不少于 500 字的工作总结，提交所属部门及行政部。

4. 入职满 3 个月，新员工应写一份不少于 800 字的试用期工作总结及报告，提交所属部门及行政部。

（二）参加公司考核

表 5-12 **培训结果考核**

考核时间	考核内容	考核方式	结果对应	负责部门	执行部门	备注
入职第 10 天	培训过的相关内容	面试或笔试	继续试用、调整岗位或解除试用	行政部	用人部门	新员工可根据自身情况申请提前进行考核
入职第 20 天	培训过的相关内容	面试或笔试	继续试用、调整岗位或解除试用	行政部	用人部门	
入职第 40 天	培训过的相关内容	面试或笔试	继续试用、调整岗位或解除试用	行政部	用人部门	
入职第 80 天	转正考试	面试或笔试	转正或解除劳动关系	行政部	用人部门	
不定期考核	培训过的相关内容	面试或笔试	按公司培训制度执行	行政部	用人部门	

注：员工转正方式详见《新员工转正管理程序》。

（三）新员工在培养计划中应承担的职责

1. 了解公司的创业历程和发展战略，领会公司文化的真谛，认同并融入公司文化中，自觉实践企业的核心价值观。

2. 认真学习公司的各项规章制度，熟悉公司的业务运营流程，严格遵守执行。

3. 虚心接受职业引导人的指导与管理，主动与引导人沟通，汇报工作进展及学习心得，多向引导人及老员工请教，尽快熟悉工作环境。

4. 积极参加新员工培训，认真学习培训资料。

5. 辅导期间，按规定时间上报工作总结及计划，提交给引导人、直接上级和行政部。

六、本制度自批准之日执行，由行政部负责解释及修订。

表 5-13

新员工部门岗位培训表

（到职后第一周部门填写）

部门：

新员工姓名：

序号	培训内容	完成确认（负责人签名）
就职前培训	让本部门其他员工知道新员工的到来	
	准备好新员工的办公场所、办公用品	
	准备好给新员工培训的部门内训资料	
	为新员工指定工作导师	
1	经理代表全体部门员工欢迎新员工到来，介绍本部门其他员工，参观世贸商城	
2	介绍部门结构与功能，以及部门内的特殊规则	
3	进行新员工工作描述，说明职责要求，讨论新员工的第一项工作任务	
4	派老员工陪新员工到公司餐厅吃第一天的午餐	
5	一周内，部门经理与新员工进行非正式谈话，重申工作职责，谈论工作中出现的问题，回答新员工的问题。对新员工一周的表现作出评估。设定下次绩效考核的时间（30天后）	谈话记录：

部门经理签名：

日期：

表 5-14

新员工岗位培训反馈表

（新员工于到职后一周内填写）

部门：

新员工姓名：

1. 你是否已了解部门的组织架构及部门功能？	是□ 否□
2. 你是否已清晰了解自己的工作职责及岗位描述？	是□ 否□
3. 你是否已熟悉公司大楼的情况？	是□ 否□
4. 你是否已认识部门里所有的同事？	是□ 否□
5. 你是否觉得部门岗位培训有效果？	是□ 否□
6. 你今后在工作中遇到问题，是否知道如何寻求帮助？	是□ 否□
7. 你是否已接受足够的部门岗位培训，并保证可以很好地完成任务？	是□ 否□
8. 在岗位培训中，有哪些可以改进的地方？________	
9. 在今后的工作中，希望接受哪些方面的培训？________	

实验三　培训方法选择

1. 实验目的

通过此次实验课，让同学们根据不同的培训对象和培训需要，结合公司实际选择最合适的培训方法，明确不同培训方法的优缺点和适用场景。

2. 实验条件

多媒体教室或者实验室。

3. 实验时间

本次实验时间以4个课时为宜。

4. 实验内容

【案例材料1】

M公司培训方法选择分析①

M公司是一家外资企业，总部位于芝加哥，其主营业务是为客户提供先进的呼叫中心外包系统。2007年开始开拓中国市场，企业客户包括餐饮公司、汽车公司、IT公司等。中国分公司总部设在成都，目前公司有员工50人，其中管理人员及后勤员工10人，电话坐席40人，属于中型呼叫中心的规模。公司成立之初，依靠良好的营销策略和政企关系拿到了一定规模的订单，但在公司运营的过程中，一些不成熟的管理问题凸显出来。

目前公司员工的平均年龄是25岁，其中硕士研究生3人，本科生20人，专科生27人。总经理下属三个部门分别是人力资源部、运营部和市场部。公司的培训和绩效管理都归运营经理直接负责。目前公司的培训课程包括业务技能培训、沟通技能培训和基础管理技能培训。培训时间一般选在新员工入职时。人力资源经理、运营经理和呼叫中心主管首先确认培训需求，培训部根据培训需求确定培训课程，培训结束后由培训师对受训者进行考核，不合格者重新进行培训直到合格为止。

目前公司并没有完整的培训计划和目标，培训手段和内容也略显粗糙，更多时候培训部像消防队员，哪里有火就去哪里灭火，且国内公司由于不能借鉴国外公司的培训体系，自成立以来一直没有适应中国情景的培训流程。运营经理对培训的各个阶段工作并没有十分清晰的思路，在实际操作中，经常改变培

---

①　方琰.S公司培训管理研究［D］.成都：西南交通大学，2009.

训计划和内容，使得培训效果并不十分理想。于是，公司从外面请来一位培训专家，希望他可以帮助运营经理规范培训流程，选择合适的培训方法和课程，以提高公司员工的整体技能水平。

这位专家了解到，公司员工全部是本地人，缺乏外包呼叫中心的相关从业经验，对流程管理的重要性也没有足够的认识，不懂得如何严格遵守既定流程，对公司提供的培训计划和培训目标并不清楚也不重视，甚至产生了抵触情绪。另外，公司选择的培训师都是内部绩效比较优秀的员工，虽然工作业绩较好，但是他们对培训技巧知之甚少，单纯以讲授的方式传授知识，并不能激发受训者的学习兴趣，且培训师经常要对同一课程进行多次讲授，有时候上午、下午和晚上都要上课，无论是培训师还是受训者都感到身心俱疲。

在分析公司的具体情况以后，专家认为公司管理层和基层员工都需要接受培训，培训内容既包括能力上的提升，也包括观念上的认可。对于电话坐席的40名员工，要提升他们的沟通技能、业务能力以及软件使用技能，同时要改变他们认为培训无用的观念，营造一种团体协作、为了共同的组织目标努力的文化氛围。对于中层领导者，既要通过培训提升他们的管理能力、处理业务的能力、激励下属的能力，也要提升他们对人力资源相关工作的掌握能力，特别是培训方面，中层管理者缺乏一次系统有效的知识培训。对于参加此次培训的对象，专家认为要针对技能水平不同的员工设计不同的培训方法，而公司员工可以分为刚加入公司的新员工、以前参加过培训课程但收获较少需要再次培训的员工、以前参加过培训课程但有少部分知识欠缺的员工、已经是绩效优秀的并可以作为公司储备干部的员工等。

◎ 案例讨论：

(1) 你认为材料1中这位专家对培训内容的分析和培训对象的分类是否正确完整呢？是否还有其他的补充？

(2) 针对培训的内容和对象，你认为这位专家应该使用哪些培训方法来开展培训呢？要注意针对不同的培训对象选择最适合的培训方式。

【案例材料2】

JS公司的中层管理者培训①

JS公司成立于20世纪70年代，隶属于大庆集团有限责任公司，主要从事油气田、煤气层勘探开发过程中的修井、压裂、作业、特殊工艺作业等生产施

① 王恩才．大庆油田JS公司中层管理者培训研究［D］．长春：吉林大学，2011.

工、技术研发和服务，以及长关井综合治理等业务。

公司的人才队伍结构与公司的发展战略匹配出现了一些问题，表现在公司急缺科技领军人才、国际化商务人才以及项目管理人才。这也是JS公司海外市场开发效果不是很理想的重要原因，所以加强公司中层管理者的培训非常必要和紧迫。

JS公司共有员工7000人，中层管理者256人占员工总数的3.8%，其中从事生产技术管理工作的有180人。有博士4人，硕士47人，本科学历者75人，大专学历者50人。年龄层次上，31~40岁的有21人，41~50岁的244人，51~59岁的共12人。这些中层管理者中，70%的人是由技术骨干成长起来的，所以大多是基层工作的佼佼者或某一领域的专家，但普遍缺乏管理素质和管理经验。另外，他们大多是技术型人才，对现代管理、企业发展战略、国际化经营和市场运作等方面的知识结构不够系统和完善。从年龄上讲，40~50岁的中层管理者占到78%，平均年龄43岁，相对来讲是偏大的。虽然有90%的中层管理者都表现出对培训的极大关注，但目前公司还没有形成针对中层管理者的培训体系。

由于JS公司对企业培训的重要性认识不足，且对培训目标不甚明确，才导致了如今中层管理者能力有限，不能与公司的战略发展相适应，人才结构不稳定的局面。

经过公司内部的培训需求调查，发现中层管理者需要提高的技能包括业务技能、交际礼仪、时间管理、熟悉国家和地方相关政策等能力。公司目前缺乏的是有国际战略思维、能有效整合国际资源的高端战略型人才；会沟通、善交际、高情商的公关型人才以及精通专业知识、外语好、掌握国际规则的复合型人才。

公司计划在接下来的中层管理人员培训中着重关注以下四个方面的能力：

第一，战略思维能力。JS公司要逐步走向国际市场，迫切需要一大批具有战略眼光和国际视野，熟悉WTO规则和国际惯例的经营管理人才。中层管理者作为参与国际市场竞争的中坚力量，必须具备战略眼光和国际视野。

第二，行业发展趋势判断能力。JS公司的中层管理人员要具备石油行业发展趋势的判断能力，准确把握石油行业的发展脉搏，掌握国家石油行业的发展政策，了解油田和企业的中长期发展目标，了解公司的内外环境，了解企业发展中存在的矛盾和问题。

第三，绩效管理能力。绩效管理可以使企业不断提升组织绩效和员工绩效，是现代企业管理的核心内容。绩效管理追求的是行为过程和结果的有机统一。所以要培训中层管理人员的业务计划能力、决策能力、控制能力、项目管理能力以及质量管理能力。

第四，团队建设能力。团队建设能力是中层管理人员的必备技能。作为中层管理者，需要特别重视团队建设能力的培养，培育团队作风，锻炼团队精神，提高团队的凝聚力和战斗力。

◎ **案例讨论：**

（1）根据培训目的、课程目标、培训对象等因素，公司需要选取合适的培训方法。目前计划采用的方法包括案例讨论、互动式培训和现场教学等方法。结合所学的相关培训知识以及收集的相关案例资料，考虑公司应该采用哪些培训方法才能使中层管理者培训取得最好效果，目前选取的培训方法是否合适？分别有哪些优点和缺点？

（2）在实施培训的过程中有哪些注意事项？

（3）还有没有更适合 JS 公司中层管理者的培训方法？分析该方法的优缺点以及实施流程，请考虑中层管理者的受教育程度、年龄、经验、身体状况等方面的因素。

5. 实验步骤

（1）提前把案例材料发给学生，做好实训前的准备工作。教师带领学生回顾所有的培训方法的优缺点和适用条件，说明本次实训的目的和步骤。

（2）每组确定 4~5 人，选定小组长。

（3）针对案例材料收集相关参考资料和研究成果。

（4）小组讨论，选出最合适的培训方法并说明理由。

（5）指出选定的培训方法的实施重点、难点以及培训流程。

（6）每个小组选定代表分享成果，教师进行评价和评分。

6. 考核要求

（1）是否掌握不同的培训方法。

（2）各小组能否在规定时间内完成设计合理的培训方法。

（3）分析不同培训方法的优缺点和注意事项。

（4）是否完整记录实验内容，文字表达是否准确、清晰。

（5）总成绩 100 分，实验成绩占 70%，实验报告占 30%。

7. 实验思考

（1）选择培训方法时需要考虑的因素有哪些？

（2）不同层级的员工选择培训方法时有哪些不同？

（3）不同岗位的员工选择培训方法时有哪些不同？

（4）你认为培训时间应该选在工作时间还是周末比较合适？

【参考资料】

表 5-15　**培训方法优缺点汇总表**

方法	含义	要求	优点	缺点
讲授法	培训师通过语言表达，系统地向受训者传授知识，期望受训者能记住其中的重要观念与特定知识	①内容科学性；②讲授系统性；③条理清晰；④重点突出；⑤生动准确；⑥必要时运用板书	①有利于受训者系统地接受新知识；②容易掌握和控制学习进度；③加深对难度大的内容的理解；④同时对许多人进行培训	①具有强制性；②学习效果易受培训师讲授水平影响；③只是培训师讲授，没有反馈；④受训者之间不能讨论；⑤传授的知识容易忘记
演示法	运用一定的实物和教具，通过实地示范，使受训者明白某种工作是如何完成的	①示范前准备好所有用具，搁置整齐；②让每个受训者都能看清示范物；③示范完毕，让每个受训者试一试；④对每个受训者的试做给予反馈	①有助于激发受训者的学习兴趣；②可利用多种感官，做到看、听、想、问相结合；③有利于获得感性知识，加深对所学内容的印象	①适用范围有限，不是所有的学习内容都能演示；②演示装置不方便移动，不利于培训场所的变更；③演示前需要一定的费用和精力做准备
研讨法	通过培训师与受训者之间或受训者之间的讨论解决疑难问题。 研讨形式包括演讲、小组讨论、沙龙、集体讨论、委员会和系列研讨	①建立明确目标；②使受训人员对讨论的问题产生内在兴趣；③公布议程表（包括时间限制），并于每一阶段结束时检查进度	①有助于激发学习兴趣；②有利于能力开发；③有利于知识和经验交流	①讨论课题选择的好坏将直接影响培训效果；②受训人员自身的水平也会影响培训效果；③不利于受训人员系统地掌握知识和技能
视听法	利用幻灯、电影、录像、录音、电脑等视听教材进行培训，多用于对新进员工的培训	①说明培训目的；②选择合适的视听教材；③最好能边看边讨论，以增加理解；④讨论后培训师必须做重点总结，或将如何应用在工作上的具体方法告诉受训人员	①比讲授或讨论给人更深的印象；②借助感觉去理解；③生动形象且给听讲者以新鲜感；④视听教材可反复使用，更好地适应受训人员的个别差异和不同水平的要求	①视听设备和教材购置需要花费较多费用和时间；②选择合适的视听教材不太容易；③受训人员受视听设备和视听场所的限制；

续表

方法	含义	要求	优点	缺点
角色扮演法	设定一个最接近现在状况的培训环境，指定参加者扮演某种角色，借助角色的演练来理解角色的内容，从而提高主动面对现实和解决问题的能力	①宣布练习的时间限制；②强调参与者实际作业；③使每一事项都成为一种不同技巧的练习；④确保每一事项均能代表培训计划中所教导的行为	①有助于训练基本动作和技能；②提高人的观察能力和问题解决能力；③活动集中，有利于培训专门技能；④可训练态度仪容和言谈举止	①人为性；②强调个人；③容易影响态度，不易影响行为；④角色扮演的设计难度大；⑤角色扮演的实施
案例分析法	利用书或影片，对于实际或想象的情况，用相当详细的方式描述出来。它的重点是对过去所发生的事情作诊断或解决特别的问题，比较适合静态问题的解决	①精选案例；②仔细说明案例背景与内容并接受提问；③注意案例的应用与延伸；④控制时间	①提供了一个系统的思考模式；②得到有关管理方面的知识与原则；③有利于受训人员参与企业实际问题的解决；④正规案例分析使学生得到经验和锻炼机会；⑤容易养成积极参与和向他人学习的习惯	①案例过于概念化并带有明显的倾向性；②案例来源往往不能满足培训的需要；③费时较长，对受训者和培训师的要求较高
管理游戏法	因游戏的设计使学员在决策过程中会面临更多切合实际的管理矛盾，决策成功或失败的可能性同时存在	①游戏涉及竞争；②必须有一定的游戏规则；③有一定结局	①激发参训者的积极性；②改善人际关系；③理解深刻；④使参训者联想到现实的后果	①简单化；②使人缺少责任心；③比较费时；④有效性并没有得到证实；⑤后勤问题

实验四 培训方法模拟——角色扮演法

1. 实验目的

通过此次实验课，让同学们了解角色扮演法的实施方法和步骤，同时熟悉角色扮演法的优缺点和评分标准，并掌握一定的培训技巧。

2. 实验条件

多媒体教室或者实验室。

3. 实验时间

本次实验时间以4个课时为宜。

4. 实验内容

【案例材料1】

A公司生产优化方案①

A公司是一家专门生产和销售“飞达”系列品牌冰箱的中法合资公司，公司成立于2000年5月，目前拥有员工1600多人，设有生产部、技术部、销售部、采购部、人力资源部和财务部等职能部门。张宏是技术部的部门经理，直接向总经理汇报工作。技术部下辖4个组，分别为生产工艺组、质量控制组、生产计划组和设备管理组。每组有员工20名，各组设组长一名，他们都直接向张宏汇报工作。技术部的主要工作职责是负责制订生产计划、设备的管理与维修、质量控制、生产工艺与过程控制，协调生产，随时解决生产过程中遇到的各类技术问题。

为了提高生产率，公司管理团队经讨论制订了一项优化生产过程的计划，由生产工艺组负责具体的推行工作。生产工艺组的组长是吴越。这一优化过程需要生产工艺组与生产部密切配合，共同进行，因为生产部主管的配合对这一项目的成功具有极其重要的意义。但据张宏了解，在上周生产工作会议上，吴越与生产部钱经理因意见不合发生激烈冲突。当时，钱经理提出要改进一套生产设备，但吴越认为，由于工厂条件有限，改进设备不可行。钱经理级别比吴越高，听后很不高兴，大发脾气，双方各执己见，吵了起来。最后，在其他人的劝说下，他们虽然停止了争吵，但也是不欢而散。这件事可能会影响吴越和钱经理的合作，吴越甚至会反对这一计划。

现在假设被试者就是张宏，他要做的是向吴越布置这一工作任务，并说服他主动改善与钱经理的关系，以使优化项目顺利进行。

角色任务说明：现在是周一上午，张宏经理（被试者）把吴越组长（配合者）叫到办公室，目的是通知后者有关优化生产过程项目的具体内容，同时张宏经理还希望吴越组长能够改善与生产部钱经理的关系，以全身心地投入到这一优化生产过程的项目中。

---

① 资料来源：吴国华，崔霞．人力资源管理实验实训教程［M］．南京：东南大学出版社，2008：112-115.

请记住，技术部张宏经理已经坐在办公室，吴越组长进来了。他不知道经理找他有什么事，张宏向他转达项目内容。30分钟后张宏必须出发去机场，到外地参加重要会议。谈话时间必须控制在半小时之内。

配合者指导手册：在本次角色扮演测评活动中，配合者被要求扮演吴越组长，与其直接上司，技术部张宏经理进行一次约30分钟的谈话。具体的谈话背景请仔细阅读背景材料以及提供给被试者的“角色背景材料”。

配合者的背景材料：吴越已经在公司工作3年了，从最初的蓝领生产工人做起，1年后被提升为技术部生产工艺组组长。总的来说，他喜欢自己的岗位，有能力，工作也很努力，只是偶尔做事比较马虎。上一季度出现过两次发错报告的现象，因此上一季度张宏经理对他的考核评价是2级（考核分5级，1级最差，5级最优）。对此，他有所不满，认为这两次犯的都是小错误，也没导致什么损失。

他已经深深感受到了竞争的压力，而且他认为该优化生产过程项目的确能够起到提高生产效率的作用，但要实施这个新项目，人手方面有不小的困难，上个月有2名员工刚刚辞职，影响了整个团队的士气。最近新招进来的1名员工还在进行入职培训，暂时派不上用场。他目前从事的工作已经非常繁忙，时间不够用。另外，要想推行这个生产优化项目，设备方面也有问题，现有的设备不够先进，推行该项目时会出现较多的技术难题。

在上周的生产工作会议上，他与生产部主管钱经理发生了冲突。不过，他一直认为自己理由充分，没有做错，是钱经理无理取闹。他认为钱经理是一个自负的人，固执己见，不愿听取他人意见。他觉得与这样的人很难开展合作，打心眼儿里不愿意和钱经理打交道。

◎ 案例讨论：

（1）使用该案例进行角色扮演法的练习。

（2）实验结束后当场完成实训报告。实训报告内容和格式请参照表5-16。

【案例材料2】

指导语：本次角色扮演的时间限制是10分钟。你将与其他两个人共同合作，而且你们三个角色的行为是相互影响的。请快速阅读关于你所扮演角色的描述，然后认真考虑你该怎样扮演这个角色。进入角色前，请不要和其他两名被试者讨论即席表演的事情。请运用想象使表演持续10分钟。

三个角色分别为：

（1）图书直销员。你是个大三的学生，你想多赚点钱自己养活自己，一直不让家里寄钱，这个月内你要尽可能多地卖出手头的图书，否则你将面临经济危机。你刚在党委办公室推销，办公室主任任凭你怎样介绍书的内容，他都不肯买。现在你恰好走进了人事科。

(2) 人事科主管。你是人事科的主管，刚才你已注意到一位年轻人似乎正在隔壁的党委办公室推销书，你现在正急于拟定一个人事考核计划，需要参考有关资料。你想买一些参考资料，但又怕上当受骗，你知道他是从党办主任处走过来的。你一直非常忌讳别人觉得你没有主见。

(3) 党办主任。你认为推销书的大学生不安心读书，想利用推销书的办法多赚到一点钱，使自己的生活过得好一点。推销书的人总是想说服别人买他的书，而根本不考虑买书人的意愿与实际用途。因此你对大学生的推销行为感到恼火。你现在注意到这位大学生马上会利用你的同事想买书的心理向他推销。你决定去人事科阻止那个推销员，但你又意识到你的行为过于明显，会使人事科长不高兴，他会认为你的好意是多余的，并产生被人认为无能的感觉。

注意事项：

对角色扮演者进行评价时的参考标准：

角色一：

(1) 避免党委办公室情形的再度发生，注意强求意识不要太浓；

(2) 对人事科主管尽量诚恳、有礼貌；

(3) 防止党办主任的不良干扰。

角色二：

(1) 尽量检查鉴别书的内容与适合性；

(2) 尽量在党办主任说话劝阻前作出决定；

(3) 一旦党办主任开口，而你又想买则应表明你的观点，说该书不适合党办是正确的，但对你还是有用的。

角色三：

(1) 不是故意来搞乱、为难大学生的；

(2) 委婉地表明你的意见；

(3) 注意不要恼怒大学生与人事科主管。

5. 实验步骤

(1) 教师带领学生回顾角色扮演法的相关知识点，说明本次实训的目的和步骤。

(2) 确定每组 4~5 人，每组两名或三名角色扮演者，其他同学为观察者。

(3) 给观察者发观察表，让其边观察边填写。

(4) 演示者开始表演，要有同学负责摄影。

(5) 演示结束后，演示者发表对自己角色和对方角色的看法，有何成功之处和不足，提出改进方法。

（6）观察者对演示者的表演进行分析评价。

（7）教师对该组同学进行评价和打分。

6. 考核要求

（1）角色扮演的准备工作是否充分，包括道具的准备、情境中可能用到的文字资料等。

（2）角色扮演的介绍工作是否清楚，角色分配是否合理。

（3）观察者的评价是否客观、合理、有建设性。

（4）团队配合是否默契，分工是否合理。

（5）扮演者是否合理地解决了案例中的冲突和矛盾。

（6）总成绩 100 分，实验成绩占 70%，实验报告占 30%。

7. 实验思考

（1）角色扮演法的一般过程是什么？有哪些优点和缺点？

（2）进行角色扮演的过程中用到了哪些个人能力？有哪些注意事项？

（3）角色扮演法适合对公司的哪类员工进行培训？

【参考资料】

表 5-16 **人力资源管理实验实训报告**

姓名： 专业： 班级： 实训日期： 年 月 日

实训项目名称		实训目的	
实训内容		实训材料	
实训过程		实训结果或结论	
收获与体会		改进意见	
评价意见	指导老师： 年 月 日		

实验五 培训方法模拟二——啤酒游戏

1. 实验目的

通过此试验，使学生掌握管理游戏法的实施方法和步骤，掌握一定的培训技巧。同时通过啤酒游戏，加强学生的分析能力，使学生学会系统思考，意识到从经验中学习的重要性。

2. 实验条件

（1）点数在 5~10 之间的纸牌六张；

（2）零售商、批发商、制造商的实验记录表各一张；

（3）实验结果数据汇总表一张；

（4）游戏规则表两张，铅笔若干；

（5）实验报告（每组一份）。

3. 实验时间

4 个课时。

4. 实验内容

【案例材料】

由班里同学分别扮演制造商、批发商、零售商和顾客四种角色，彼此只能通过订单/送货程序来沟通。各个角色拥有独立自主权，可以决定该向上游下多少订单，向下游销出多少货物。至于终端消费者，则由游戏自动来扮演。而且只有零售商才能直接面对消费者。

（1）每次游戏分轮进行，一轮代表一天，一次游戏共进行 30 天，即 30 轮。

（2）每天都会有顾客到零售商那里去买啤酒。每天消费者会从扑克牌中抽一张牌，牌的点数在 5~10，这就是最终消费者购买的啤酒罐数。这张牌消费者只给零售商看，批发商和制造商是看不到的。当然零售商也要保守秘密，不能告诉其他人。如若违例，则取消资格。

零售商从自己的柜台里拿出啤酒来给顾客，然后再向批发商订货，每天有一次向批发商订货的机会。零售商以每罐 3 元的价格卖给顾客，进货价是每罐 2 元。如果柜台里的啤酒不够，就是缺货，需要当作延迟订单处理。也就是说，如果零售商的库存不足以满足客户的需求，那么零售商可以延迟发货。不过对不足的部分，要对客户做出赔偿，每罐一毛钱。如果下一轮还是不够货，就继续顺延，等货到以后再发。零售商下的订单当天不会到货，要过两天才会收到。就是说零售商第一轮下的订单，要到第三轮才会进入零售商的柜台。还有零售商每次向批发商订货要交手续费、运输费，共折合 2 元一次。

（3）批发商的责任就是卖啤酒给零售商，2 元一罐。批发商有一个仓库，每天都可以从自己的库存中尽可能地满足零售商的订单。同时每天有一次向制造商订货的机会，货价是 1.5 元。不过，所订的货也要过两轮才会到达批发商的仓库。同时批发商也需要负担订货成本，每个订单的运输费以及手续费 3 元一次。缺货时需要对零售商做出每罐一毛钱的赔偿。

(4) 制造商或者说是啤酒厂，其他一切条件和规则都和上面一样，唯一不同的是，制造商不是向别人订货，而是自己生产啤酒。当然，由于制造啤酒需要很多车间和生产工序，所以，当天的生产订单要等两天才能完工，进入成品仓库。而且，每次启动生产线都有启动成本3元，但是制造商的生产量没有限制。也就是说，不管下多大的生产订单，工厂都会如期生产出来。制造商以每罐1.5元的价格卖给批发商，而制造商自己的生产成本则是每罐1.1元。缺货时需要对批发商做出每罐一毛钱的赔偿。

(5) 在仓库里储存啤酒也是有成本的，这个成本包括资金占用成本、仓库租赁费、管理费、雇员的工资等费用。零售商的仓储成本按每天每罐啤酒一毛钱计算，因为批发商的仓库比较大，有规模效益，所以每天每罐啤酒两分钱，制造商的厂房在乡下，面积最大，而且资金的机会成本相对较低，每天每罐啤酒一分钱。还有在途的货物，就是那些已经下了订单，但是还没来得及送到的货物有两天的反应时间，也作为订货者的存货计算存储成本。当然，其数量不一定就是订货量，可能因为供应商发生缺货，不能全部满足订单，只发了一部分啤酒。

(6) 游戏开始时每个角色有30罐啤酒的库存，而游戏结束时每个角色也会有结余的库存，记账员要把结余的库存降价50%处理掉，然后把亏损记录到毛利中。游戏参与者必须记录每轮自己的销售和库存情况，记账员据此来计算每个角色各自的利润。

总之，所有角色都是独立的企业，目标是使自己的利润最大化，也就是收入和成本的差值最大化。①

◎ **案例讨论：**

(1) 按游戏规则完成游戏，并填制表格。游戏成员之间不得互相透露其客户需求。

(2) 按游戏数据制作消费者、零售商、批发商的订购量曲线图及制造商的生产量曲线图。

(3) 分析牛鞭效应现象产生的原因及可解决的办法。

(4) 完成实验报告。

5. 实验步骤

(1) 提前准备游戏材料，并把游戏内容和要求发给学生。

---

① 啤酒游戏［EB/OL］.［2016-07-16］. http：//baike. baidu. com/link？ url = ewiPkwUJhGZ93AWG_9TRiISOMsTwf TraawzpY8Vty8nKVhQgyl7TUEDyJfHewM4ManL1UMeduDP74_S-R9dRpa.

（2）上课时，教师先重复游戏规则，然后学生们自由选择要扮演的角色。

（3）开始游戏，同学们在游戏过程中各司其职，教师在过程中解答疑问。

（4）游戏结束后，教师进行评价和总结。

6. 考核要求

（1）同学们参加游戏时是否态度端正、热情较高、积极参与。（30%）

（2）是否认真记录实验流程，图表是否完整，实验报告是否全面、规范。（40%）

（3）是否意识到游戏的实践价值，对今后的工作学习的体会等。（40%）

7. 实验思考

（1）管理游戏的优缺点有哪些？

（2）管理游戏主要培养了受训者的哪些素质？

（3）什么叫牛鞭效应？牛鞭效应产生的原因是什么？

（4）减少牛鞭效应的措施有哪些？

【参考资料】

啤酒游戏，是 20 世纪 60 年代 MIT 的 Sloan 管理学院所发展出来的一种类似“大富翁”的策略游戏。Sloan 管理学院的学生们，年龄、国籍、行业背景都不同，有些人甚至早就经手这类的产/配销系统业务。然而，每次玩这个游戏，相同的危机还是一再发生，得到的悲惨结果也几乎一样：下游零售商、中游批发商、上游制造商，起初都严重缺货，后来却严重积货，然而，消费者的需求变动，却也只有第二周那一次而已。如果成千成万、来自不同背景的人参加游戏，却都产生类似的结果，其中原因必定超乎个人因素之上。这些原因必定藏在游戏本身的结构里面。

从游戏中我们得到几点思考：

（1）结构影响行为。在同一结构中，不同的人也许会做出类似的表现。当问题出现时，或绩效不如人意时，我们喜欢将责任归咎在某个人或某件事上。但是，系统的危机往往是由其自身引起的，而不是由于外力或者某个人的错误。这种情况比我们想象的要更普遍。

（2）人类的系统结构很微妙。我们容易把“结构”看成是外界加在个人之上的种种限制。但是，复杂的生命系统里的结构是指支配行为模式的基本要素相互关联。在人类系统中，系统结构就包括人们如何做决策，即我们依据、观点、目标、规则和习惯来指导行动的“操作性决策”。

（3）新的思考方式。解决问题的关键杠杆作用往往来自于新的思考方式。

在人类系统中，人们常常不能发挥杠杆作用的潜力，找不到有效解决问题的关键，因为大家只在意自己的决策，而忽视这些决策如何影响他人。在啤酒游戏中，参与者本来有能力消除总是发生的极端不稳定的局面，然而，他们没有这么做，因为他们不明白，造成这种不稳定局面的始作俑者恰恰是他们自己。①

“牛鞭效应”是市场营销中普遍存在的高风险现象，是销售商与供应商在需求预测修正、订货批量决策、价格波动、短缺博弈、库存责任失衡和应付环境变异等方面博弈的结果，增大了供应商的生产、供应、库存管理和市场营销的不稳定性。企业可以从6个方面规避或化解需求放大变异的影响：订货分级管理；加强入库管理，合理分担库存责任；缩短提前期，实行外包服务；规避短缺情况下的博弈行为；参考历史资料，适当减量修正，分批发送；提前回款期限。②

实验六　培训效果评估

1. 实验目的

熟悉培训效果评估的一般流程；掌握典型培训评估方案的设计思路；能够结合企业实际运用具体方法设计培训评估方案。

2. 实验条件

多媒体教室或者实验室。

3. 实验时间

本次实验时间以2个课时为宜。

4. 实验内容

（1）选定一家企业，追踪该企业的一次培训。运用问卷调查法、面谈法等方法收集此次培训相关的信息，包括受训人数、费用开支、受训人员反馈等所有你认为评估培训效果时可能用到的信息。

（2）整理各项数据和资料，填写相关表格。

（3）用柯氏评估模型来评估培训效果，填写评估报告。

（4）考虑以下几个问题的答案：对培训效果的评估要从何时开始？如何评估培训主管的工作绩效？如何评估培训师的有效性？培训预算应该包括哪些方面？

5. 实验步骤

（1）教师统一讲授实验内容和实验要求。

（2）学生分组，以4~6人一组为宜，选出每小组的负责人。

（3）根据自己问卷调查或访谈得来的培训结果进行评估，填写相关评估表格。

（4）教师组织每个小组在规定时间内进行讨论和汇报演讲，教师对每个小组

---

① 啤酒游戏实验报告［EB/OL］.［2016-07-16］. http：//doc. mbalib. com/view/c31089600cbf212721459c0f4aff29c2. html.

② 牛鞭效应［EB/OL］.［2016-07-16］. http：//baike. baidu. com/link？url = Kxv2VFo0vI3CzBcocxJQospckB0GiPy6TC5 _ 1xRQtfpx _ vd-Nxt-YaOi _ K45I-Xi-ex8MHEli _ WYjwYziyMsnwxEbax709iiXMkFL1Z_O.

进行讲评。

（5）小组成员填写实验实训报告。

6. 考核要求

（1）是否掌握培训效果评估的内容。

（2）各小组能否在规定时间完成实验内容。

（3）分析培训效果评估的必要性和注意事项。

（4）是否完整记录实验内容，文字表达是否准确、清晰。

（5）总成绩100分，实验成绩占70%，实验报告占30%。

7. 实验思考

（1）柯氏模型的每个层面分别考察哪方面的培训效果？

（2）在每个层面的考察中有哪些问题要注意？

（3）培训评估的必要性在哪里？

（4）培训评估的难点在哪里？

【参考资料】

表5-17　**新员工培训效果评估调查表**

部门/岗位　　　　　　姓名 公司新员工的入职培训已经告一段落，现就近期的系列培训，进行一次培训效果问卷调查。请各位员工，根据培训课程以及其自身的实际效果，结合自身工作需求，对培训效果的问卷认真、如实地进行回答。综合部将根据培训效果调查表的反馈，合理调整培训内容，使培训内容与实际工作结合，改进公司的培训管理工作。 您的建议，对我们很重要！ 1. 您对新员工入职培训的总体满意程度 □非常满意　□比较满意　□不太满意　□非常不满意 2. 您对培训期间，综合部后勤安排的满意程度 □非常满意　□比较满意　□不太满意　□非常不满意 3. 结合您的岗位，您认为新员工培训课程安排的合理程度 □非常合理　□比较合理　□不太合理　□非常不合理 4. 您能接受利用周末及业余时间参与培训吗 □非常接受　□比较接受　□不太接受　□非常不接受 5. 您认为最有效的培训方式是什么，请根据程度从大到小进行排列 □①在岗培训　□②集中授课　□③观摩学习　□④案例分析（座谈研讨） □⑤培训游戏　□⑥引导式自学（课题、报告）　□⑦演练操作　□其他方式

续表

6. 您认为自己最需要的培训课程是（可选 3~5 项）
□公司基本管理制度 □与岗位相关的专业技术知识 □商务礼仪与沟通技巧 □企业管理知识（□生产管理 □营销管理 □人力资源管理 □质量管理 □财务管理） □职业生涯规划 □公司文化（业务流程和组织架构） □其他

7. 您认为自己受益最大的培训课程是（可选 2~4 项）
□集团组织的新员工集中培训 □公司组织的新员工集中培训 □入职基础教育 □OA 操作 □质量管理体系 □混凝土专业系列培训 □仓管、生产等系列培训 □管理沟通技巧 □实践操作演练 □专业课题设计 □5S 管理 □其他

8. 您认为对自己学习触动最大的培训考核方式是什么，请根据程度从大到小进行排列
□①笔试 □②专业课题设计 □③实习报告/学习心得 □④多维度考察

9. 您在日常学习/工作中有碰到哪些问题使您感到困惑，并希望通过培训或讨论来提出解决方案？（请用文字说明）

10. 请您就公司的现状，结合您的岗位，谈谈您认为培训中应增加、减少、加强哪方面的培训内容，以便于让公司发展得更好。（请用文字说明）

11. 您对新员工整体培训工作的开展有何意见或建议？（请用文字说明）

表 5-18 **培训效果评估表**

课程内容：

培训日期： 培训地点：

受培训者姓名： 培训师姓名：

请就下面每一项进行评价，并请在相应的分数上打“✓”

	很差	一般	良好	很好
◆ 课程内容				
课程适合我的工作和个人发展需要	5	6 7	8	9 10
课程内容深度适宜、易于理解	5	6 7	8	9 10
课程内容切合实际、便于应用	5	6 7	8	9 10
◆ 培训师				
培训师有充分的准备	5	6 7	8	9 10
培训师表达清楚、态度友善	5	6 7	8	9 10
培训师对培训内容有精辟见解	5	6 7	8	9 10
培训师对进度和现场气氛把握得很好	5	6 7	8	9 10
培训方式生动多样并且鼓励参与	5	6 7	8	9 10

续表

◆ 参加此次培训的收获有： A. 获得了适用的新知识 B. 获得了新的管理观念 C. 理顺了过去工作中的一些模糊概念 D. 获得了可以在工作上应用的一些有效的技巧和技术 E. 促进客观地观察自己以及自己的工作，帮助对过去的工作进行总结和思考 F. 其他（请填写） ◆ 对本人工作上的帮助程度：A. 较小　B. 普通　C. 有效　D. 非常有效 ◆ 整体上，您对这次课程的满意程度是：A. 不满　B. 普通　C. 满意　D. 非常满意 您给予这次培训的总评分是（以 10 分计）：__________ ◆ 其他建议或培训需求：

注：1. 请如实填写，填妥后及时交给培训主管。

2. 请给予您真实的评估意见，以帮助我们对培训课程、形式等进行改进。谢谢您对我们工作的支持。

表 5-19　**学员行为有效性评估表**

姓名：	部门：
培训学时数：	培训讲师：
评估员工在接受培训后的行为变化	
行为或技术水平	具体行为描述
极好（7）	
非常好（6）	
好（5）	
一般（4）	
还可以（3）	
较差（2）	
无法接受（1）	
填表人：	填表日期：

表 5-20 **学员培训成效考评表**

评分级别 / 评价项目	A（明显提高）	B（提高）	C（无变化）	D（下降）	备注
1. 工作效率					
2. 工作质量					
3. 团队意识					
4. 工作态度					
5. 出勤情况					
6. 创新意识					
……					

第六章　绩效管理

知识要点

1. 绩效考核

(1) 绩效与绩效考核的基本含义。员工的工作绩效是指他们那些经过考评的工作行为、表现及结果。对组织而言，绩效就是工作任务在数量、质量及效率等方面的完成情况；对员工个人来说，则是上级和同事对自己工作状况的评价。

绩效考核是基于对组织目标的分析和分解，确定绩效计划，设计绩效指标，制定考评方法，进行绩效信息收集，实施绩效反馈面谈，对员工进行合理的绩效评价和管理，引导员工行为与组织目标相契合，改进和完善绩效计划等。

(2) 绩效考核的流程。绩效考核是在对组织目标进行分解和明确工作单元职责的基础上进行的人力资源管理环节之一，通过制订具体的绩效计划和绩效考核标准来引导和激励员工，使员工行为与组织目标相一致。具体地说，绩效管理分为绩效计划制订、绩效指标设计、绩效信息收集、绩效考核实施和绩效反馈面谈五个部分。绩效计划制订是绩效管理的第一个环节，也是绩效管理实施的前提和基础。在绩效计划制订阶段，人力资源管理者需要在明确组织使命与愿景的基础上，充分征求员工意见，设定绩效计划，确保绩效计划在组织内部的有效性，计划审定与确认之后，要让每位员工充分熟悉，作为工作的指向标。绩效指标的设计重点在于指标的选取及权重的计算，设计绩效指标要参考同类组织的做法，在与组织内部员工座谈了解情况的基础上进行，权重的计算可以结合员工和专家的意见，合理计算得出。绩效信息收集主要指的是影响到绩效考评结果的员工行为信息收集，它是绩效考核的一项基础性、常规性工作，其目的在于为绩效考评制定标准化的绩效指标，降低绩效测评的随意性。它不仅是绩效考评的直接客观依据，也是发现问题、改进绩效水平的途径之一，同时可以为员工和组织提供必要的利益保护。绩效考核方法指的是在绩效考评过程中具体的实施办法，不同的组织适用于不同的考核方法，要根据组织和员工的特点选择合适的考核方法。绩效反馈面谈是绩效考核不可或缺的重要环节，它是指在绩效管理过程中，绩效考核的结果确定后，部门主管与员工针对绩效考评的结果，结合员工的个人意见与观点进行面对面的交流与讨论，从而指导员工提高工作绩效、改进绩效计划、修订下一阶段绩效目标与标准的一项管理活动。

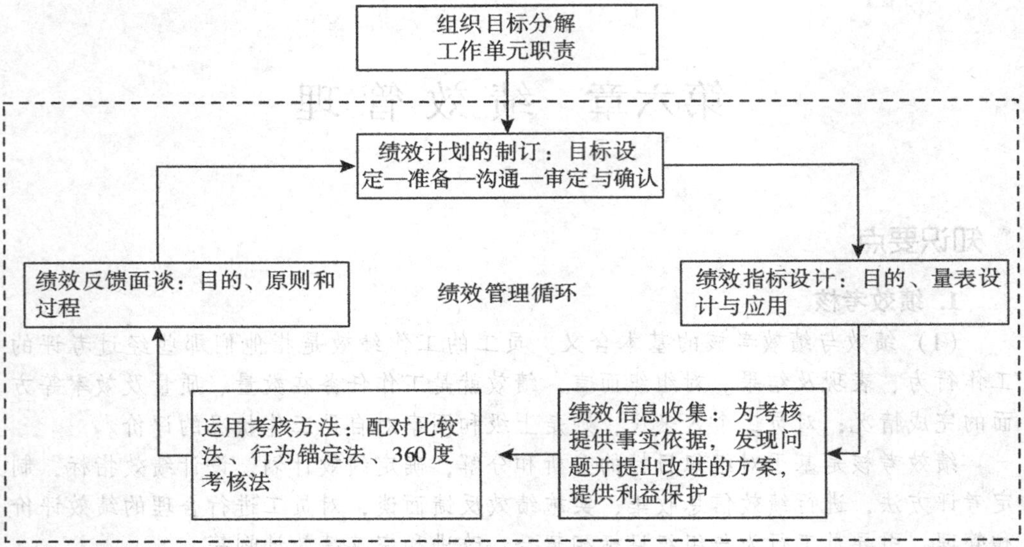

图 6-1 绩效考核的过程模型

（3）绩效计划制订。绩效计划制订是指绩效测评者与被测评者共同沟通，商定被测评者应该实现的绩效目标的过程。它包括岗位职责、目标设计与权重分配、绩效考核标准、实现绩效目标的措施及所需的支持和资源、各项绩效目标的完成时间和考核周期等多个方面。它实质上是一个组织目标自上而下逐步分解到个人目标并得到员工认同的目标确定过程，通过这一过程将个人目标、部门或团队目标与组织目标结合起来。

绩效计划书是绩效计划的书面表达形式，它是在测评者与被测评者双方明确各自权责的基础上制订出的绩效计划和评估表，在绩效测评过程中作为评估的契约和依据。

绩效计划的制订过程主要包括目标设定阶段、准备阶段、沟通阶段、审定与确认阶段。

（4）绩效考核指标设计。

①绩效指标及四个维度。所谓绩效指标，就是评价项目或评价因子。在评价过程中，人们要对被评价对象的各个方面或各个要素进行评估，而指向这些方面或要素的概念就是评价指标。

②权重及主要计算方式。指标的权重表明了该指标在整体评价中的相对重要程度，确定权重是对被评价对象不同侧面的重要程度的定量分配。权重突出了绩效目

标的重点要项，避免执行人避重就轻；它体现出意图引导和价值观念，直接影响员工的工作重点。

权重的计算方式主要包括专家集体意见法、德尔菲法、逐对比较法、层次分析法。

③绩效指标的信度与效度检验。信度是指测量工具反映被测量对象特征的可靠程度，或者是测量结果在不同条件下的一致性程度的指标，它是衡量工具可靠性和一致性的基本指针。它包括内部一致性信度、重测信度、平行（复本）信度、折半（分半）信度、评价者信度等几个方面。其中内部一致性检验是最主要的部分，它是根据评价体系内部结构的一致性程度，对测量信度作出评定。

效度是指测量工具在多大程度上测量到了真正想要测量的特质。从统计学上讲，效度是指测量结果与某种外部标准（即效标）之间的相关程度，相关程度越高，表明测量结果越有效。根据研究目的的不同，效度评定有多种方法。评价指标效度的评定主要通过经验判断进行，可以请一些熟悉该测量内容的人员来评判，并确定指标与所测量的内容范畴之间关系的密切程度。评价指标效度评定常用“内容效度系数”（Content Validity Ratio，CVR）来表示。它的计算公式为：

$$CVR = \frac{n_e - \frac{n}{2}}{\frac{n}{2}}$$

其中，n_e表示判断某项目具有代表性的人数，n 表示参加判断的人数。CVR 的值在-1 与+1 之间，值越大，表示效度越高。

④绩效指标选取。具体步骤包括对被测评人员的职位进行工作分析、在一定范围内进行问卷调查，根据被测评人员的岗位性质分别编写开放式问卷和封闭式问卷，或者在同一张问卷中设计两类题目，针对被测评对象进行群体访谈，对典型的个体进行个案研究，组织人力资源专家或人力资源主管讨论确定绩效考核指标，编写绩效指标的名称、定义、标志、标度。

⑤指标权重计算。本实验以较为复杂的层次分析法为例，层次分析法的基本步骤和内容主要包括六点：建立树状递阶层次结构模型，确立思维判断定量化的标度，构造判断矩阵，计算各判断矩阵的特征向量，检验判断矩阵的一致性、层次总排序和一致性检验。

⑥指标标准制定。具体步骤包括：按照计划标准、历史标准、客观标准、历史数据标准的类别确定指标标准的依据；从任职资格的行为标准中抽取或转换得出行为化指标；描述工作的预期标准；确定基准值；划分等级并界定范围；根据关键事件制定加减分法则。

⑦指标质量检验。检验指标的质量是保证所筛选指标可靠性和适用性的重要步

骤。指标质量检验主要包括检验指标的有效性、客观性、区分度和独立性等几个方面。指标质量检验是后续绩效评价的基础，也是有效绩效评价的重要保证。

(5) 绩效考核方法。

①配对比较法。配对比较法是一种同时将每一名员工与同一评估组中的其他员工进行比较的方法，即在每一个评估因素上把每一位员工与其他员工一一配对，分别进行比较。

配对比较法的实施步骤主要包括：选定待评价要素；清点被考评人的个数，记为n；划出（n+1）×（n+1）的表格，行标题和列标题分别为n个员工的姓名，注意顺序要保持一致；在左上角到右下角的对角线上的空格中填写0，意味着自己与自己的比较无意义；从第一行第一位员工开始，依次比较他与其他n-1位员工的绩效水平，如果他优于对比者，记为“+”，如果他不如对比者，记为“-”；所有员工都比较完后，计算每个人“+”的个数，按照每个人“+”的个数多进行排名。

②行为锚定法。行为锚定法是一种在传统的评级量表法的基础上演变而来，由评级量表法与关键事件法结合而成的考核方法。即每一水平的绩效均用某一标准行为来加以界定，并将可能行为的描述与该员工最常表现出来的行为进行对照，得出最终绩效等级。

行为锚定法的步骤主要包括：进行工作分析，获取关键事件；建立绩效评价等级，一般为5~9级；对关键事件重新加以分配；对关键事件进行评定；建立最终的工作绩效评价体系。

③360度考核法。360度考核法是一种从不同层面人员中收集评价信息，从多个角度对员工进行综合评价的方法。即由被评价者本人以及与他有密切关系的人，包括被评价者的上级、同事、下级、内部客户等，从多方位对评价者进行匿名评价，再由专业人员根据各方的评价结果对比被评价者的自我评价，向被评价者提供反馈信息，以达到鼓励被评价者巩固良好行为、提高能力水平的绩效评价目的的一种考评方法。

360度考核法的步骤主要包括：获取高层管理人员的支持和协助；组建评估队伍并进行培训，充分熟悉并掌握该技术；设计360度调查问卷，并检测问卷的信度和效度；分别由上级、下级、同级、相关客户及本人按各个维度标准进行评估（评估过程注意采用匿名方式，以保证人们愿意提供更为真实的信息）；统计分析并报告结果，充分反映问卷提供的信息。

④选择合适的考评工具和方法。在进行考评时，首先，要对被考评者进行岗位特点的分析；其次，总结和归纳岗位特点与员工绩效类型；最后，根据岗位与员工的特征，结合每种考评方法的特点，选择合适的考评方法。

(6) 绩效反馈面谈。绩效反馈面谈是绩效管理的最后一个环节，它是指在绩效管理过程中，绩效考评的结果确定后，部门主管与员工针对绩效考评的结果，结合员工的个人意见与观点进行面对面交流与讨论，从而指导员工提高工作绩效、改进绩效计划、修订下一阶段绩效目标与标准的一项管理活动。

绩效反馈面谈通常的步骤主要有：开场、员工自评、上级评价、讨论绩效表现、制订改进计划、讨论所需资源和支持及员工发展计划、重申下一阶段考评内容和目标以及确认评估结果。

实验一　绩效考核指标设计

1. 实验目的

加深对绩效考核指标概念和内涵的了解，熟悉绩效考核指标设计的主要方法及步骤，掌握绩效指标的选取方式、权重计算方式及指标检验方式，学会设计绩效考核指标体系。

2. 实验条件

多媒体教室或者实验室。

3. 实验时间

本次实验时间以 2 个课时为宜。

4. 实验内容

【案例材料】

SY 企业绩效考核指标设计案例分析①

（1）SY 公司概述。SY 公司建于 1950 年 5 月，是全国历史最悠久、最负盛名的特大型国有建筑企业之一。公司下设各类子公司和分支机构 50 余家，其中，拥有房屋建筑施工程特级资质企业 2 家，拥有建筑工程甲级设计资质企业 3 家，业务涉及工程承包、房地产开发、建材生产、对外投资、海外业务、科研设计六大板块，市场遍及全国 30 多个行政区，并将业务扩展到 20 多个国家和地区。在西南地区率先通过 ISO9001、ISO14001、OHSAS18001 三大体系认证。拥有国务院特殊津贴专家、四川省学术学科带头人、勘察设计大师、建造大师以及各类专业技术人员近 2 万人，建立了国家级实验室及博士后创新实践基地。拥有中国建筑科学类核心期刊《四川建筑科学研究》及建筑安全领域唯一面向国内外公开发行的《建筑安全》杂志。曾获“全国五一劳动奖状”“全国先进施工企业”“全国就业先进企业”“全国守合同，重信用”企业等

① 申玲美 . SY 企业绩效考核指标体系设计研究［D］. 长春：吉林大学，2013.

众多荣誉称号。

(2) SY公司人力资源管理及绩效考核现状。

①SY公司人力资源管理现状。SY的人力资源管理颇具特色，奉行“帮助员工成功”的用人理念；持续的每年五六千人规模的校园招聘，充分体现其解决就业问题的重要社会贡献，也特别受国内各高校青年学子的青睐；近期与德国普茨迈斯特公司的人力资源管理模式成功融合，凸显了其开放的人力资源管理思想和卓越的人力资源管理模式学习和创新能力。SY的人才发展模式一直受到社会各界广泛关注。近期少数媒体评论认为受制于行业低迷，SY可能面临裁员、降薪等困境。从SY发展的阶段特征来看，在一段时期内，从整体上还是处于稳健的扩张状态，对各类人才的需求仍然很强劲，还会为社会提供大量的就业机会。常规的人才结构性调整举措，如对于极少数考核不合格员工的调动，在各个企业都属于正常的人力资源流动，不存在紧缩的问题。从行业的长期态势看，同国外标杆企业已经步入成熟期不同，SY仍处于人力资源的快速积累期，无论是数量还是人才素质，都还在持续提升。SY自己办了企业大学，每年投入1亿元做培训，除了在职人员培训，还搭建了后备人才培养体系，开展“上岗一批，储备一批”的前瞻性培养。SY培训中心按照“以需求为导向，以质量为生命，以服务为保障”的方针，坚持“以企业内部职业资格认证和企业内训为核心，以员工公开课及技术人员实训为辅导”的培训战略，围绕“高技能人才培养、职业技能培训服务机构”的组织定位，全力开发人力资源，做大做强核心业务，通过不懈努力，逐渐培养、造就了一支能有效把握培训思路，掌握鉴定要点的高素质、高水平的职业资格培训教职工队伍，确保了企业员工的学习质量和职业认证等级通过率。从2011年开始，公司投入1000余万元，建立培训在线学习系统，进入人力资源信息化管理的E时代。员工可以通过电脑自助在线学习专业课程和考试，节约了培训时间和行政管理成本，目前在线学习比例已经占到60%，极大地丰富了培训形式和内容。利用先进的远程授课技术与优秀的师资，为学员提供更多更好、质量优秀、节省时间的培训课程。从宏观形势上看，国家正在面临人口红利的拐点，产业结构也在发生深刻调整，SY的人力资源也正经由“量”到“质”的模式转变，一方面有意识地控制员工数量的增长，加强内部培训，提高员工技能，促进劳动效率的提升；另一方面，选好人，用准人。通过建立公平显性的绩效考核体系和内部人才市场体系，区分人才。

②SY公司绩效考核现状。虽然SY公司近年来迅速发展，但与国外优秀企业相比，仍然存在一定的差距。事实上，公司目前所取得的优异成绩，一步步的逐渐成长，都是创始人之后一代代员工努力拼搏的结果。然而面对当前日益加剧的行业内竞争和国内威胁和机遇共存的关键时期，公司的人力资源管理

遇到了瓶颈，突出体现在绩效考核方面。由于公司的绩效考核体系建立较早，随着公司近年来的飞速发展，可以说一个完善的公司层面、部门层面及个人层面的绩效考核制度体系一直也没有很好的确立，进而导致公司人力资源管理存在问题，部分中层、底层员工满腹牢骚，公司领导层也非常困惑，这迫使 SY 公司认真分析企业绩效考核方面存在的问题，认真研究解决方案。表 6-1 即是目前 SY 公司的绩效考核层次和体系。

表 6-1　　**SY 公司绩效考核层次和体系表**

考核层次	考核主体及部门	考核客体	考核周期	合约形式
公司层面	绩效委员会、财务总部	事业部、子公司	年度、月度	年度绩效合约
部门层面	总经办、财务本部	一级部门	年度、月度	年度绩效合约、月度绩效评比
个人层面	人力资源本部、部门长（授权主管）	员工	年度、月度	年度绩效合约、月度绩效评比

从表 6-1 可以看到 SY 公司目前的绩效考核层级以及考核主体、考核形式等内容，但现阶段 SY 公司绩效考核方式仍不完善，公司的绩效管理流于形式。对于当前 SY 公司而言，其自身的发展速度处于一种超常增长的状态，这种模式从某种意义上说并不一定是健康的，如相伴而来的 SY 公司组织结构方面的快速膨胀、SY 公司相关员工队伍的不断扩充、公司内部现有管理技能的相对短缺，公司相关管理流程不健全等都在或即将成为 SY 公司长期健康发展较大的制约因素。事实上，上述问题的有效解决可以归结到一个关键问题的解决，即 SY 公司的绩效管理问题的改善，有效的绩效管理体系能够针对这些问题提出切实可行的解决方案，其本质，实际上就是对 SY 公司运营机制的动态性控制和结果性体现。

目前，SY 公司各部门的直接负责人每年年终都要按照公司总部要求上交一份部门工作总结报告书，报告书中同时包括了 SY 公司工作内容方面的相关汇报，也包含了 SY 公司部门负责人对部门所属员工的相关评价。但从 SY 公司每年部门负责人所提交的报告书中对于员工的评语内容上来看，较少见到严厉批评的词语，都是一些积极表扬的内容，如“培训部的每一位员工的工作都非常积极，除了遵守公司规章制度外，还能够相互合作”等。事实上，从绩效管理的角度上看，SY 公司对员工的这种评估仅仅是为评估而评估，太过于泛化，缺乏明确的评估内容和目的。评估的结果常常不公开，评估者与被评估者的沟通明显不够。

SY 公司指标的设定为各部门负责人单独制定，各部门之间缺乏沟通，从考察中可以看到，SY公司现有的绩效考核办法仅仅是在总则之下的制度上的原则规定，而对于评估和整个绩效管理如何进行，缺乏可执行的规定。SY公司的个人绩效考核流程如图6-2所示。

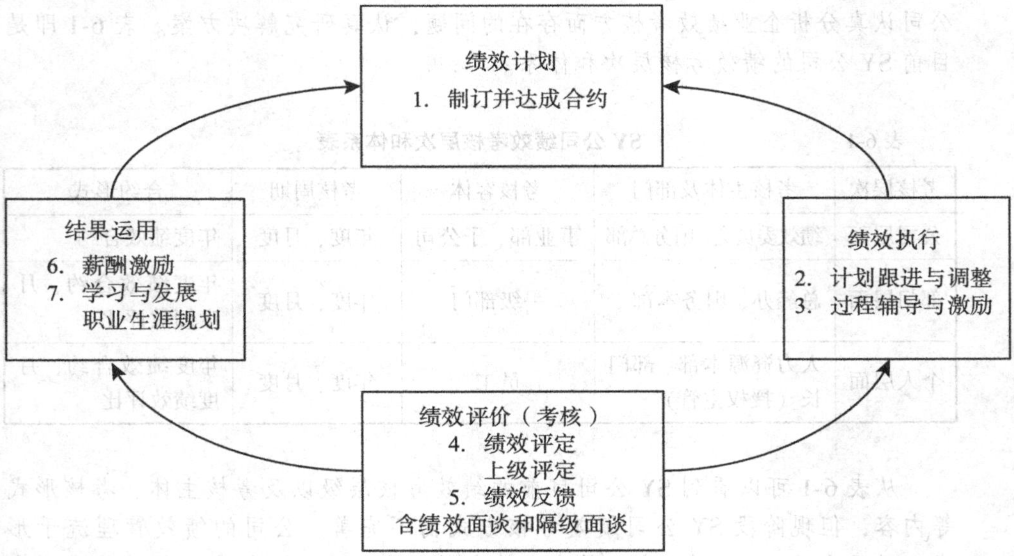

图6-2 SY公司的个人绩效考核流程

从图6-2中可以看到，SY公司的个人绩效考核流程相对完善，但依据笔者长期在公司中的实践经验可以发现，SY公司目前的个人绩效考核仍没有建立系统的绩效考核体系，一个科学合理的绩效评估指标体系根本没有形成，从现有的绩效考核指标中可以看到定性判断比定量判断更多，这样考核出的评估结果很容易附带感情色彩，如果评估者个人喜好某员工，与某员工的关系好，难保不会影响到客观的考评结果。

除上述之外，SY公司的绩效考核现状的其他表现还有公司员工与公司管理层之间持续的沟通不畅。如前文所述，一般在考核前，公司员工与公司管理层通过目标管理的方式来确认应达成的具体工作标准。考核结束以后，公司员工与公司管理层还要通过面谈来共同就今后的改进方案达成一致。SY公司在这方面做的不好。此外，SY公司的绩效考核在与公司的薪酬设计挂钩方面存在问题，虽然近年来得到了很好的改进。事实上，绩效考核在与薪酬设计挂钩方面，SY公司也存在现实难处，挂钩过于紧密，也会与公司战略目标脱节，产生局部与总体的不和谐。如SY公司各部门的绩效考核目标都得到了较好的完成，但SY公司企业整体的绩效却没能较好的完成。

◎ **案例讨论：**

（1）请分析 SY 公司绩效考核指标设计存在的问题。

（2）试根据上述案例材料重新设计绩效考核指标体系。

5. 实验步骤

（1）准备工作：教师统一讲授实验内容、实验要求与实训任务，并告知考核办法。

（2）划分小组：教师确定实训小组，组成绩效考评指标设计小组，并分配角色，一般以每组 4~5 人为宜。

（3）小组讨论：每个小组仔细阅读案例材料，分析绩效考评指标设计的作用与意义。

（4）运用本节所讲的指标选取及权重设计方法，设计一套绩效考评指标，并讨论各种权重确定方法的优劣区别。

（5）点评总结：各小组进行交流展示，教师对小组作业予以讲解和点评。

6. 考核要求

（1）是否掌握绩效考核指标的基本内容。

（2）各小组能否在规定时间内完成实验内容。

（3）案例分析是否准确、合理。

（4）是否完整记录实验内容，文字表达是否准确、清晰。

（5）总成绩 100 分，实验成绩占 70%，实验报告占 30%。

7. 实验思考

（1）绩效考核指标设计需要遵循的原则有哪些？

（2）绩效考核指标设计存在哪些方法？

（3）绩效考核指标设计的流程和步骤是什么？

【参考资料】

表 6-2　**人力资源管理实验实训报告**

姓名：　　专业：　　班级：　　实训日期：　　年　月　日

实训项目名称		实训目的	
实训内容		实训材料	
实训过程		实训结果或结论	
收获与体会		改进意见	
评价意见	指导老师： 年　月　日		

实验二 绩效考核技术

1. 实验目的

(1) 明确绩效考核技术的方法及种类。

(2) 掌握绩效考核技术的实施步骤和方法。

(3) 了解绩效考核的作用和意义。

2. 实验条件

多媒体教室或者实验室。

3. 实验时间

本次实验时间以 2 个课时为宜。

4. 实验内容

【案例材料 1】

X 公司研发人员绩效考核案例分析①

(1) X 公司概况。X 通信网络维护有限公司主要经营范围有：通信网络设备维护；研究、开发计算机网络、通信、传感技术，并提供相关咨询；销售、租赁通信器材以及其他电子产品；非开挖地下管线敷设及相关设备的制造、销售；技术服务等产品。公司尊崇“踏实、拼搏、责任”的企业精神，并以诚信、共赢、开创经营的理念，创造良好的企业环境，以全新的管理模式，完善的技术，周到的服务，卓越的品质为生存根本，X 公司始终坚持用户至上，用心服务于客户，坚持用自己的服务去打动客户。

面对竞争日益激烈的通信市场，公司在进一步增强产品技术优势，不断强化市场营销和技术服务网络建设的同时，也深深感到公司原有小规模条件下的管理模式已不能适应日益发展壮大的需要，公司迫切需要进行体制变革以适应公司步入高速增长期对人力和物力有效管理的需求。而首先需要健全的就是绩效考核体制。

(2) 公司绩效考核体系现状。该公司研发人员的待遇由基本工资和提成奖金组成。公司基本工资偏低，基本工资的调整缺乏制度，往往要开发人员主动提出才调整工资，有经验的员工、老员工和新员工之间工资差距比较小。在奖金方面，按照研发人员个人开发出来的产品销售后的毛利的一定百分比进行

① 研发人员的绩效和薪酬管理. [EB/OL]. [2016-07-16]. http: //blog. ceconlinebbs. com/BLOG_ARTICLE_68067. HTML.

提成奖励。公司成立后的几年，因为行业竞争不太激烈，产品毛利率比较高，公司研发人员较少，基本工资加上提成有一定的吸引力。

2004年以来，竞争越来越激烈，同行纷纷提高工资待遇以吸引优秀人才。X公司管理层也意识到市场正在发生变化，企业核心能力必须从生产和销售向产品和技术研发方向转变，必须构建自己的研发优势。所以不断引进人才，包括很多有经验的博士生、硕士研究生和应届研究生。但在不断引进人才的同时，公司内有经验的人才却纷纷流失，使公司的研发部成了行业培训中心之一。

同时，公司管理层发现研发部的问题越来越严重。研发人员只是对自己开发的产品负责，对其他事情毫无兴趣；研发部不是一个团队，而是单兵作战；老员工不愿意共享经验，每当员工离职都给公司带来重大创伤；公司想发展的产品没有人开发，开发难度大、销售量小的产品也没有人开发；因为不同产品的市场容量相差很大，导致员工之间的收入差距非常大；新的开发人员来了以后只能自己摸索，从头做起，浪费大量的时间和试验材料，等等。

◎ **案例讨论：**

（1）X公司研发人员现有绩效考核体系存在的问题主要有哪些？

（2）试运用360度考核和关键绩效指标等方法对X公司研发人员的绩效考核体系进行重新设计。

【案例材料2】

ESP公司绩效管理案例①

（1）ESP公司人力资源状况简介。ESP（中国）有限公司是日本ESP在中国的全资子公司，投资规模在4500万美金以上，定位为ESP集团在中国地区的总部，于2013年12月正式注册成立。公司目前坐落于苏州工业园区，建筑面积约40000平米。业务范围包括医药临床试验的专业外包、计算机软件开发的服务外包、医药医疗器材销售和生产等相关业务等。ESP公司组织架构如图6-3所示。

ESP公司人力资源现状特点如下：

① 性别结构。至目前为止，公司总人数为162人，其中男性35人，占比22%，女性127人，占比78%。

---

① 陈仕考．基于胜任力的绩效管理体系研究——以ESP公司为例［D］．苏州：苏州大学，2012.

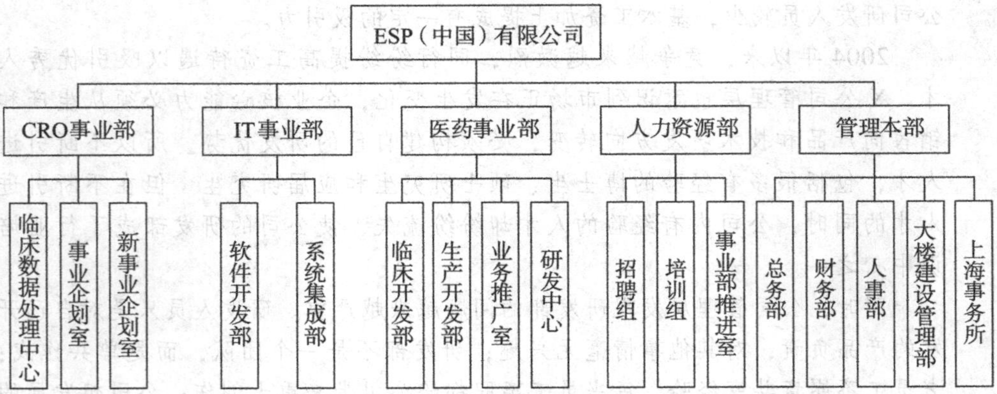

图 6-3 ESP 公司组织架构

② 学历结构。至目前为止，公司的 162 人中，本科生占大多数，为 121 人，大专生 26 人，研究生 9 人，博士生 3 人，中专生及以下有 3 人，本科学历以上人数占比超过 80%。

③ 年龄结构。公司总人数 162，其中 20~25 岁的人员 115 人，26~30 岁的人员 27 人，31~35 岁的人员 8 人，36~40 岁的人员 4 人，41 岁以上人员 8 人。

④ ESP 公司人员的专业以日语、医药、计算机为主，如表 6-3 所示。

表 6-3 **ESP 公司人员专业分布**

专业	业务部门（138 人）		行政部门（24 人）		汇总（162 人）	
	数值	比例	数值	比例	数值	比例
医药相关	36	26.1%	1	4.2%	37	22.8%
计算机相关	10	7.2%	3	12.5%	13	8.0%
医药+日语	9	6.5%	0	0.0%	9	5.6%
日语	70	50.7%	7	29.2%	77	47.5%
其他专业	10	7.2%	16	66.7%	26	16.0%

⑤ ESP 公司人力资源特点分析。ESP 公司为知识型员工占据多数的科技型服务企业，与非知识型员工在个人特质、心理需求、价值观念及工作方式等方面有着诸多的特殊性：第一，具有相应的专业特长和较高的个人素质；第

二，具有实现自我价值的强烈愿望；第三，高度重视成就激励和精神激励；第四，具有强烈的个性及对权势的蔑视；第五，工作选择的高流动性。

（2）ESP 公司原有绩效管理体系及存在的问题。

① 绩效管理系统的重点在于绩效考评。ESP 公司绩效管理体系中，没有绩效监控与辅导环节，没有绩效计划与目标分解环节，绩效考评注重上级打分，缺乏深度的绩效反馈面谈以及绩效改进计划。

② 绩效考评内容基于“德能勤绩”的传统考评。ESP 绩效考评表的设计内容包括完成业绩目标、具备的知识与能力、工作积极性、态度配合程度、个人品德、个人出勤状况等。

③ 绩效考评的方法：直接上级、间接上级二级考评。ESP 公司实施直接上级评分占比 70%、间接上级占比 30%的二级考评方法。

④ 考评周期：集中于年终考评。

⑤ 绩效考评的结果应用：集中于年底发放年终奖金以及职务职级晋升。

◎ **案例讨论：**

请根据以上案例分析 ESP 公司绩效管理存在的主要问题，分析其原因，并在此基础上结合胜任力设计 ESP 公司的绩效管理体系。

5. 实验步骤

（1）准备工作：教师统一讲授实验内容、实验要求与实训任务，并告知考核办法。

（2）划分小组：教师确定实训小组，一般以每组 5~6 人为宜。

（3）小组讨论：每个小组仔细阅读案例材料，分析绩效考核技术的作用与意义。

（4）小组展示：各小组将所讨论的结果和设计方案做成 PPT 进行交流展示。

（5）点评总结：教师对小组作业予以讲解和点评。

6. 考核要求

（1）是否掌握不同的绩效考核方法。

（2）能否在规定时间内完成测试内容。

（3）分析不同绩效考核方法的优缺点和注意事项。

（4）是否完整记录实验内容，文字表达是否准确、清晰。

（5）总成绩 100 分，实验成绩占 70%，实验报告占 30%。

7. 实验思考

（1）绩效考核有哪些方法？

（2）不同绩效考核方法之间的优缺点分别是什么？

【参考资料】

表 6-4 人力资源管理实验实训报告

姓名： 专业： 班级： 实训日期： 年 月 日

实训项目名称		实训目的	
实训内容		实训材料	
实训过程		实训结果或结论	
收获与体会		改进意见	
评价意见	指导老师： 年 月 日		

实验三 绩效反馈面谈

1. 实验目的

通过本实验使学生理解绩效沟通的重要意义和作用，掌握绩效沟通的基本原则，包括组织信息时的完全性原则和对称性原则以及三个合理定位原则，即对事不对人的定位原则、责任导向的定位原则和事实导向的定位原则，并要求掌握绩效沟通的技巧，能够熟练地进行日常的绩效沟通和正确地进行绩效反馈面谈。

2. 实验条件

多媒体教室或者实验室。

3. 实验时间

本次实验时间以 2 个课时为宜。

4. 实验内容

【案例材料 1】

绩效反馈面谈模拟背景案例①

这是一家家电公司，一个角色是公司的人力资源部经理李林，负责公司的人力资源管理工作，另一个角色是人力资源部招聘专员小陈，主要负责招聘工

① 绩效反馈面谈模拟背景案例［EB/OL］.［2016-08-17］. http://wenku.baidu.com/view/c1c88f0c79563c1ec5da717c.html.

作，是被考核者。

小陈来公司也有一年多的时间了，平日里都能认真完成自己的手头工作，做事非常努力，但为人沉默寡言，与公司其他部门的人员接触较少，是个埋头苦干的角色。前一段时间，小陈给几个有岗位空缺的部门招了一些人员，就能力而言，大多比较优秀，但都存在一个问题：适应性比较慢，在工作中经常出现问题，影响了部门的整体业绩。这个考核周期结束后，总经理就提前一周给小陈打电话，叫他下周三上午到他办公室进行上季度的绩效反馈面谈。面谈前，小陈已经写好了上季度的工作述职报告，并且提前交给了李总。

表 6-5　**小陈的工作述职报告**

考核指标	指标说明	考核周期	完成情况
招聘质量	通过有效的面试、选拔流程，以确保入职者质量的程度	月	新员工个人能力较好，但适应能力较差。距离目标有一定的差距
招聘时限	从某一招聘任务获得批准后到达人力资源部开始到任职者上岗的时间，统称为招聘时间。即各层级人员招聘时间期限	月	在规定时间内，完成招聘工作
招聘成本	从招募到录用整个过程中的所有经费预算及其实际支出和控制情况	季度	成本控制良好

◎ **案例讨论：**

模拟人力资源部经理李林和招聘专员小陈的绩效反馈面谈情景并分析其效果。

【案例材料 2】

一次绩效反馈面谈诊断①

2007 年年底的一个周三下午，安徽合肥高新区某 IT 公司销售部员工张三被其主管销售部赵经理请到了二楼会议室。张三进门时，看见赵经理正站在窗户边打手机，脸色不大好看。约五分钟后，赵经理匆匆挂了电话说：“刚接到公司一个客户的电话，前天人力资源部部长找我谈了谈，希望我们销售部能带

① 案例探讨：一次绩效反馈面谈诊断［EB/OL］．［2016-08-17］．http：//wenku. baidu. com/view/207fe966f5335a8102d22054. html? from=search.

头实施面谈。我本打算提前通知你，好让你有个思想准备。不过我这几天事情比较多，而且我们平时也常沟通，所以就临时决定今天下午和你聊聊。”

等张三坐下后，赵经理接着说：“其实刚才是蚌埠的李总打来电话，说我们的设备出问题了。他给你打过电话，是吧？”张三一听，顿时紧张起来：“经理，我接到电话后认为他们自己能够解决这个问题，就没放在心上。”张三心想：这李总肯定向赵经理说我的坏话了！于是变得愈加紧张，脸色也变得很难看。

“不解决客户的问题怎么行呢？现在市场竞争这么激烈，你可不能犯这种低级错误呀！这件事等明天你把它处理好，现在先不谈了。”说着赵经理拿出一张纸，上面有几行手写的字，张三坐在对面没看清楚。赵经理接着说：“这次的绩效考评结果我想你也早就猜到了，根据你的销售业绩，你今年业绩最差。小张呀，做市场是需要头脑的，不是每天都出去跑就能跑到业务的。你看和你一起进公司的小李，那小伙子多能干，你要向他多学着点儿！”张三从赵经理的目光中先是看到了批评与冷漠，接着又看到了他对小李的欣赏，张三心里感到了刺痛。

“经理，我今年的业绩不佳，那是有客观原因的。蚌埠、淮南等城市经济落后，产品市场还不成熟，跟江浙地区不能比。为了开拓市场，我可费了很多心血才有这些成绩的。再说了，小李业绩好那是因为……”张三似乎有满肚子的委屈，他还想往下讲却被赵经理打断了。“小张，你说的客观原因我也能理解，可是我也无能为力，帮不了你啊！再说，你来的比他们晚，他们在江浙那边已经打下了一片市场，有了良好的基础，我总不能把别人做的市场平白无故地交给你啊。你说呢？”赵经理无奈地看着张三说。“经理，这么说我今年的奖金倒数了？”张三变得沮丧起来。

正在这时销售部的小吴匆匆跑来，让赵经理去办公室接一个电话。赵经理匆匆离去，让张三稍等片刻。于是，张三坐在会议室里，心情忐忑地回味着经理刚才讲过的话。大约过了三分钟，赵经理匆匆回到了会议室坐下来。

“我们刚才谈到哪儿了？”赵经理显然把话头丢了。张三只得提醒他说到自己今年的奖金了。

“小张，眼光要放长远，不能只盯着一时的利益得失。今年业绩不好，以后会好起来的。你还年轻，很有潜力，好好干会干出成绩来的。”赵经理试图鼓励张三。

“我该怎么才能把销售业绩做得更好呢？希望经理你能多帮帮我呀！”张三流露出恳切的眼神。

“做销售要对自己有信心，还要有耐心，慢慢来。想当年我开辟南京市场时，也是花了近一年的时间才有了些成效。那个时候公司规模小，总经理整天带着我们跑市场。现在我们已经有一定的市场占有率了，公司知名度也有所提高，应该讲现在比我们那时候打市场要容易些了。”

张三本正打算就几个具体的问题请教赵经理时，赵经理的手机突然响了，他看了一眼号码，匆忙对张三说：“我要下班接儿子去了，今天的面谈就到这里吧，以后好好干！”说罢匆匆地离开了会议室，身后留下了一脸困惑的张三……

◎ **案例讨论：**

请根据上述材料分析该案例中绩效反馈面谈存在的主要问题。

5. 实验步骤

（1）角色分工：由指导教师介绍本实验中要扮演的角色。学生分成小组，每个组派出两位同学，一位同学扮演庞副总，另一位同学扮演人力资源部张经理，其他小组成员是观察者。观察者要阅读“观察者角色说明”“庞副总角色说明”和“人力资源部张经理角色说明”三份文件，被选出扮演庞副总和张经理的两位小组成员只阅读各自要扮演的角色的说明文件。

（2）绩效反馈面谈：上司约见下属进行绩效反馈面谈。在这个过程中观察者保持沉默，但以“观察者角色说明”为指导，记录谈话过程和内容。在谈话过程结束后，观察者对上司和下属两人给予反馈。

（3）讨论问题：说明谈话是如何开始的，指出谈话过程的不妥当之处、说明谈话过程中的不妥当之处应该如何改正，双方准备是否充分，思想上是否重视，上司和下属应如何做才能使绩效反馈面谈取得理想效果。

（4）再次进行绩效反馈面谈：上司针对讨论中提出的改进建议，再次约见下属进行绩效反馈面谈。在这个过程中观察者保持沉默，仍以“观察者角色说明”为指导，记录谈话过程和内容。在谈话过程结束后，观察者对上司和下属两人给予反馈。

（5）再次讨论问题：再次进行讨论，将本次绩效反馈面谈与上次绩效反馈面谈进行对比，讨论本次面谈与上次面谈相比有哪些改进，取得了什么效果，还存在哪些问题，应该如何进一步改进。

（6）对整个绩效反馈面谈过程进行总结，并形成书面的实训报告。

6. 实验要求

（1）是否掌握绩效反馈面谈的基本原则、要领和方法。

（2）观察者能否较完整地记录并指出面谈中需要改进之处。

（3）第二次面谈同第一次面谈相比有没有改进？有哪些改进？改进之后效果如何？

（4）能否理解绩效反馈面谈的战略意义和重要作用。

（5）总成绩 100 分，实验成绩占 70%，实验报告占 30%。

7. 实验思考

（1）绩效反馈面谈当中需要注意哪些问题？

（2）绩效反馈面谈的作用是什么？

【参考资料】

表 6-6 **人力资源管理实验实训报告**

姓名：　　专业：　　班级：　　实训日期：　　年　月　日

实训项目名称		实训目的	
实训内容		实训材料	
实训过程		实训结果或结论	
收获与体会		改进意见	
评价意见	指导老师： 年　月　日		

第七章　薪酬福利

》知识要点

1. 职位评价

（1）职位评价的含义与作用。职位评价是根据岗位职责、工作内容、技能要求等因素确定企业内部各职位相对价值的过程。

职位评价的作用有两点：第一是确定职位级别的手段，职位评价作为确定薪资结构的有效的支持性工具，可以清楚衡量职位间的相对价值；第二是建立薪酬内部公平性的基础，在企业里人们常常根据岗位的贡献度来确定薪酬。一名财务经理和一名销售经理相比，谁应该获得更好的报酬？职位评价可以确定不同职位之间的贡献价值，因而可以给我们答案。

通过评价职位本身所具有的特性（比如：职位对企业的影响，职责范围，贡献大小，责任大小、任职条件），企业可以确定职位相对价值，并在此基础上确定各职位的薪酬级别和职位待遇，从而保证企业薪酬具有内部公平性。

（2）职位评价的主要方法和流程。常见的职位评价方法主要包括四种，即排序法、分类法、因素比较法和要素计点法。其中排序法和分类法属于定性评价法，而因素比较法和要素计点法是定量评价法。

职位评价是一个系统的过程，其步骤主要包括：选择需要进行评价的典型职位，选择职位评价方法，组建职位评价委员会，对职位评价成员进行培训，进行职位评价，划分职位职责等，最后在职位评价和职位等级初步完成后，要与员工进行沟通反馈，以取得员工的理解和认同，有必要建立申诉机制，避免个别职位评价结果有失公正。

2. 薪酬设计

（1）薪酬设计模型——布朗四叶模型。布朗德薪酬设计价值分析四叶模型说明了企业在设计薪酬时必须考虑的价值因素，进而通过评估确定相应因素的薪酬支付标准。市场因素，即企业在设计薪酬时离不开对人才薪酬市场的分析和判断。岗位因素，即薪酬支付对象（员工）所在岗位的责任大小和相对重要性。能力因素，即薪酬支付对象身上承载的企业发展所需的知识、能力和经验多少及相对重要性（价值判断），并通过能力评估来制定相应的能力薪酬标准。绩效因

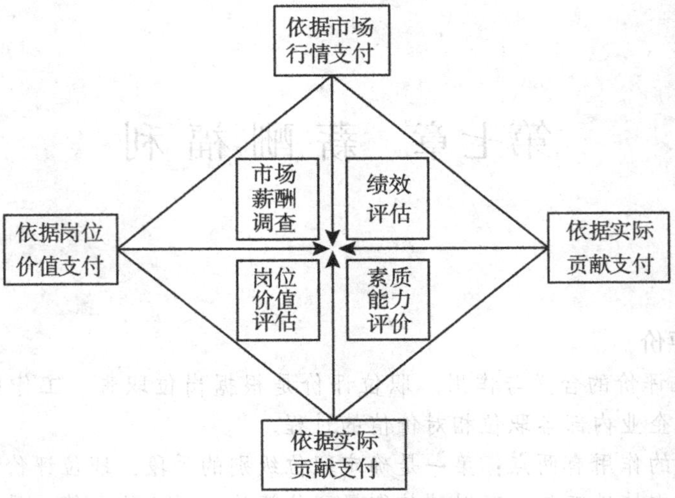

图 7-1 布朗四叶模型

素，即薪酬支付对象为企业创造业绩的多少和相对重要性（价值判断），主要通过奖金来实现。

(2) 薪酬方案设计及一般流程。结构薪酬又称分解工资制或组合工资制，是基于工资的不同功能划分成若干相对独立的工资单元，各单元又规定不同的结构系数，组成有质的区分和量的比例关系的工资结构。

绩效薪酬是为了奖励达到某些绩效标准的员工和激励员工实现某些绩效目标而支付的激励性薪酬。绩效薪酬包括绩效加薪、一次性奖金和特殊绩效奖励等基本形式。企业在发放绩效薪酬时，首先要明确总体绩效薪酬或效益系数，再按照一定发放标准落实到个人。

技能薪酬是指组织根据员工所掌握的与工作有关的技能、能力以及知识的深度和广度来支付基本薪酬的一种报酬制度。技能薪酬设计中最重要的工作在于确定技能等级并为之定价。

薪酬设计的一般流程主要包括：制定薪酬策略，职位分析与评价，进行薪酬调查，设计薪酬结构，工资分等定薪，评审与修订。

实验一 职位评价

1. 实验目的

认识职位评价在薪酬设计中的作用，了解职位评价的流程，掌握职位评价的主要方法。

2. 实验条件

多媒体教室或者实验室。

3. 实验时间

本次实验时间以2个课时为宜。

4. 实验内容

【案例材料】

HS公司职位评价案例①

HS建设有限公司总部位于浙江省嘉兴，于1999年经工商局注册登记，是嘉兴市体改委批准的嘉兴市建筑装饰行业唯一实行集团化管理的企业。公司具有建筑装饰装修工程专业承包一级资质、工程设计甲级资质、安全技术防范设施设计施工二级资质、建筑智能化工程专业承包三级资质、机电设备安装工程三级资质、省建设厅批准的安全许可证。并取得ISO9001：2008质量管理体系标准、ISO14001：2004环境管理体系标准、GB/T28001-2001职业健康安全管理体系标准认证。

近年来公司业务高速发展，但管理能力却未能跟上步伐，与公司发展脱节。薪酬体系不健全是其中最为突出的问题之一。虽然企业薪酬水平在行业内具有较强竞争力，但薪酬的激励性不足，存在部分员工对其认可度不高，且认为存在不公平的现象。此外，企业经过调查发现，大约只有15%的员工觉得薪酬与回报基本对等，而大部分员工认为薪酬与回报不对等。

鉴于此，企业试图建立一个新的薪酬体系从而提高员工的满意度和薪酬的公平性与激励性。为了提升薪酬的公平性，公司拟构建以岗位价值为基础的薪酬体系，因此准备对公司所有的50个岗位进行职位评价。表7-1至表7-8是其中几个典型职位的岗位说明书。

表7-1 **综合管理中心总经理岗位说明书**

岗位名称	所属中心	岗位定员	岗位编号
总经理	综合管理中心		

① 瞿海燕，赵荔，陆慧．人力资源管理实验教程［M］．北京：中国财政经济出版社，2012：227-254.

续表

岗位在组织中的位置	
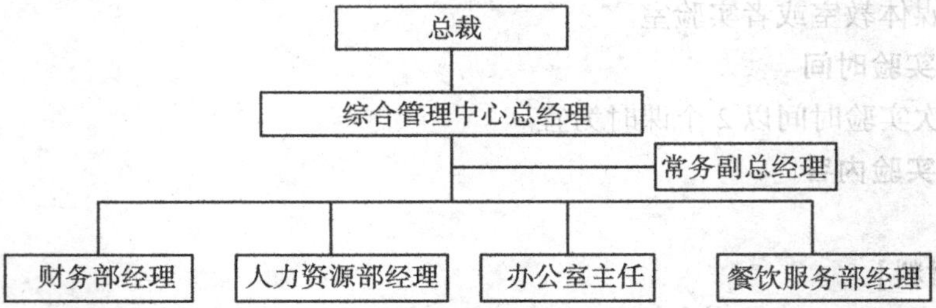	
主要联系单位和部门	
内部联系	
外部联系	
主要工作内容	
1	在总裁领导下主持财务、人力资源、行政综合及后勤保障等工作
2	负责建立健全财务管理体系；审核资金预算、计划及使用、防范财务风险
3	负责审核并督促执行年度人力资源发展计划、培训计划
4	负责督促执行公司绩效管理制度
5	对所属部室经理、副经理等职务任免和薪酬激励提出建议。督促所属部室按工作业绩进行考核激励
6	负责审核上行公文及对外报导文章及相关调研工作资料，负责审核、督促执行企业形象宣传工作计划
7	负责推进公司企业文化建设
8	负责督促执行建筑业企业资质管理工作
9	监督餐厅日常运营工作
10	完成总裁布置的其他工作

表 7-2　**财务管理部经理岗位说明书**

一、岗位基本信息			
岗位名称	所属部门	直接上级岗位	直接下级岗位
财务管理部经理	财务管理部	公司领导班子	财务管理部副经理、会计核算岗、税务档案岗、内部银行会计、出纳岗

续表

二、岗位设置目的	
主持财务管理部工作，全面负责预算管理、资金管理和会计核算工作	
三、在组织中的位置	
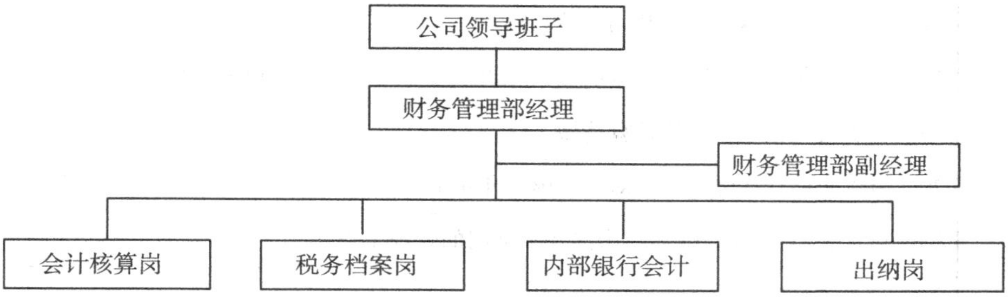	
四、岗位工作内容	
主要工作内容	
1	组织编制公司总部财务预算
2	指导分公司编制财务预算
3	制定公司资金管理政策
4	审核分公司资金计划，为资金调剂和融资做好准备
5	编制公司汇总资金计划，协助公司领导统筹全公司资金调度
6	负责审核公司内部信贷业务，包括贷款的用途、利息
7	按照会计制度建立财务账目；出具工程项目日月资金收支报表，上报公司相关职能部门和领导，并对可能存在的重大问题提出预警
8	根据投资、经营计划制定公司融资规划和基本管理政策
9	负责开设内、外（市内）银行账户，向各商业银行筹措资金，按期偿还银行贷款
10	审核分公司项目融资计划，确定项目借款计划额度
11	协助清理回收难度大的工程款
12	负责组织公司日常会计核算、财务报表编制
13	按规定保管好部门财务印章
14	加强工程项目管理，掌握项目资金动态，做好工程项目资金的使用，遵守与分析，协助相关管理部门做好各种往来款项的清理工作

续表

15	负责落实监督公司内部承包风险抵押金缴纳、第三方担保等情况
16	负责公司税务管理以及税务登记证的保管、使用，遵守各项税收政策，配合税务机关的检查
17	提供工程成本及账面利润考核数据
18	负责与税务部门联系，争取税收优惠政策并进行合理的税务筹划
19	负责公司企业所得税核算清缴工作
20	负责协助会计师事务所对公司财务年报的审计工作
21	负责公司 QEO 管理体系中涉及本部门的管理工作
22	公司领导交办的其他工作

五、任职资格要求

维　度	要　　求
学历要求	本科及以上学历
专业要求	会计或经济类专业
知识要求	具备相应的财务管理知识、行政管理知识、法律知识
技术资格	持有会计从业资格证书、会计师以上职称
经验要求	具有 7 年会计工作经验
其他要求	能够熟练使用各种办公室软件和各种财务软件，具备基本的网络知识，具有较强的领导能力、判断与决策能力、人际能力、沟通能力、影响力、计划与执行能力

表 7-3　　人力资源部经理岗位说明书

一、岗位基本信息

岗位名称	所属部门	直接上级岗位	直接下级岗位
人力资源部经理	人力资源部	公司领导班子	人力资源部副经理、薪酬福利岗、培训开发岗、保险事务岗

二、岗位设置目的

统筹公司人力资源工作，全面主持招聘、培训、考核、薪酬、保险等工作

续表

三、在组织中的位置

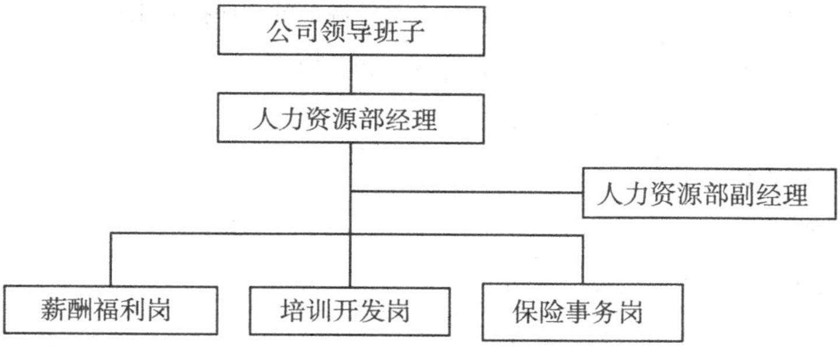

四、岗位工作内容	
主要工作内容	
1	根据公司总体发展战略目标，制定公司人力资源战略发展规划
2	编制年度人力资源需求计划表，经公司领导批准后组织实施
3	负责公司各部门/单位确定岗位设置和定编
4	负责组织公司各部门/单位确定岗位职责，组织编写岗位说明书，完善岗位管理体系
5	负责建立和完善企业劳动规章制度
6	组织开展法律法规等有关内容的学习讨论，提高实务能力
7	根据各关键岗位任职要求及人员素质特点，编制公司总部关键岗位晋升规划
8	编制公司各类专业技术人员职称晋升年度计划，负责落实高、中、初级各类职称的申报、考试或初定工作
9	指导各部门/分公司的人力资源开发及培训管理工作
10	制定和修改符合本公司实际的绩效考核制度
11	组织针对员工的绩效考核
12	制定公司薪酬管理制度
13	制订公司员工集体活动计划，并组织实施
14	制定并实施公司员工奖惩制度
15	开展企业文化建设活动，加强公司员工凝聚力建设
16	根据企业资质要求，参与公司资质申报工作
17	负责职工医疗补助的审核工作
18	健全完善公司劳动合同管理办法

续表

19	依据公司工作需要，负责办理公司人事的任命工作
20	根据 QEO 管理体系要求，做好人力资源部的程序控制工作
21	完善 QEO 管理体系中人力资源部的相关内容
22	公司领导交办的其他工作
五、任职资格要求	
维　度	要　　求
学历要求	大学本科及以上学历
专业要求	人力资源等相关专业
知识要求	精通人力资源管理知识，掌握行政管理、法律等知识，了解建筑领域专业知识，熟练使用办公软件，具备基本的网络知识，具有较强的阅读能力、写作能力和表达能力
技术资格	中级及以上职称
经验要求	具有 5 年以上相关工作经验
其他要求	有高度的敬业精神和责任心；具有很强的领导能力、判断与决策能力、人际能力、沟通能力、影响力、计划与执行能力

表 7-4　**财务管理部会计核算岗位说明书**

一、岗位基本信息			
岗位名称	所属部门	直接上级岗位	直接下级岗位
会计核算岗	财务管理部	财务管理部经理	无
二、岗位设置目的			
负责财务核算工作			
三、在组织中的位置			

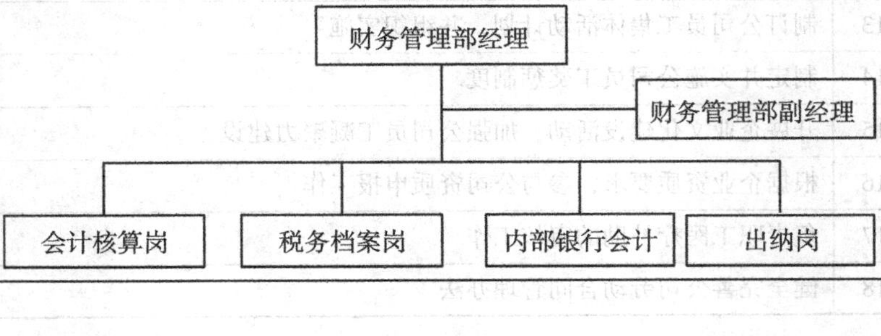

续表

四、岗位工作内容		
主要工作内容		
1	协助按照会计制度建立财务账目，协助盘点盈亏；编制工程项目月度资金收支报表，报送相关人员；并对可能存在的重大问题提出预警	
2	协助应收账款的催收工作，编制期初应收、本年新增与已收、计划应收相关报表	
3	参与制定分公司清欠指标，监控分公司清欠工作	
4	协助清理回收难度大的工程款	
5	负责编制与按时报送财务报告（根据需要编制母子公司合并报表），协助会计师事务所年度审计工作以及公司企业所得税核算清缴工作	
6	审核经办业务票据的正确性、合法性与时效性，对不符合要求的各种凭据，讲清道理给予拒收，不得入账	
7	按规定协助保管好有关财务印章、银行支票印章和日常支票操作管理（印章应分别保管）	
8	负责对固定资产的采购、处置进行财务处理；参与公司总部各类资产的清查盘点，确保账实相符	
9	审核存款余额调节表，对未达款项找出原因	
10	加强工程项目管理，掌握项目资金动态，做好工程项目资金的使用、控制与分析，协助相关管理部门做好各种往来款项的清理工作	
11	监督公司内部承包风险抵押金缴纳、第三方担保等情况	
12	档案管理：参与编制会计凭证、账簿、报表、内、外合同存档资料目录、存放有序的档案管理办法	
13	审核支票收付业务，确保正确与合法，并按要求及时办理会计凭证传递，拒收不符合财务要求的各种票据	
14	协助公司税务管理以及税务登记证的保管、使用，用好各项税收政策，配合税务机关的检查	
15	负责提供工程账面成本以及账面利润数据	
16	负责本账户的会计档案管理	
17	部门领导交办的其他工作	
五、任职资格要求		
维度	要　求	
学历要求	大专及以上学历	

续表

专业要求	会计或经济类专业
知识要求	具有财务成本管理知识，掌握成本管理流程，能熟练使用办公软件，具备基本的网络知识，具有写作能力和表达能力
技术资格	持有会计从业资格证书、助理会计师以上职称
经验要求	具有4年会计工作经验
其他要求	能够熟练使用各种办公室软件和各种财务软件，具有较强的工作与协调能力

表7-5 **办公室文秘岗岗位说明书**

一、岗位基本信息

岗位名称	所属部门	直接上级岗位	直接下级岗位
文秘岗	办公室	办公室主任	无

二、岗位设置目的

主持办公室各种文秘工作

三、在组织中的位置

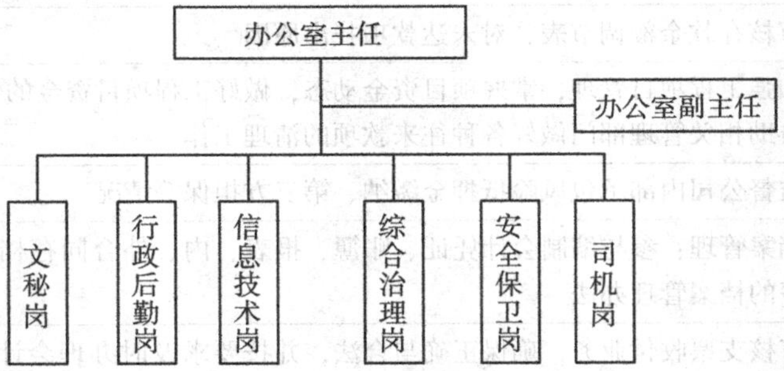

四、岗位工作内容

	主要工作内容
1	协助对公司企业法人营业执照等证书和执照的保管和台账管理
2	协助对各类企业资质证书（包括年审等内容）的保管、使用审核和台账管理
3	协助对公司除财务章外的各类印章的保管、使用审核和台账管理
4	协助公司综合性、大型会议的组织筹备工作
5	协助公司总部接待，负责公司总部的来电、来信受理
6	管理公司领导主持会议的议题汇集、通知、会议记录和纪要编发工作
7	负责企业各类荣誉申报工作

续表

8	负责公司的计划生育管理工作
9	负责公司各类文件、材料的打印复印工作
10	负责公司各类文件、信函的收发、登记、阅签、整理、归档、保密工作
11	负责公司总部行政公文管理
12	负责编辑公司年度大事记和机构沿革等资料
13	公司领导交办的其他工作
五、任职资格要求	
维　度	要　　求
学历要求	中专及以上学历
专业要求	中文、文秘等专业
知识要求	了解公司经营管理知识，熟练使用办公软件，具备基本的网络知识，具有较强的阅读能力、写作能力和表达能力
技术资格	中级文秘上岗证书
经验要求	具有3年以上相关工作经验
其他要求	较好的沟通协调能力、分析判断能力、文字表达能力、公关能力以及团队合作精神，较强的执行能力，能熟练使用计算机

表7-6　　　　**质量安全部安全管理员岗位说明书**

一、岗位基本信息			
岗位名称	所属部门	直接上级岗位	直接下级岗位
安全管理岗	质量安全部	质量安全部经理	无
二、岗位设置目的			
负责安全管理体系建设及日常施工安全管理监督检查			
三、在组织中的位置			

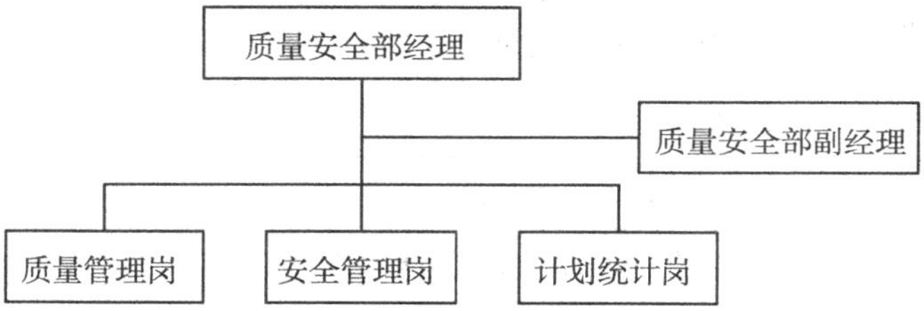

续表

四、岗位工作内容	
主要工作内容	
1	监督、检查工程项目施工安全
2	负责建立工程安全监督备案等资料登记台账
3	主持重大工程项目及直属项目的安全交底工作
4	巡回检查公司直属项目部的施工安全工作开展情况
5	指导项目部安全员的日常安全管理工作
6	负责督促做好安全检测管理工作
7	参加公司和部门的各类安全、环保检查活动和相关的分项工程验收，并进行跟踪查验。做好记录
8	掌握项目部的安全管理动态，督促项目部安全隐患的整改落实
9	负责公司直管项目的工程安全监督工作，同时对新工人进场进行三级教育（公司级），并参加其相应的分项工程验收
10	负责建立工程安全监督备案等资料登记台账
11	参与对施工现场安全事故、工伤等的调查处理工作，负责建立工伤事故档案，汇总工伤月报表
12	负责施工现场形象策划、统一标识和安全文明标准化工地的监督指导工作
13	部门领导交办的其他工作

五、任职资格要求	
维　度	要　　求
学历要求	中专及以上学历
专业要求	工程管理类相关专业
知识要求	熟悉质量体系认证、质量、安全生产管理等相关工作、熟悉项目管理相关知识，了解企业管理相关知识
技术资格	安全员资格证
经验要求	具有3年以上相关行业经验
其他要求	责任心强，有较强的语言表达能力和文字组织能力

表 7-7　**维修工人岗位说明书**

一、岗位基本信息

岗位名称	所属部门	直接上级岗位	直接下级岗位
维修工人	企业发展部	企业发展部经理	无

二、岗位设置目的

负责公司房屋等物业的维修

三、在组织中的位置

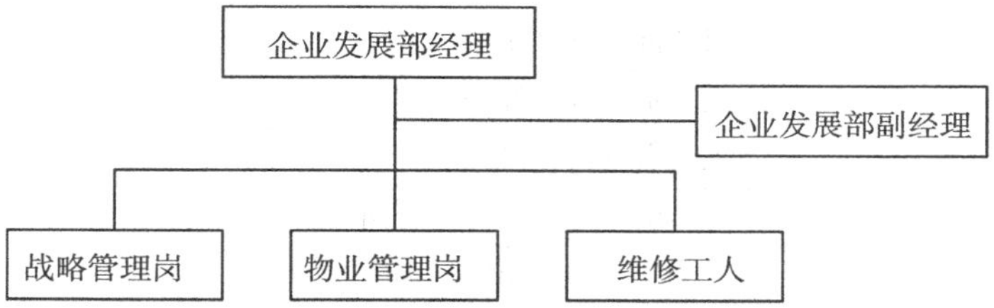

四、岗位工作内容

	主要工作内容
1	严格遵守服务标准，及时受理各种报修
2	遵章守纪，维修服务及时到位
3	工作完毕后及时清理施工现场杂物
4	做好报修、维修记录
5	熟悉公司各类房屋结构，掌握使用过程及完好程度
6	部门领导交办的其他工作

五、任职资格要求

维　度	要　　求
学历要求	初中以上
专业要求	专业不限
知识要求	掌握水、电维修等相关专业技能
技术资格	上岗证
经验要求	3 年以上工作经验
其他要求	工作认真，为人踏实，动手能力强

表 7-8　　　　**岗位价值结果汇总**

部门	岗位	岗位价值
财务部	财务部　经理	797
	财务部　副经理（总会计）	566
	财务部　总出纳	417
	财务部　会计	380
	财务部　出纳	318
	财务部　助理会计	259
	财务部　助理出纳	236
人力资源部	人力资源部　经理	677
	人力资源部　副经理	469
	人力资源部　劳务协管岗	318
	人力资源部　招聘培训岗	321
	人力资源部　薪酬绩效岗	326
	人力资源部　资质管理岗	320
办公室	办公室　主任	690
	办公室　主任助理（分管后勤）	429
	办公室　文秘收发岗	271
	办公室　统计岗	293
	办公室　宣传内勤岗	274
	办公室　档案管理岗	237
	办公室　行政会务岗	254
	办公室　驾驶员	263
餐饮服务部	餐饮服务部　经理	592
经营部	营销管理中心副总经理	799
	经营部　经理	792
	经营部　市场副经理	556
	经营部　商务标副经理	545
	经营部　技术标副经理	535
	经营部　商务标岗	381
	经营部　技术标岗	374
	经营部　投标岗	336
	经营部　文员	224

续表

部门	岗位	岗位价值
合约法务部	合约法务部　经理	674
	合约法务部　经理助理（法务管理）	465
	合约法务部　合同管理岗	348
材料供应部	材料供应部　经理	667
	材料供应部　经理助理（采购供应岗）	431
质量安全部	质量安全部　经理	804
	质量安全部　副经理	577
	质量安全部　质安管理岗	423
	质量安全部　质安部文员	218
设备供应部	设备供应部　经理	698
	设备供应部　副经理	512
	设备供应部　经理助理	436
	设备供应部　设备安装岗	344
	设备供应部　台账管理岗	231
	设备供应部　仓库收发岗	226
	设备供应部　驾驶员	256
	设备供应部　门卫	148
投资决策部	投资决策部　投资决策岗	445
计划管理部	计划管理部　计划管理岗	414
市场拓展部	市场拓展部　市场拓展岗	441
审计监察部	审计监察部　经理	641
	审计监察部　副经理（分管审计）	482
	审计监察部　监察岗	368
技术管理部	技术管理部　经理	767
	技术管理部　副经理	559
	技术管理部　资料管理岗	323

续表

部门	岗位	岗位价值
研发部	研发部 研发管理岗	371
标准化部	标准化部 标准化管理岗	355
试验检测部	试验检测部 试验检测岗	348
科技信息部	科技信息部 科技信息岗	344

◎ **案例讨论：**

（1）运用要素计点法为该公司设计一套职位评价表。

（2）根据设计的职位评价表对上述岗位进行评价。

（3）假设企业对所有岗位的评价结果都已给出，如表 7-8 所示。请根据这样的职位评价结果对职位进行排序和分等定级，建立职位等级结构。

（4）将上述成果制作成 PPT，并进行小组演示。

5. 实验步骤

（1）准备工作：教师统一讲授实验内容、实验要求与实训任务，并告知考核办法。

（2）划分小组：教师确定实训小组，一般以每组 4~5 人为宜。

（3）小组讨论：每个小组仔细阅读案例材料，充分讨论，并完成案例材料中的任务。

（4）课堂演示：制作 PPT 和相关材料，并进行课堂演示。

（5）点评总结：各小组进行交流展示，教师对小组作业予以讲解和点评。

6. 考核要求

（1）实验结束时当场完成实训报告，实训报告内容和格式见参考资料。

（2）能否合理选取报酬要素，报酬要素的选择是否体现了通用性和相关性。

（3）是否清晰地界定报酬要素的等级和含义。

（4）是否编制了比较合理的职位评价表。

（5）是否能有效处理不同成员的打分情况，最终形成比较合理的评价结果。

（6）PPT 制作情况与课堂演示效果。

（7）小组成员之间的合作与团队精神。

7. 实验思考

（1）职位评价有哪些方法？

（2）职位评价的流程和步骤是什么？

【参考资料 1】

（1）人力资源管理实训报告表如表 7-9 所示。

表 7-9　**人力资源管理实验实训报告**

姓名：　　专业：　　班级：　　实训日期：　　年　月　日

实训项目名称		实训目的	
实训内容		实训材料	
实训过程		实训结果或结论	
收获与体会		改进意见	
评价意见	指导老师： 年　月　日		

（2）岗位价值评估表如表 7-10 所示。

填表说明：

①本表共涵盖公司 5 个中心，18 个部门，61 个岗位。

②在评估前仔细阅读《报酬要素等级划分及评分标准》，针对岗位价值而非目前该岗位上的员工进行评分。

③本次岗位价值评估的结果将作为制定薪酬方案的重要依据。

表 7-10　**岗位价值评估表**

评估人：

部门及岗位报酬要素	责任大小		职责范围		工作复杂程度			总分
	对企业的影响	管理幅度	责任范围	沟通技巧	任职资格	解决问题的难度	环境条件	

（3）报酬要素等级划分及评分标准。

本次岗位评估采用要素评分法，着重于七个与岗位相关的要素：对企业的影响、管理幅度、责任范围、沟通技巧、任职资格、解决问题的难度和环境条件，每个要素分解为2~3个子要素，并赋予相应的权重，由此组成7个要素、16个子要素的岗位价值评估体系。

【参考资料2】

（1）对企业的影响如表7-11所示。

表7-11 **报酬要素等级划分及评分标准**

岗位作用／影响程度	间接		直接	
	后勤	辅助	分摊	主要
微小影响	20	30	40	50
稍有影响	30	40	50	70
有限影响	40	50	60	100
一些影响	50	60	90	140
相当影响	60	90	110	160
主要影响	80	120	150	200

定义：对企业的影响是指具体行为对实现组织、经营单位或部门目标并最终促成企业成功的潜在影响以及在实现相关结果的过程中所承担的职责，其对最终决策或行动控制的影响力度。

（2）岗位作用：指岗位在实现结果的过程中所发挥的作用，分间接和直接作用两类，又可细分为后勤的、辅助的、分摊的和主要的4个等级。如表7-12所示。

表7-12 **岗位作用**

级别	岗位作用	说明
1级	后勤的	只提供一点信息、记录或偶然性服务
2级	辅助的	提出意见或建议，补充、解释与说明，或有一定贡献
3级	分摊的	与其他岗位共同负责工作结果，与本企业内部其他部门或企业外部合作
4级	主要的	本岗位承担主要责任，独立承担，或虽有其他岗位参与，但其他岗位是次要的

（3）影响程度：指对最终决策或行动控制的影响力度，根据其程度可分为 6 个等级。如表 7-13 所示。

表 7-13 **影响程度**

级别	影响程度	说明
1 级	微小影响	仅对本岗位的直接工作领域施加显著影响。其影响实质上是间接、辅助性的。不存在任职者职权范围以外的任何责任
2 级	稍有影响	对本部门施加影响。可对本部门内与其直接相关的活动施加暂时性影响。其影响实质上是间接的、辅助性的。存在有限的连带责任
3 级	有限影响	对本部门施加主要影响。日常工作可以影响到其他部门工作领域的活动，可为全公司的决策制定提供相关信息
4 级	一些影响	可以对公司各部门施加总体影响，提供建议而影响决策制定过程。很少或不具备资源调配权，但可进行分析并提供建议
5 级	相当影响	可在既定权限内审批费用，或在权限范围内调配资源以提供服务。所提出的各种意见与建议受到高度重视并被采纳
6 级	主要影响	直接控制重要资源，可对实现公司目标产生关键影响

【参考资料 3】

管理幅度，如表 7-14 所示。

表 7-14 **管理幅度**

下属人数	只有部门一般人员	部门副职及以上人员
0 人	10	10
1~4 人	30	50
5~10 人	40	60
11~20 人	50	70
21~50 人	60	80
51~100 人	70	100
100 人以上	80	120

定义：管理幅度指向被评估岗位汇报的下属人数，涵盖计划、组织和领导职能，反映岗位在组织中的级别和设置。

下属人数指所领导下级人员的数量，包括直接和间接人员，即包括下级及下级的下级。下属类别指下属人员的类型，分为只有部门一般人员和含有部门副职及以上人员两类。

【参考资料4】

（1）责任范围，如表7-15所示。

表7-15　　**责任范围**

管理层级 / 独立性	部门副职及以下					部门正职及以上	
	重复性的活动	大部分相似的工作	同一职能领域的不同工作	领导部门内小组	协助正职管理部门	领导一个部门	领导两个或更多部门
处于紧密监管下	15	20	30	40	50	—	—
受到有限的指导与监管	20	30	40	50	65	—	—
在有指导条件下的独立工作	30	40	50	65	80	—	—
战略指引下的独立工作	40	50	65	80	95	115	135
一般性指引下的独立工作	50	65	80	95	115	135	160

定义：责任范围是本岗位在工作中的行动自由度以及实施或接受监管的性质。

（2）独立性指本岗位在多大程度上受到指导与控制，分为5个级别，如表7-16所示。

表7-16　　**独　立　性**

级别	责任范围	说　明
1级	处于紧密监管下	由主管人员通过明确、详细的规程对其工作进程进行定期监管。根据既定日程来确定工作程序；负责自身的职责，偶尔有变动，工作结果常由他人审核
2级	受到有限的指导和监管	自行安排工作日程来实现既定目标。工作进程与绩效定期或不定期地接受监管。在标准方案的允许范围内可自由选择方案。可提出变革建议
3级	在有指导条件下的独立工作	接受指令，按照阶段性目标独立开展工作，主持部门或公司重要的项目或计划，或制定相应方案

续表

级别	责任范围	说　明
4 级	战略指引下的独立工作	遵照公司发展战略规划，独立开展工作，对实现公司总体目标负有重要责任，对公司发展起到重要的推动作用
5 级	一般性指引下的独立工作	在国家和地方法律法规框架和上级部门管理下，独立开展工作，全面控制公司，设计并诠释决策，制定公司总体政策与发展方向

（3）管理层级指本岗位在企业中所担负的职责大小、实施和接受监管的程度，分为 7 个级别，如表 7-17 所示。

表 7-17　**管理层级**

级别	管理层级	说　明
1 级	重复性的活动	指简单重复、技术含量不高的一般性体力劳动
2 级	大部分相似的工作	指工作内容比较单一、工作方式基本相同的体力劳动
3 级	同一职能领域的不同工作	指工作内容比较复杂，但属于同一职能领域范围内的体力或脑力劳动
4 级	领导部门内小组	指管理部门内某一领域的业务工作并对工作成果负责
5 级	协助正职管理部门	指协助部门正职对部门人员和业务工作开展监督管理的部门副职或职位相当的人员
6 级	领导一个部门	指对部门人员和业务工作开展监督管理并对部门工作成果负责的部门正职或主持工作的副职
7 级	领导两个或更多部门	指对所领导的部门进行监管的首席执行官和各职能总监

【参考资料 5】

（1）沟通技巧如表 7-18 所示。

表 7-18　**沟通技巧**

频率 / 技能	基本		复杂		关键	
	对内	对外	对内	对外	对内	对外
偶尔	20	30	40	50	70	80
经常	30	40	50	60	80	90
频繁	40	50	60	70	90	100

定义：沟通是信息传达和理解的过程，也是情感交流的过程，要通过一定的沟通技能、沟通频率和内外条件要素（与内外部沟通）进行思想感情交流或对问题解决方法的探讨，从而更好地达到工作目标。

（2）沟通频率指沟通发生的几率，分为3个级别，如表7-19所示。

表7-19 **沟通频率**

级别	沟通频率	说明
1级	偶尔	工作职责明确，基本根据标准和制度工作，工作中与其他岗位人员交流较少
2级	经常	工作中所面临的变化较多，经常与其他岗位交流
3级	频繁	需要多次与其他岗位交流才能完成工作内容并达到一定工作的效果

（3）沟通技能指沟通中的语言表达能力、思维逻辑、理解能力、交流亲和力和反应敏捷力等各项技能运用的表现效果程度，分为3个级别，如表7-20所示。

表7-20 **沟通技能**

级别	沟通技能	说明
1级	基本	基本的口头与书面技能，需具备一般性礼节，以标准形式传达基本事实，能够为工作事项与他人进行较清晰的思想交流，能够在书面沟通时抓住重点，易于他人理解；通常情况下沟通对象已了解沟通主题
2级	复杂	较高的沟通技巧，具有较强的说服力和影响力，书面沟通时文法规范，表达清晰，可能需要技术技能，进行非常规信息的、较为深入的交流；需要谨慎斟酌，以维持良好的合作关系或一定程度的劝服；沟通对象不一定了解该话题的相关领域
3级	关键	需相当的游说与谈判技能，沟通时有较强的个人魅力，影响力极强，书面沟通时有很强的感召力；用精深的斡旋手段解决争端，促使冲突各方达成共识；通常被授权通过互让实现总体目标，影响整个公司或项目的重大决策

（4）内外条件要素指沟通范围与对象，分为内部和外部2个级别，如表7-21所示。

表 7-21　**内外条件要素**

级别	内外条件要素	说　　明
1 级	对内	沟通主要在公司内部进行，属于部门内和部门间的沟通协调
2 级	对外	沟通主要在公司外部进行，与各业务合作单位、客户和政府部门等沟通协调

注：对于工作内容中内外部沟通兼有的岗位，以分值高者为最终得分。

【参考资料 6】

（1）任职资格，如表 7-22 所示。

表 7-22　**任 职 资 格**

工作经验 / 知识技能	基本的（大专以下）	中等的（大专/初级）	高等的（本科以上/中级）	精通的（本科以上/中级）	广博的（专家/综合型）
不需要的	10	25	40	55	70
标准化的（1~2 年）	20	35	50	65	80
专门的（3~5 年）	30	45	60	75	90
丰富的（5~8 年）	40	55	70	85	100
跨职务（8 年以上）	50	65	80	95	110

定义：任职资格指承担该岗位所应具有的教育背景、专业知识、技术技能以及实践经验等内容。

（2）知识技能指对该岗位所要求的职业领域的理论、实际方法与专门知识的了解，这些专业知识包括技术性的、专业性的或行政管理性的，分为 5 个级别，如表 7-23 所示。

表 7-23　**知 识 技 能**

级别	知识技能	说　　明
1 级	基本的	遵照简单的书面或口头指导，了解各种既定的工作规程，掌握基本的或者常用的规则、步骤或者操作知识，以及操作简单的设备或者重复性的操作设备的技能

续表

级别	知识技能	说明
2级	中等的	较宽泛的行政或技术技能，掌握整个体系的标准化规则、步骤和操作知识，能通过完成多个既定的、多步骤的规程来收集、组织、核对、整理及/或分析数据
3级	高等的	在某一特定或技术/行政职能领域内具有广泛的知识，可遵照相关指导原则制订行动计划，能分析并诠释复杂信息，并可修改现有惯例、规程或方法
4级	精通的	深入了解某项公认的技术专长或某个专业领域内的深层理论和现有操作方式。能运用先进的知识与经验来创建新方法、方案与规程
5级	广博的	广泛而深入地理解若干相关专业领域或学科的理论与方案，全面了解多个专业并整合多个专业领域内的关键信息，广泛具备有关公司各主要部门的理论与实践知识

（3）工作经验指为胜任本岗位工作，在过去的专业工作实践中由理论与实践相结合而积累起来的工作阅历和工作技巧。工作经验包括职务经验（与本岗位职责要求相同的工作经验）和行业经验（与本公司同行业相关的工作经验），分为5个级别，如表7-24所示。

表7-24 **工作经验**

级别	工作经验	说明
1级	不需要的	无需工作经验
2级	标准化的	熟悉标准性的工作流程，能使用工作需要的相关设备，约有1~2年的工作经验
3级	专门的	有能力处理比较专业的事务或工具设备，从事该岗位需要3~5年的相关工作领域经验
4级	广阔的	较为广泛的职务经验或一些跨职能的管理经验。从事该岗位需要5~8年的职务经验或行业经验
5级	跨职务的	非常丰富的跨职务管理经验。从事该岗位需要8年以上的职务经验或行业经验

【参考资料7】

（1）解决问题难度，如表7-25所示。

表 7-25 **解决问题难度**

复杂性 \ 创造性	问题已经确定	问题需要一定的方法判断	问题需要深入研究确定	问题判断有一定明确概率	问题判断无明确概率
按程序制度解决	10	25	40	55	70
按政策规定解决	25	40	55	70	85
需要寻求新的解决方法	40	60	80	100	120
需要进行预测判断解决	60	85	110	135	160
需要进行风险性决策解决	80	110	140	170	200

定义：解决问题难度指本岗位经常面临并需要解决的专业业务问题的复杂性和创造性。

（2）复杂性指本岗位要解决的问题本身的性质、管理幅度和难度决定的工作内容、工作过程和方法的复杂程度，分为 5 个级别，如表 7-26 所示。

表 7-26 **复杂性**

级别	复杂性	说明
1 级	问题已经确定	工作内容或问题确定，很少有其他选择，基本属于个别、具体环节的操作，工作步骤和过程是例行的，即该岗位在工作中经常面临的问题具备明确的解决步骤及方式
2 级	问题需要一定的方法判断	要根据有关环境条件的要求和限制进行简单判断，确定工作步骤和过程
3 级	问题需要深入研究确定	工作内容或问题有一定的不确定性，涉及较复杂的专业业务问题，通常要根据与其他问题的相关性加以解决，即通过对大量信息数据的搜索作进一步分析、讨论后再判断
4 级	问题判断有一定明确概率	工作内容或问题有不确定性，较多涉及复杂的专业业务问题，需要将多个相互独立的问题联系起来与若干部门协调加以解决，即问题原因、出处或正确性的判断可遵循一定的规律性
5 级	问题判断无明确概率	工作内容或问题解决目标有较大的不确定性，要跨越多个部门之间、专业之间统筹考虑相关管理目标，整体性上掌握企业经营管理的现状和动态，即问题所涉及的要素难以把握，判断本质的难度大，无一定的规律可循

（3）创造性指完成本岗位工作任务时在融合各种信息前提下作出有关判断和

创新的程度，分为5个级别，如表7-27所示。

表7-27 创造性

级别	创造性	说明
1级	按程序制度解决	无需或较少需要判断，发生意外务必请示
2级	按政策规定解决	要根据有关环境条件的要求和限制进行简单判断，确定工作步骤和过程
3级	需要寻求新的解决方法	要通过深入调研和思考，在涉及复杂概念的工作分析中，做出有效的判断和必要的创新，即在现有政策规定之外寻找更合理的解决方法
4级	需要进行预测判断来解决	要通过全盘分析和思考，在涉及大量复杂概念和相关要素的重新组合与协调工作中，作出正确的判断和较大的创新
5级	需要进行风险性决策来解决	需要通过较为艰巨的研究和探索，在解决重大实际问题中，作出有价值的判断和重大的创新

【参考资料8】

（1）工作环境条件和风险如表7-28所示。

表7-28 工作环境条件和风险

风险 \ 工作环境	较好	一般	较差
较小	20	40	60
一般	40	60	80
较大	60	80	100

定义：工作环境和风险是指员工在物理环境中或者工作性质的风险和不适，或者工作任务所需安全规范的性质、活动的情况以及工作条件对身体、精神方面的影响程度。

（2）工作环境指因生理（不同强度的体力、脑力劳动等）和自然（户内外高温、严寒、噪音及恶劣气候、其他作业或施工现场接触有毒物质、不同程度危险性设备、科学实验的操作、外地陌生环境等）两要素而存在的潜在危险使工作者在身体上、精神上和技术上感到约束或疲劳，而可能对人体造成的危险性程度，分为3个级别，如表7-29所示。

表7-29 **危险程度**

级别	危险程度	说明
1级	较好	不存在对人员健康造成特别危害的潜在危险要素，无需特殊防护；日常工作相当稳定，几乎没有干扰或不可控的间断，极少有时间方面的冲突
2级	一般	存在某些对人员健康造成特别危害的潜在危险要素，对身体有一定的不良影响；工作变化不大，虽存在某些干扰，但一般可预见，可能定期出现棘手或尴尬的外界意外事件
3级	较差	存在某些对人员健康造成特别危害的潜在危险要素，可能对身体产生较大的不良影响；工作重点频繁发生变化，最后期限由外部施加，外部的干扰可影响工作的轻重缓急且难以预计，日常工作压力突出

（3）风险指岗位的职务风险以及所面临的或将会承担的公司政治、关系等风险，如表7-30所示。

表7-30 **风险程度**

级别	风险程度	说　明
1级	较小	无明显的工种风险，不直接面对工作矛盾冲突的工作岗位
2级	一般	具有一定的工种风险，工作中经常面临内部、外部的矛盾
3级	较大	具有高竞争性、淘汰率高、工作矛盾冲突大、外部冲突强烈性质的工作岗位

（4）某企业职位评价和职位等级结构表举例如表7-31所示。

表7-31 **某企业职位评价和职位等级结构表举例**

<table>
<tr><th>等级</th><th>职位</th><th>职位评价点数</th><th>极差</th><th>幅度</th></tr>
<tr><td>1</td><td>总经理</td><td>1000</td><td>100</td><td>1200~920</td></tr>
<tr><td>2</td><td></td><td></td><td>100</td><td>920~820</td></tr>
<tr><td rowspan="2">3</td><td>市场部部长</td><td>782</td><td rowspan="2">80</td><td rowspan="2">820~760</td></tr>
<tr><td>设计部部长</td><td>766</td></tr>
</table>

续表

等级	职位	职位评价点数	极差	幅度
4	技术部部长	746	80	760~680
5			80	680~600
6			80	600~520
7	财会类设计员	519	60	520~460
	企管类设计员	519		
8	系统分析员	459	60	460~400
9			40	400-360
10	秘书	359	40	360~320
	软件演示员	345		
	人事专员	342		
	程序员	339		
	会计	332		
11	出纳	287	40	320~280
12	电话销售员	244	40	280~240
13	美工	219	40	240~200

注：若某个职位等级不包含任何职位，也应保留出等级的位置。

实验二　薪 酬 设 计

1. 实验目的

通过该实验，使学生掌握薪酬设计的基本原理，能够设计企业的薪酬管理方案。

2. 实验条件

多媒体教室或者实验室。

3. 实验时间

本次实验时间以 4 个课时为宜。

4. 实验内容

【案例材料】

遵义烟草宽带模式砸碎国企薪酬枷锁①

遵义烟草公司是一家国有大型烟草企业，员工5000余人。长期以来，公司在人力资源管理，尤其是在以薪酬为核心的激励体系方面问题突出。“分配多少讲平均”“岗位轻重凭感觉”“薪酬绩效不挂钩”“业绩考核形式化”等日益成为企业发展的严重障碍。为此，该公司自2002年底在北京求是联合管理咨询有限公司的帮助下，在全系统率先推行“宽带薪酬”，创建并形成了极具特色的国企激励体系。2003年9月因此受到国家烟草局表彰，行业内外多家企业向其学习。

为了改变传统国企业人事现状，使广大员工在思想上对“宽带薪酬”有个清楚的认识，以减少公司“三项”制度改革中的人为阻力，该烟草公司高管层在工作步骤上做出了明智的安排。

首先，明确列示出传统薪酬结构及其所带来的大量弊端：

(1) 等级多，一般有十几个甚至二十几个岗位（即职位，下同）工资级别。频繁的岗位工资级别调整导致大量的行政工作，并导致员工将注意力集中在调整级别工资上而非注重自身技能和所做绩效的提高。

(2) 级差小，相邻的两个岗位工资级别的差异很小。员工晋升一级，所获得的激励作用并不大，高级别岗位的薪酬与基层岗位的薪酬拉不开差距。

(3) 级幅小，级幅是指每个岗位级别内的工资浮动范围。通常每个岗位级别只有一个工资点，没有浮动范围，即“一岗一薪”。这样在同一岗位的不同员工中，绩劣者，可与绩优者共“享”同一薪酬，而绩优者无论多么突出，则只能与绩劣者同“忍”一样的回报。

(4) 无叠幅，传统的薪酬结构中相邻岗位级别的工资没有重叠的部分。这就意味着员工不管工作多少年，绩效多优秀，如未能获得岗位级别的晋升，工资都是一成不变的，因而不利于鼓励员工优秀的工作表现以及多技能的培养。

(5) 等级结构森严，传统薪酬结构因缺乏弹性，致使企业面对行业竞争、市场状况、人才流动等局面常常束手无策。

随着宽带薪酬概念的明确，公司内部对其有了本质上的认识：

(1) 传统人事管理注重的是岗位、职务概念，岗位、职务薪酬，而基于

① 资料来源：http：//blog. ceconlinebbs. com/BLOG_ARTICLE_219140. HTML.

“宽带薪酬”的人力资源管理注重的则是价值、绩效概念，实行价值、绩效薪酬。

(2) 岗位讲价值，工作讲绩效，上岗讲竞争。

(3) 员工无需沿着传统的职位或职务等级走“单线”，只要工作能力、工作绩效有所提升，就能够获得更高的薪酬激励。

其次，公司进一步指出，宽带薪酬的实施是一个系统工程，它所解决的不仅是“工资”问题，同时也是一个系统问题——一个企业激励体系问题。这里说宽带薪酬的实施是一个系统工程，因为实施宽带薪酬，离不开组织优化、岗位设计与价值评估等基础要件。同样，说它解决的是一个企业的激励体系问题，是因为它较传统薪酬模式更好地解决了广大员工的考核激励、薪酬激励和培训激励。

◎ **案例讨论：**

在仔细阅读案例材料的基础上，针对遵义烟草公司的现状，为该公司制定明确的薪酬战略，并根据其薪酬战略设计符合需要的薪酬管理方案。

5. 实验步骤

(1) 准备工作：教师统一讲授实验内容、实验要求与实训任务，并告知考核办法。

(2) 划分小组：教师确定实训小组，组成绩效考评指标设计小组成员，并分配角色，一般以每组4~5人为宜。

(3) 小组讨论：每个小组仔细阅读案例材料，分析遵义烟草公司薪酬管理存在的主要问题。

(4) 运用本节所讲的薪酬管理相关的知识要点，为遵义烟草公司设计宽带薪酬。

(5) 点评总结：各小组进行交流展示，教师对小组作业予以讲解和点评。

6. 考核要求

(1) 所制定的薪酬管理方案是否体现公平性、有效性、合法性与经济性的薪酬管理原则。

(2) 是否合理划分各职类人员，设计的绩效管理方法与职业晋升路线是否符合企业实际与发展要求。

(3) 是否积极参加实验，实验态度、实验前准备和遵纪情况如何，是否独立编撰实验报告。

(4) 实验报告是否记录了完整的实验过程，文字是否简练、清楚，结论是否明确，收获和体会是否客观。

(5) 实验成绩评定比例：实验环节表现占70%，实验报告质量占30%。

(6) 实验结束时当场完成实训报告，实训报告见参考材料。

7. 实验思考

（1）薪酬设计需要遵循哪些基本原则？

（2）薪酬设计过程中需要注意哪些问题？

（3）薪酬设计的流程和步骤是怎样的？

【参考资料】

表 7-32 **人力资源管理实验实训报告**

姓名：　　专业：　　班级：　　实训日期：　　年　月　日

实训项目名称		实训目的	
实训内容		实训材料	
实训过程		实训结果或结论	
收获与体会		改进意见	
评价意见	指导老师： 年　月　日		

实验三　员 工 福 利

1. 实验目的

通过该实验，使学生掌握设计员工福利计划的基本方法。

2. 实验条件

多媒体教室或者实验室。

3. 实验时间

本次实验时间以 2 个课时为宜。

4. 实验内容

【案例材料】

北京 LT 通信公司员工福利案例①

北京 LT 通信的总裁马勇信奉一句经典名言：善待客户，首先要善待员

① 北京 LT 通信公司员工福利案例［EB/OL］.［2016-07-26］. http：//www. hrsalon. org/bowen/viewbowen4b5099059e0e2. htm.

工。他深知公司的服务必须通过员工来体现，员工不满意，最后就有可能影响对客户的服务。

他一直以LT通信的人性化管理为自豪，但最近的一系列状况打破了马总的自恋情结。

那天，马总意气风发地对大家说："最近拿下了几个大单，下半年业务量至少要增加一倍以上，各位的工作计划必须提前，工作量必须加大。"

他的话音刚落，各部门主管就炸开了锅，有些部门频繁抱怨人手不够，流失严重，很难完成计划任务，更别说增加任务了。

放在以前，马总还不是很在意，毕竟通信行业的人员流失率一直居高不下，业内尽知，不是LT独有的。但是在这节骨眼上，他就不得不过问了，他专门向人力资源总监李宾了解情况："最近公司不是新招了400多人吗？怎么还是少了人？"

李宾最近也忙得焦头烂额，这边新招的400多人还没上手，那边工作两年以上的老员工却又流走了近百人，现在马总追问了，他也不得不把这种情况据实说了："现在老员工的流失非常严重，去年以来员工平均流失率达到25%，今年二三月份一度超过30%。"

马总心里"咯噔"了一下，如此高的流失率确实出乎他的意料。本来，针对去年公司人员流失率高涨的情况，他会同人力资源部已经专门研究过，并且也提出了解决方案。当时的解决方案是增加员工福利投入，提高员工工作保障。一般来说，高工资、低福利是高速发展的通信行业内大多数企业的必然选择，也是吸引、挽留和激励人才的重要手段。然而，工资总额高了，个调税和法定保险的缴费基数也会增加，高工资所带来的高成本不仅会让公司不堪重负，能到员工手中的税后工资增长幅度也不会太大，测算后并不划算，还不如把每年工资预算增加的部分拿出来以福利补贴的形式为员工缴纳保险并带其旅游。

想到这里，他不由地站起来，一边踱步一边说："去年流失率高，我们今年不是追加了500多万元的福利费用了吗？总福利已经超出2000万元了，怎么没见任何起色？"

"据我所知，很多员工对福利补贴好像没有多少感觉。"市场部王经理插话道。

"没感觉？福利补贴不也是钱？翅膀硬了就飞了，等我把他们培养成熟练员工，他们就跑了，这算哪门子事？总不能把他们个个都提拔上来当经理吧！"马总不由得满肚子火。但他也知道，就算是将福利补贴以现金的形式发放到个人手中，也解决不了问题。因为撒胡椒面般把那点钱分到2000多人头上，确实看不到什么大的变化。

发火归发火，员工流失的问题还必须解决，马总对李宾布置了一个任务："加工资是不现实的，加一点点起不到什么作用！加多了，成本又会提高太大，还是从福利入手。你立即对员工进行一个福利满意度调查，看问题出在什么地方，总不能让这些钱打水漂了！"

2000多万元的福利花在什么地方了呢？李宾查看了一下去年的福利支出，他发现公司花在每位员工的福利费用约占整体薪酬的15%~20%，是一项可观的支出。公司每年为全体员工购买了法定保险，如养老保险、医疗保险、工伤保险等，另外还在去年增加了补充住房公积金，而且还有不定期地组织外出旅游、内部培训、健康检查、节日补助、年休假、住宿津贴、实物补贴等，经过核算，平均到每位员工身上，一年的福利支出约为10000元/人。

现在的福利是怎样分配的呢？他发现目前公司的福利基本上是平均主义制，比如休假是工作1年以上员工都有的；补充住房公积金、节日补助、住宿津贴和内部培训等也都如此。

员工的使用情况如何呢？员工对于发放现金比较积极，其他的往往是被动参与，有的则根本使用不到，比如家住公司附近的，一般享受不到交通车津贴和住房津贴；有了房子的，补充公积金就跟养老金差不多，短期激励不足，而且公司里的很多年轻人都不在乎实物补贴，对于参加集体旅游也很勉强。

为了更真实地反映员工的情况，他安排人员首先对员工进行了一个普查，主要是了解员工对公司福利的认知度，他用问卷的形式提出了几个问题：

- 你对公司提供的福利关心吗？
- 你了解公司提供哪几种福利？
- 你认为最需要的核心福利是哪些？
- 你对目前哪些福利比较满意？
- 你觉得目前福利中还需要增加哪些福利？
- 你是否满意目前的福利制度？
- 你认为目前福利制度最需要改革的是哪些？
- 个人资料（性别、年龄、教育程度、婚姻状况、需抚养子女数、年资、职位级别）。

从最后问卷的反馈结果看，进一步证实了李宾的猜测：

第一，90%的员工对福利并不了解。他们认为公司提供的福利就是国家法定的基本保险、补充住房公积金，知道多一点的是交通补贴、通讯补贴、住宿津贴、节日补助等，而对于外出旅游、内部培训、健康检查、年休假、实物补贴等，认为这是福利的只有10%不到，而这些实际上在整个福利中所占比重高达60%。

第二，在需要增加的福利项目中，填写内容五花八门，包括进修补助、教育训练、子女教育补助、托儿补助、伙食津贴、购房贷款、交通补助、购车利息补助、旅游补助、团体保险等40多种，这说明员工对福利的需求更加多元化。

第三，75%的员工对目前的福利制度不满意，最不满意的群体是两年以上的基层和中层员工，新员工和高层都不是太在意，这说明为什么两年以上的员工流失率偏高。

第四，从对福利的偏爱上看，不同的员工差异明显。刚进入的员工更多的偏重教育补助，年龄比较大的员工比较看重年休假和旅游，有家庭的员工希望提供一些家庭方面的补助等。

◎ **案例讨论：**

请根据以上案例材料所提供的信息，分析LT通信公司员工福利制度中存在的问题，并帮助LT通信公司设计一份完整的福利计划方案，使其员工流失情况得到改善。

5. 实验步骤

（1）建立实训小组（3~5人），以小组为单位开展以下各项活动。

（2）阅读案例，讨论LT通信员工福利制度中存在的问题。

（3）设计LT公司的员工弹性福利计划方案。

（4）制作演示幻灯片和文稿并进行演示。

（5）总结并编撰实验报告。

6. 考核要求

（1）实验结束时当场完成实训报告，实训报告内容和格式见参考材料。

（2）所制定的员工弹性福利计划方案是否解决了公司原有的问题。

（3）制定的员工弹性福利计划方案是否满足了员工多样化的需求。

（4）方案的可实施性以及完整性。

（5）是否积极参加实验，是否独立编撰实验报告。

（6）实验报告是否记录了完整的实验过程，文字是否简练、清楚，结论是否明确，收获和体会是否客观。

（7）实验成绩评定比例：实验环节表现占70%，实验报告质量占30%。

7. 实验思考

（1）员工福利包含哪些方面？

（2）员工福利设计应如何进行？

【参考资料】

表 7-33　**人力资源管理实验实训报告**

姓名：　　专业：　　班级：　　实训日期：　　年　月　日

实训项目名称		实训目的	
实训内容		实训材料	
实训过程		实训结果或结论	
收获与体会		改进意见	
评价意见	指导老师： 年　月　日		

第八章 职业生涯管理

》知识要点

1. 职业生涯的概念①

对于职业生涯是什么，学者们有着不同的观点，总的来说，经历了一个由狭义概念到广义概念的发展过程。从狭义上来说，有三种观点：

(1) 职业生涯就是员工在某一组织内部的流动通道，是在该组织中所担任的一系列职位的总体。这种观点将职业生涯局限于某个组织。

(2) 职业生涯就是一种专业。这种观点认为，一个人只要从事的是一系列密切相关的工作（如教师、家庭教师、咨询顾问），就被认为是在演绎一种职业生涯，而在一系列显然不相关的工作（如小说家、演员、销售员）之间不存在工作内容的一致性，就不能构成一个职业生涯。这种观点将职业生涯局限于某种专业或者职业。

(3) 职业生涯就是个人长期从事一系列工作的经历。这种观点将职业生涯定义为一个从首次参加工作开始到结束职业劳动为止所担任的一连串工作任务的集合。

从广义上讲，职业生涯是指与工作或职业相关的整个人生历程，包括从职业兴趣培养、职业能力获得、职业选择、职业调整，直至最后完全退出职业劳动这样一个完整的职业发展过程。

职业生涯的概念源于工作环境的变化和员工的变化。经济全球化和区域经济一体化的浪潮使世界正在迅速地、剧烈地变化着，这些变化带来了相当大的不确定性，使一个人很难再终其一生地服务于或者坚守某一职业。职业生涯发生变化的另外一个原因来自于员工本身的变化。我国高等教育的不断发展为我国培育了一大批具有丰富的科学文化知识和先进思想的毕业生。他们的自主性和独立性越来越强，与组织的依附关系逐渐淡化，工作也不再仅仅是谋求生存、满足生理需要的一种手段，个人感受、兴趣、追求、价值观和自我实现等因素越来越影响人们的职业选择。

如果基于员工个人的角度，广义的职业生涯概念无疑是最值得借鉴的。本章节旨在帮助员工如何根据组织的立场设计适合自己的职业生涯发展通道，这种通道可以是横向的也可以是纵向的。

---

① [美]格林豪斯，等．职业生涯管理(第3版)[M]．王伟，译．北京：清华大学出版社，2006：8-9.

2. 职业生涯管理的概念与意义

职业生涯管理是人力资源管理中的一个重要环节，它包括个人职业生涯管理和组织职业生涯管理。

对于员工个人来说，影响一个人职业生涯的因素既有客观的也有主观的。多数人都对自己的未来发展有一定的愿望和设想，并为实现此愿望而努力创造条件。员工只有对自己的主客观条件进行测定分析和总结，对自己的兴趣、爱好和能力、特点进行综合分析和平衡，并结合时代特点和当地社会经济发展水平，根据自己的职业倾向，确定其最佳的职业发展目标，才有可能谋求到最满意的职业并取得职业生涯上的成功。因此，对自己的职业生涯进行规划和管理是非常必要也是意义重大的。

对组织来说，组织不能忽视甚至反对员工对职业发展道路有自己的设想，而应该鼓励并帮助员工完善和实现自己的个人目标，同时设法引导员工个人目标与组织目标相匹配。

我们认为，组织职业生涯管理就是建立一整套能够识别员工发展需要和职业潜力的系统，并借助该系统引导员工的个人发展目标和组织目标保持一致，在达成组织目标的同时帮助员工实现个人职业目标的活动①。

不管是对员工个人还是组织来说，要做好职业生涯管理都需要掌握相关的知识，理论知识和实践经验缺一不可。个人在进行职业生涯管理时要掌握包括个性特征（智力水平、个性特征、心理健康、职业价值观和管理能力）及职业管理理论（职业选择理论、职业性向理论、职业锚理论、职业生涯阶段理论和职业生涯周期理论）等知识，然后根据意向就业城市的社会经济发展水平选择合适的职业。组织在进行职业生涯管理时要根据组织职位要求和员工个人素质，为员工铺设在各种职务间循序渐进发展的不同路径，并通过建立相对应的培训开发体系，绩效考核体系和薪酬管理体系来应对组织在不同发展时期所面临的危机，将员工个人的职业发展和组织目标的发展有效结合起来。

进行职业生涯管理可以使组织目标与员工个人目的最大程度的相同，增加员工的个人满足感和成就感，降低改变职业通道的成本，也有利于组织充分开发人力资本潜力，保证员工的积极性与创造性，以及对组织的忠诚与归属感。

3. 个人职业生涯管理的原则②

在进行职业生涯管理时还必须遵循一定的原则，职业生涯管理原则可以分为职业选择原则和职业规划原则。职业选择原则可以概括为十六个字：择己所爱，择己所长，择己所利，择世所需。即与兴趣相结合原则、发挥个人特长原则、个人幸福最大化原则、衡量社会需要原则。职业规划原则有长期性原则、可行性原则、弹性原则和目标一致性原则。

---

① 石金涛．培训与开发［M］．北京：中国人民大学出版社，2002：168.

② 葛玉辉，宋志强等．职业生涯规划管理实务［M］．北京：清华大学出版社，2011：16-17.

4. 组织职业生涯管理过程模型①

组织职业生涯管理过程模型如图 8-1 所示。

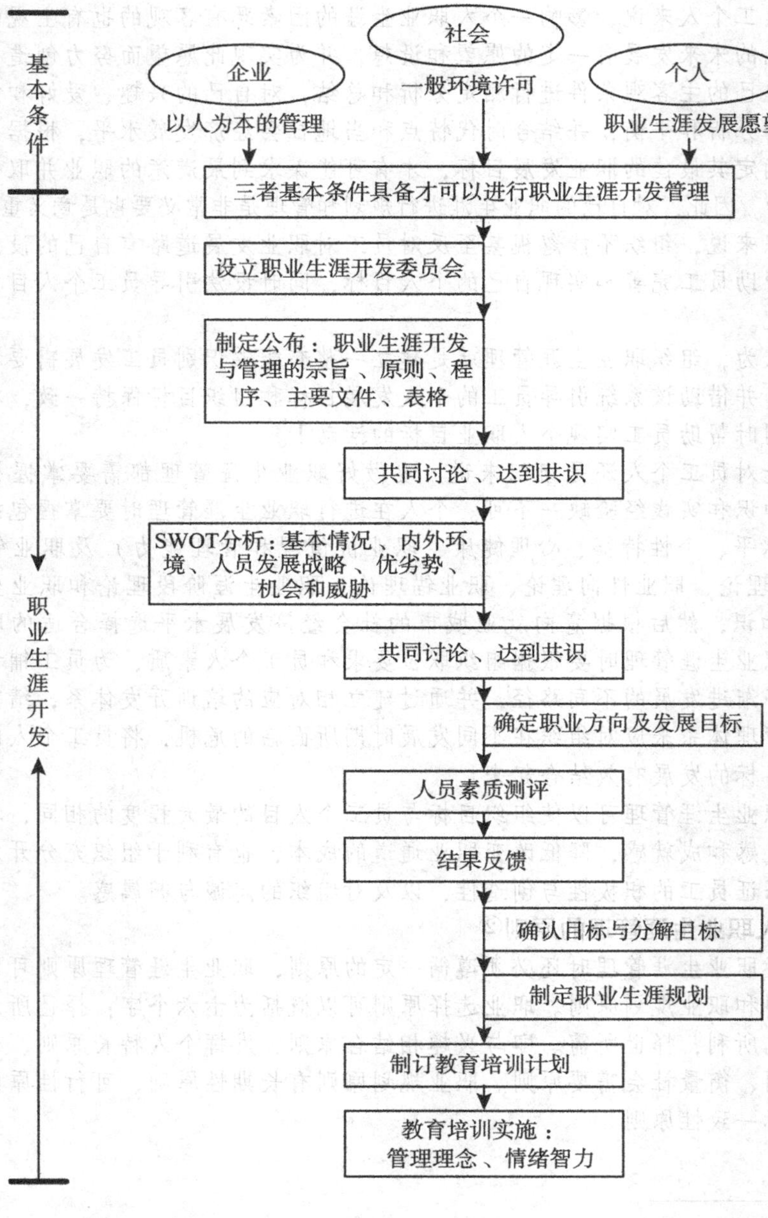

① 葛玉辉，宋志强等．职业生涯规划管理实务［M］．北京：清华大学出版社，2011：168-169.

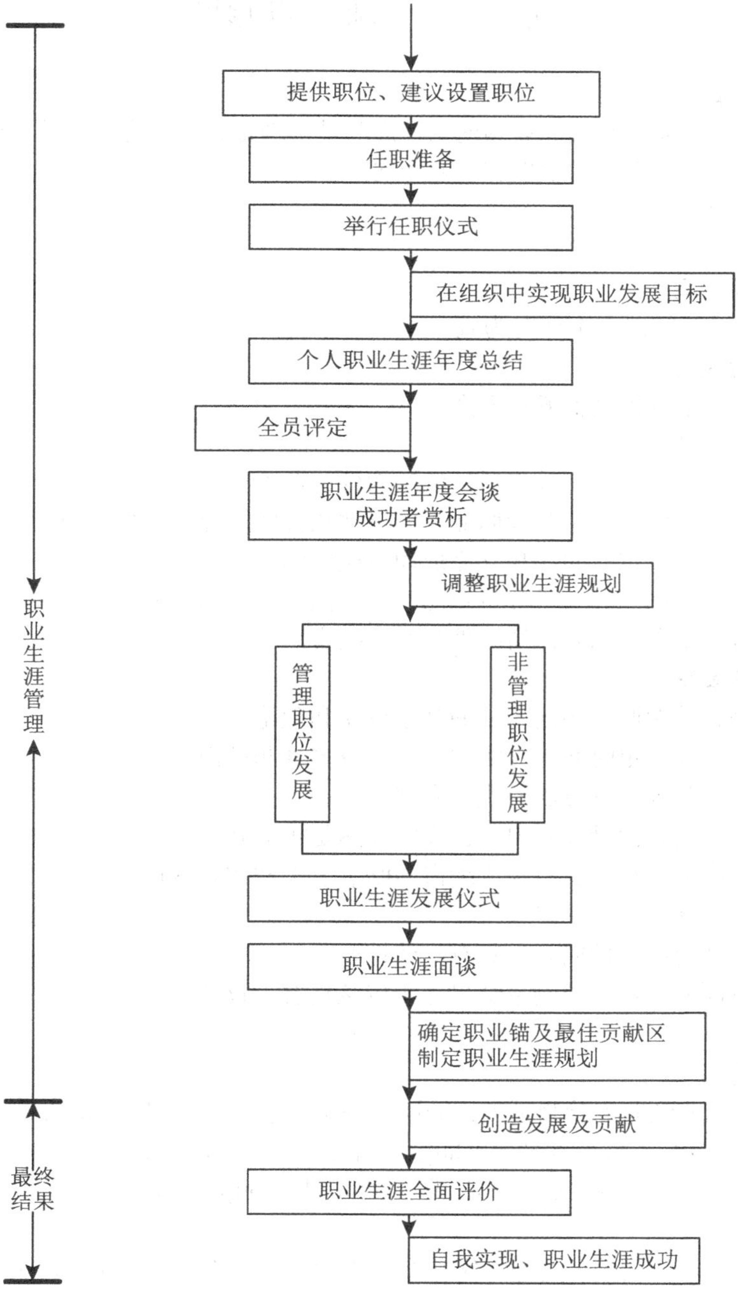
提供职位、建议设置职位
任职准备
举行任职仪式
在组织中实现职业发展目标
个人职业生涯年度总结
全员评定
职业生涯年度会谈
成功者赏析
调整职业生涯规划
管理职位发展
非管理职位发展
职业生涯发展仪式
职业生涯面谈
确定职业锚及最佳贡献区
制定职业生涯规划
创造发展及贡献
职业生涯全面评价
自我实现、职业生涯成功
职业生涯管理
最终结果

图 8-1　组织职业生涯规划模型

实验一 职业生涯诊断

1. 实验目的

通过本次试验，掌握职业倾向的概念和基本理论，独立完成个性测验和职业倾向测验，更加了解自己的个性和职业倾向。

2. 实验条件

多媒体教室或者实验室。

3. 实验时间

本次实验时间以 2 个课时为宜。

4. 实验内容

完成个性测验和职业倾向测验。

5. 实验步骤

(1) 准备工作，在实验室运行测试软件，调整至实验要求状态。

(2) 教师向学生介绍几种职业倾向测评软件的情况和操作细节。

(3) 学生在规定时间内独立完成职业倾向测评。

(4) 学生根据测评结果分析自己的职业倾向，并列出适合自身的职业类型。

(5) 每个学生根据测试情况编写实验报告。

6. 考核要求

(1) 是否掌握职业倾向测试的基本概念和理论。

(2) 能否在规定时间内真实独立地完成多种测试内容。

(3) 分析几种测试方法的优点和缺点。

(4) 是否完整记录实验内容，文字表达是否准确、清晰。

(5) 总成绩 100 分，实验成绩占 70%，实验报告占 30%。

7. 实验思考

(1) 个性与职业性向是否具有一致性？

(2) 不同的职业性向测量结果是否应该具有一致性？

【参考资料】

霍兰德职业倾向测验测量表，http：//www. apesk. com/holland/index. html。

卡特尔 16PF 人格测试量表，http：//www. xyxinli. com/psytest/psytest6. htm。

MBTI 职业性格测试（壹心理）测量表，http：//www. xinli001. com/ceshi/422/。

约翰·霍兰德是美国约翰·霍普金斯大学心理学教授，美国著名的职业指导专家。他于 1959 年提出了具有广泛社会影响的职业兴趣理论，认为人的人格类型及兴趣与职业密切相关。兴趣是人们活动的巨大动力，凡是具有职业兴趣的职业，都可以提高人们的积极性，促使人们积极愉快地从事该职业，且职业兴趣与人格之间存在很高的相关性。

表 8-1 **霍兰德职业倾向测验测量结果数据表**

类型名称	得分	个性特点	职业特点	适应的职业
艺术型（A 型）	8	具有艺术性、独创性的表达和直觉能力，不喜欢硬性任务，情绪性强	艺术创造	演员、记者、诗人、画家、作曲家、编剧、舞蹈家、音乐教师、雕刻家、摄影家、室内装潢专家、服装设计师等
社会型（S 型）	11	喜欢从事与人打交道的活动，人道主义，同情心强	通过说服、教育、培训等方式帮助、教育、服务他人	外交工作者、教师、学校管理者、导游、社会福利机构工作者、社会群众团体工作者、咨询人员、思想工作者
常规型（C 型）	12	注重细节，讲求精确，具备记录和归档能力	各种办公室、事务性工作	会计员、统计员、出纳员、办公室职员、税务员、秘书、计算机操作员、打字员、成本核算员、法庭速记员等
实际型（R 型）	9	具备一定的机械操作能力或体力，适合与机器、工具、动植物等具体事物打交道	熟练手工和技术工作，运用手工工具或机器进行操作	工程师、操作 X 光的技师、飞机机械师、无线电报务员、自动化技师、电工、鱼类和野生动植物专家、机械工、木工等
研究型（I 型）	7	具备从事观察、评价、推理等方面活动的能力，讲求科学性	科学研究和实验工作，研究自然界、人类社会的构成和变化	科研人员、科研工作者、实验员、数学家、物理学家、化学家、植物学家、动物学家、地质学家、科学报刊编辑
企业型（E 型）	14	以说服、管理、监察和领导能力来获得政治地位、社会地位和经济利益	说服、指派、领导他人干活的工作	厂长、经理、各级管理人员、政治家、律师、推销员、批发商、零售商、调度员

卡特尔（1905—1998），美国心理学家，最早应用因素分析法研究人格，他将人格特质区分为表面特质和根源特质。表面特质是指外部行为能直接观察到的特质，不会随时间的改变而改变。根源特质是那些内在的、稳定的，作为人格结构基本因素的特质。根源特质需要通过严格的科学方法才能获得。

表 8-2 **卡特尔 16PF 人格因素测量表**

得分	低分特征	1	2	3	4	5	6	7	8	9	10	高分特征
	抑郁，缄默，孤独，对人冷漠，宁愿独自工作	乐群性										外向，热情，和蔼可亲，容易与人相处
	思维缓慢，学识不高，抽象思维能力较弱	智慧性										聪明，富有才能，善于抽象思维
	情绪容易激动，烦恼多，容易受环境影响	稳定性										情绪稳定，能面对现实，有魄力，能沉着应付各种问题
	谦虚，顺从，通融，恭顺	恃强性										好强，固执，独立性强，有主见，但容易自以为是
	严肃，谨慎，冷静，寡言，内省，处世消极	兴奋性										轻松，兴奋，随遇而安，通常比较活泼、愉快、健谈
	敷衍随意，马虎，责任感不强	有恒性										尽职尽责，工作细心周到，有始有终
	缺乏信心，自卑，羞怯	敢为性										冒险敢为，少有顾忌，但粗心大意，易忽略细节
	理智，客观，尊重事实，不感情用事	敏感性										敏感，感情用事，易激动，易幻想
	随和，不猜忌，容易相处，顺应合作，善于体贴人	怀疑性										多疑，固执己见，不信任他人，斤斤计较
	现实，合乎成规，力求妥善合理，不鲁莽行事	幻想性										狂放不羁，易忽视生活细节，关注自我，富有创造力
	坦率，思想简单，感情用事，与人无争	世故性										精明能干，处事老练，行为得体，沉着冷静
	情绪稳定，心态平和，安详，相信自己的能力	忧虑性										烦恼，忧虑，抑郁，觉得人生不如意，沮丧、悲观
	保守，传统，不愿尝试探新，常常激烈地反对变革	实验性										自由、激进，不拘泥于现实，勇于尝试新事物
	依赖，随群，愿意与人合作公司，附和众议	独立性										独立自强，当机立断，独立解决问题，不依赖他人

续表

得分	低分特征	1	2	3	4	5	6	7	8	9	10	高分特征
	不能克制自己，生活随意，不在乎礼俗	自律性										言行一致，能克制自己，生活有规律
	平和，闲散宁静，心理平衡，也可能过分松散，缺乏进取心	紧张性										紧张、困扰，缺乏耐心，激动，过度兴奋，时常感觉到疲劳

实验二　职业目标选择

1. 实验目的

通过本次实验，学会运用相关职业理论分析在进行职业选择时可能遇到的问题以及相应的解决办法。

2. 实验条件

多媒体教室或者实验室。

3. 实验时间

本次实验时间以 2 个课时为宜。

4. 实验内容

【案例材料 1】

兴趣是最好的职业①

服装产业在中国被认为是夕阳产业，因此很多服装院校在高校招生中总是生源不足，有很多高考不理想的考生都会以这一类学校为跳板，希望能够通过考研圆自己的名校梦。2010 年袁小姐便告别父母成为万千新生中的一员。她本来是想报考财经大学的会计专业，可是被调剂到了某服装学院的设计专业。在和家人进行详谈后，袁小姐决定接受这样的录取结果，开始了自己与服装的不解之缘。和初进大学校门的很多人一样，刚开始的时候袁小姐并不是非常喜欢这个专业，但是袁小姐仍然非常认真地投入到了学习中去。随着学习的不断深入，袁小姐接触到了服装行业的更多信息，竟然逐渐迷恋上了这个原本不喜

① 王刚，秦自强．大学生就业指导新编：大学生职业生涯实务指南［M］．北京：北京大学出版社，2011：18.

欢的专业。

临近毕业的时候，袁小姐虽然有机会进入一家国有银行获得非常不错的工作，但是转念一想要告别自己付出四年青春的服装专业，而且现在自己已经深深地爱上了服装行业，于是她毅然放弃了这份工作。那究竟到哪里去工作呢？经过一番思索，袁小姐认为，上海作为国际化的大都市，世界上一流的高级服装公司都在上海设立了门店以及销售中心，那里肯定有自己发挥才能的地方，在繁华的上海长达几个月的辗转奔波之后，她终于被上海一家经营高级时装的外资公司聘用了。因为她的设计方案每次都能让顾客非常满意，所以不到一年时间她便被公司提升为设计部主管。经过5年的努力，袁小姐现在已经在上海拥有了自己的服装工作室，主要从事高档材料采购、服装版型设计以及小规模制服定制生意。虽然工作室还有待发展，但是，年方28岁的袁小姐已经拥有一套四居室的房子和一辆宝马X6汽车了，而且她感觉到需要进一步提升自己的能力，正准备在上海财经大学继续攻读MBA，要知道在房价全国第一的上海买一套大房子可是绝大部分和袁小姐一样的同龄人想都不敢想的事情。

◎ **案例讨论：**

（1）袁小姐在进行职业选择时遵循了什么原则？

（2）请就“兴趣是最好的职业”阐述你自己的观点。

（3）你认为袁小姐取得职业成功最主要的原因是什么？

【案例材料2】

困惑的小丽①

小丽是华中某大学工商管理专业的研究生。从中学开始，她就一直担任班长，组织过一次竞选，赢得了学生会主席的位置。她工作积极主动，有很强的组织管理能力，把学生会的工作搞得有声有色，学校领导和老师都很喜欢她。她还是市优秀学生干部，从此以后她喜欢上了管理工作。高考后，在填自愿表时，她决定学经济管理专业，想以后当一名职业经理人。

小丽如愿以偿地在工商管理专业学习了四年，毕业以后还以专业第一名的成绩被推荐到了一所985学校成为一名研究生。但是研究生阶段的学习和本科阶段完全不一样，本科毕业的要求是只需要修满学分完成一篇毕业论文就行，但是研究生和本科生的培养管理办法不一样，而且近几年国家对学术型研究生学位论文的质量要求越来越高，因此学校不仅要求学术型研究生修满学分，还

① 王刚，秦自强．大学生就业指导新编：大学生职业生涯实务指南［M］．北京：北京大学出版社，2011：45.

要在核心期刊上以第一作者身份发表一篇论文才能毕业。而小丽在本科阶段的实践比较多，对学术几乎是一窍不通，一下子进入到学术还不太适应，现在的她几乎每天三点一线，宿舍、图书馆、食堂，有时候晚上躺在床上翻来覆去的睡不着觉。眼看着研究生阶段的第一学期就要过去了，而自己却丝毫没有进展，于是她和老师面对面地进行了一个小时的沟通，把自己这半年的学习情况以及困惑全部跟老师讲了。老师在了解小丽的情况以后，笑着跟小丽说："你有这样的困惑是很正常的，没有困惑反倒不正常了，学术跟实践确实是不一样的，刚开始接触的时候你可能会困惑，会质疑，会懈怠，但是学术是和实践息息相关的，经过一点一滴的积累，你的知识丰富了，思维开阔了，你就会慢慢地知道学术是什么，学术就是把你在生活中的所见所闻所感汇集在一起，然后用科学的方法把这些东西汇集成一个故事，然后讲给你的观众听。你是一个非常优秀的孩子，你在本科阶段做得那么好，我相信你在研究生阶段也一样能做好，你要相信自己，而且我会和你一起努力。"

在听了老师一席话以后，小丽如释重负，在后来两年半的研究生学习生涯中，小丽也如同老师预测的那样，不仅在研究生阶段以第一作者身份在核心期刊上发表了一篇文章，顺利完成了学业论文，而且毕业以后还顺利地进入一家国有银行获得一份非常不错的工作。

◎ **案例讨论：**

（1）请评价小丽的职业发展情况，我们能从中学习到什么？

（2）你选择的专业一定就适合你吗？结合案例谈谈你的看法。

5. 实验步骤

（1）学生阅读实验案例，分析案例所体现的职业生涯管理方面的知识。

（2）将全班同学分成若干组进行无领导小组讨论，每组5~6人。

（3）各小组代表分享本小组案例结论结果，其他小组负责在分享结束时提问。教师做好记录。

（4）教师总结各小组分析，解释正确观点，给出职业建议。

6. 考核要求

（1）能否准确运用职业生涯管理相关知识分析案例。

（2）对案例中关键问题的理解程度。

（3）所提出的解决办法是否具有可行性。

（4）实验报告书是否完整记录实验内容，逻辑是否合理，表达是否清晰。

（5）实验成绩评定比例：由于该实验项目着重考察学生的案例分析能力，最终结果的表现形式是报告书，总成绩100分，实验成绩占70%，案例报告占30%。

7. 实验思考

(1) 当兴趣爱好和职业发生冲突时，你会怎么做?

(2) 你是否因为不喜欢本专业，而选修了第二学位？还有其他的原因吗？

实验三 职业通道变更

1. 实验目的

通过本次实验，学会运用相关职业理论分析职业变更时可能遇到的问题以及相应的解决办法。

2. 实验条件

多媒体教室或者实验室。

3. 实验时间

本次实验时间以2个课时为宜。

4. 实验内容

【案例材料1】

耐得住寂寞①

我曾经带过一个下属，出身名校，英语八级，聪明能干，学习能力强，对很多新知识和新事物抱有浓厚的兴趣。我招他入公司的时候，他毕业尚不足一年，已经连续跳过两家公司了。当时，我觉得他可能不会很稳定，但我实在是太爱才了，所以就将他留了下来，放在了工程师的位置上。

果不其然，他干了不到五个月，就提出了辞职。临离开前，因为觉得我对他还不错，教了他不少东西，所以向我袒露心迹。他说，他觉得在以前待过的公司里，他的素质能力都不差，在一些水平比自己低的人手下干活，心有不甘，所以不断寻求新的机会。这次来，以为能很快升任主管，但几个月观察下来，他的上司们都很稳定，离职的可能性很小。而我给他增设与主管同职位的可能性几乎没有，所以不如及早离开，另觅新路。

我说："以你六个月的表现来看，你的成长速度已经算很快了，只要坚持下去，以后一定能独当一面。但是，现在还不是时候。毕竟，专业这东西，不是大学里学过，理论上知道就行的，还需要在实际操作过程中慢慢沉淀才行。有些东西，你只有经历过，失败过，成功过，才能从更深层面理解。现在，很

---

① 耐得住寂寞［EB/OL］.［2016-08-17］. http：//weibo. com/2748081333/BunzLqcXo？ref=&type=comment#_ rnd1429343768765。

多东西你都还没有经历过，就想去做主管，太急于求成了些。只要你耐得住寂寞，假以时日，会有很多机会。”

但他实在等不了了。他感谢我对他的信任与坦白，但他认为另外的路会好走，于是就这样毅然决定离去，我觉得很惋惜。但既然这是他的选择，我只有尊重他，并为他祝福。

离开后，他时不时会打个电话给我。在断断续续的通话中，我听到他的行踪飘忽不定，足迹几乎遍及了珠三角的大部分角落，在电话中他时有抱怨世事不公，上司有眼不识英才。但更多的是对新公司新职位的渴望。听到他不断辗转的消息，有时候我也忍不住问自己一下：难道是我老了，观念太陈旧，太没有冲劲了？但很快，我又摇头。

三年后，我离开原公司，去了新公司。这家公司成长很快，员工规模也不断膨胀。在我接手后，短短不到半年的时间里，我所管辖的部门由50人迅速增加到400人。如此一来，管理和培训都变成了很大的挑战，在一些重要岗位上，人才更是变得奇缺。那时候，实验室进口了很多仪器，原实验室负责人开不动设备，因压力太大，申请辞职。我在部门内选了好久，选不出继任人选，而人事部也很久找不出合适人选。正在焦灼中，我忽然想到了三年前的那位下属。我觉得他是块璞玉，只是缺乏雕琢，也许经历过这样一段历程，能成长突破也说不定。于是，我打电话给他，他听了很激动，立即答应过来了。

在这份新职位上，他干得很投入，进步速度很快。他每天伏案翻译资料到深夜，白天不停调整测试程序，不久之后实验室所有设备有序地开动了。而后他又对所有的作业文件进行了梳理，重新进行了修改和增订。他的勤奋和用功，也引起了同事们的注意，大家都对他称赞有加。有那么一段时间，我觉得也许给他这么一个宽松的环境，提供一个让他充分发挥才华与干劲的岗位，他可能会真正超越，跃升到一个全新的层次去。

但是，好景还是没能持续太久。第七个月的时候他突然来找我，这次跟上次一样，他对我仍然很坦诚。他告诉我，这七个月他干得很开心，也是参加工作这么多年来，做得最有成就感的一段时间。虽然他觉得，我们部门气氛很好，大家也很有股热情赶超的劲头，但公司整体的氛围太懒散，做事拖拖拉拉、互相推诿的现象太严重。最后他说：“李经理，说句真话，我很佩服你，你有一腔热情改变这个公司，但我认为我做不到。其实整个公司，只有你一个经理是全身心想做好事的，其他人私心太重。而老总的观念太陈旧，我觉得这个企业很难发展起来，还不如尽早离开的好。”

我劝他：“你说的这些现象确实都存在，这也是公司大量引进新团队的原因。虽然现在我们加入的时间不是很长，但已经对公司的观念和工作习惯造成了冲击，至少品质部门就变得跟以前不一样了。相信随着更多人的加入，改变的速度和进程一定会加快。但无论如何，改变是一个渐进的过程，不能一蹴而就，我们要能耐得住改变过程中的这份艰难与寂寞。”他答：“你耐得住，我耐不住。我的青春年华，没有几年了。”我无言以对，只好放他走了。

至今，又七年过去了，我们的联络比以前少了很多，但他每次变动，还是会打电话或者发短信给我。相对于一般人，他的跳槽频率高很多倍。最近他刚刚从一家公司的主管岗位跳槽到另外一家公司同等职位上去了，在他发给我的短信中，有“老板就是个土包子”的字眼。我翻着短信，忽然有点感慨。我觉得，十年前他想做主管，早了，但十年后他还做主管，慢了。跟他同期入职的很多同事，甚至那些条件跟他比差很多的人，好多都已经在这个行业崭露头角，完全跃升到另外一个层次上去了，但他却还在为十年前最初想实现的梦想打拼，真是可惜了。

趁着青春好年华，好好经历，好好争取，好好成长，我赞成。但是我们也得明白另外一件事情：光有机会是不够的，还要懂得舍弃。某些看似更好的机会，更大的权，更多的利，其实并不像看起来那么美好，甚至有很多陷阱。很多人之所以碌碌无为，是因为缺少才华，没有机会。而我这位老下属则恰恰相反，因为其在智力与学历上的先天条件，所面临的问题则是机会太多，结果机会变成了他的灾难。一个个很好的机会，要么没能把握住，要么没能坚持住。更可惜的是，当一个个机会摆在他面前，没被好好善用之后，又变成了一个个机会泡沫，而他就这样沦为了机会孤儿，反而失去了成长机会。

一项工作，一种专长，一项本业，做得好，都少不了一样东西：专注力。所谓专注力，就是在工作上、事业上、生意上能心无旁骛，全身心投入。一件事情，只有全身心投入去做了，才能超越常人，能别人之所不能。所谓台上十分钟，台下十年功。别只看到别人抛头露面的风光，也要明白在台下，另有你不曾看见过的十年孤寂、隐忍、修炼以及坚韧。

【案例材料 2】

原地踏步①

王平刚参加工作时是位销售高手，业绩骄人，拿的业绩奖励在同级别的销售员中是最高的。但不久后他发现，其他业绩不如自己甚至是业绩二流的销售人员却晋升到领导自己的管理岗位上，而自己无论业绩如何好，拿的奖励如何高，就是不如居于这些管理岗位上的上司拿的综合奖励高。于是，他开始抱怨这个社会不公平，并产生种种揣测：他们和某某领导有关系，他们会拍领导的

---

① 原地踏步［EB/OL］.［2016-08-17］. http：//lw. china-b. com/zygh/lwzx_653301. html.

马屁。他们凭什么管理自己？他不服气，甚至开始发难，把时间和精力用在与自己的直接上司作对上，接下来他的销售业绩开始下滑。这样一来，他这位销售高手的命运可想而知。

王平愤愤然辞职，怀着新的希望加盟到另一个企业组织，又从零开始干起销售，自己原先的积累，除了销售经验打了一个大折扣后留存于自己职业生涯的包裹里，其余的统统化为乌有。

于是王平在新的销售岗位上开始了自己新的人生征程。他没有悟出自己在原单位失败的主观原因，在原有的思想观念支配下开始新的工作，结果他又一次重蹈了原来的覆辙。

王平这样反复折腾了几个单往后，对自己都没有信心了，甚至找个工作都很困难，因为这世界圈子很小，尤其同一行业的圈子更小，当他先后到几家新的单位应聘时，发现新的单位销售主管，有些甚至比他应聘的岗位高出许多级别的主管，都是他原来的同事，或是曾经接触过的人，有的还是他带过的小徒弟。正是这些主管对他有所了解，所以他的面试一次次失败。他开始抱怨这些人不念旧情，但这些抱怨对他自己找工作没有任何益处。

王平也曾经到几家没有认识自己的人的单位去应聘，那些坐在掌握着他饭碗的岗位上的主管们，尽管比起他属于“嘴上没毛”者，但依旧傲慢地把他上下打量一番后，开始了疑惑的甚至是挑剔的面试，因为坐在这些主管岗位上的人与他素不相识，只能按一般常理去推测：“您老这么大年龄还在寻找这么基础的具体工作，而且还跳槽 N 次，每次都是做重复的最基层的销售工作?”基于这样的前提他应聘成功的概率近乎于零，因为招聘者对他的能力和能力以外的诸多因素都持怀疑态度。

随着年龄的增长，家庭生活的担子越压越重，王平没有机合做更多的选择，只能是着急挣钱养家糊口，于是他只能委曲求全地做自己最不愿意做的工作，做最低层次的工作，做付出和收获比最低效的工作，做着随时都有可能被解除辞退的工作。因为越是这些低层次的工作竞争越激烈，这样的工作岗位随着社会的进步，随时都有可能消弭，同时许多命运和他一样、等待就业的待业者时刻在窥看着他所在的岗位，伺机取代他。

此时，连王平自己都感觉到人生的失意、失落、失败，灰暗的前景时刻袭扰他的心灵，逐渐染就了自己灰暗的人生。此时，他回首早期比同事更骄傲的业绩，仿佛只是遥远的蜃楼，或者那时心中的希望好像是发生在他人身上。他至今还不明白，最初一起参加工作的同事，处于同一人生起跑线上开始人生跋涉，为什么会有如此大的差别，为什么那些还不如自己的人会超过自己，甚至成为年薪丰厚的总裁级人物呢？他百思不得其解，最终他若有所悟——命运如此！

【案例材料3】

青云直上：命运的主宰①

程辉刚参加工作时是做销售工作，业绩虽不算特别突出，但在单位中一直算中上等水平，这样一做就是3年。程辉在做好销售工作的时候，经常积极地做客户访问笔记，每天把客户的意见记录下来，并在后面附上自己的意见看法，时间久了就形成自己独到的见解，并把这些问题和意见形成书面的报告，呈给自己的直接上司。每次集会发言时程辉不仅见解与众不同，而且有理有据。

程辉在做好销售工作的同时还主动帮助上司和周围的同事干活，尤其经常做自己团队中的事务性工作，上司有时也很自然地把这些活派给他做。有些好心的同事就劝他，这又不是你份内的工作，做了不仅没有收益，还影响你的销售收入。可程辉并不太介意，继续学他的雷锋，做他的好事，而且在交流销售心得时还主动把自己的经验招数拿出来与大家共享，这在别人看来是傻子举动。期间公司业绩虽有一定波动，但他一直坚持下来，后来他的上司因外部机遇调走了，而他因资格老而且拥有原上司的极力推荐和大家的良好口碑自然接替了原上司的工作。

当然后来程辉也遇到过一位脾气不好、毛病比较突出的上司，而他没有抱怨，从来不人前议论上司的不是，而是积极默默地配合上司的工作。这位上司后来因群众意见大、队伍不稳定、业绩上不去被企业辞退，程辉自然接替了这个位子。

后来，程辉在工作中也有过外部的机遇，也曾经调动过工作，但他的调动不是简单的因挣钱多而跳槽，更多的是看重发展机遇，是职务上的晋升。就这样程辉在大学毕业工作8年后的而立之年便升任某一颇具规模的公司副总裁，主管业务市场工作，年薪也以数十万元计。

在猎头公司的眼里程辉更是一位价值不菲的“奇货”，当年那些认为他比较傻的“精明”之人大多还在第一线做“资深”销售代表，原地踏步。而且随着年龄的增长，那些“资深”销售代表作为基层员工，其竞争优势正逐渐让位于更年轻的员工。

◎ **案例讨论：**

（1）请用职业锚理论的知识来分析《耐得住寂寞》和《原地踏步》中主人公的行为。

（2）专注力体现了一个人的职业价值观，你如何看待职业价值观的作用？

（3）有人说，工作经验是把双刃剑，对此你怎么看？

---

① 青云直上：命运的主宰［EB/OL］．［2016-08-17］．http：//zhiyeguihua. yjbys. com/fanwen/187335. html.

5. 实验步骤

（1）学生阅读实验案例，分析案例所体现的职业生涯管理方面的知识。

（2）将全班同学分成若干组，进行无领导小组讨论，每组 5~6 人。

（3）各小组代表分享本小组案例结论结果，其他小组负责在分享结束时提问。教师做好记录。

（4）老师点评各小组表现，总结案例带来的启示。

6. 考核要求

（1）能否准确运用职业生涯管理相关知识分析案例。

（2）对关键问题的理解程度。

（3）提出的解决方案是否具有可行性。

（4）实验报告书是否完整记录实验内容，逻辑是否合理，表达是否清晰。

（5）实验成绩评定比例：由于该实验项目着重考察学生的案例分析能力，最终结果的表现形式是报告书，所以，总成绩 100 分，实验成绩占 70%，案例报告占 30%。

7. 实验思考

（1）职业锚理论对职业选择的作用是什么？

（2）尽快确定你自己的职业锚。

实验四 职业生涯分析

1. 实验目的

了解职业生涯管理的含义和意义，通过案例分析学会如何规划自己的职业生涯，撰写科学合理的职业生涯规划书。

2. 实验条件

多媒体教室或者实验室。

3. 实验时间：

本次实验时间以 2 个课时为宜。

4. 实验内容

【案例材料】

张明和王亮的故事①

张明是某重点大学金融系的高材生，大学一毕业就在一家大型企业找到了令同学们羡慕的工作，张明自己对这份工作也很满意，不仅专业对口，收

① 道锐思．照亮你前途的七盏灯［M］．北京：中国长安出版社，2003：1-6.

入也很理想。张明开始了自己日复一日的职业生涯。转眼两年过去了，张明对自己的工作也早已应付自如。他每天都按部就班地完成上司分给自己的任务，尽量不主动去参与分外的事。五年后，张明坐上了主管的位置，他开始专心经营自己的小家庭。不知不觉到了40岁，张明的职位再也没有得到提升。这时意想不到的事情发生了。张明的公司突然被另一家竞争对手收购，接着就是机构重组，张明和其他一些老同事被列入了待安置的名单里。后来因为另一名主管不满意新的职位安排辞了职，张明才总算保住了饭碗。这一系列的变化让他实在难以接受，他抱怨公司没有人性，抱怨社会变化太快，抱怨政府没有完善的社保系统，他就这样一边抱怨一边工作，一直到了退休。退休那天，张明哭了，他想起自己20岁时曾梦想做一名优秀的财务经理，但他不知道自己是什么时候怎样丢掉这一梦想的。可现在他知道说什么都晚了。

王亮是一所普通大学机械系的毕业生，一没有当地户口，二没有名牌大学学历，毕业后一直没有找到满意的工作。为了生存，王亮到一家朋友开的小公司帮忙做网页设计。虽然收入微薄，但他却非常投入，一干就是两年。这使他的朋友很感动，于是推荐他去一家跨国公司应聘，竟然被录用。新工作的职位是管理见习员，收入也不高，但王亮非常珍惜这个机会，全身心地投入到了工作中。一年后，他完成了各部门的实习，被分配到设备保养部做技术员，因成绩突出，三年后又被提为主管工程师。后来公司全面推行6-Sigma管理，他被选为项目推动小组成员，并接受专业的绿带资格培训，在项目组又做了三年。这种工作经历大大提高了他的能力，开阔了他的眼界。公司在南方成立分公司时，他被提升为华南区总经理。40岁那年，又被提升为公司中国区总经理，举家迁到北京。十年后，他成为集团亚洲区副总裁，一直干到退休。离开公司后，王亮并不清闲，因为公司还聘他为高级顾问，他还是公司董事局成员，还有很多高校请他去做客座教授。学生们向他请教成功的秘诀，他说："其实成功没有什么秘诀，如果有也是一些众所周知的法则。我个人的成功主要有两个法则：一个是态度，另一个是目标。我把它叫作个人使命。"他对大学生们的忠告是：20岁是你事业的起步期，如果这时你还没有自己的梦想，你将要为此付出巨大的代价；40岁是你事业的飞跃期，如果这时你还不能保持积极乐观的心态，你可能永远都在起步期；60岁，这时你并不需要特意做什么，如果你前40年做对了，这时你想不辉煌也难，如果你前40年没有做对，这时你想不凄凉也难。

张明和王亮的故事告诉我们：生活是公平的，当你努力工作，尽量多付出的时候，你不知不觉就会收获很多；当你时时计较能获得多少，只做分内事的时候，却往往收获甚微。这也是职业生涯成功的法则。当我们都掌握了人生的基本法则并能坚持去做，那么成功是不难的，至少不像你想象的那么难。

完整的职业生涯管理包括七个方面的内容：个人职业理想的确定，自我评估，职业生涯机会评估，职业选择，职业发展路线和职业行动计划的制订。

◎ **案例讨论：**

结合个性特征测验实验和本案例分析实验，学习和掌握如何规划自己的职业生涯，并形成自己的职业生涯规划报告书。

5. 实验步骤

（1）实验准备：学生准备好个人资料，包括性格特征、兴趣特长、专业方向、职业倾向测评结果等。

（2）学生通过网络及微博、微信等新媒体了解所在城市社会环境和经济发展趋势及可能从事行业的特征。

（3）根据所学的职业生涯理论，运用 SWOT 分析法进行自我评估和职业机会评估。

（4）在确定职业目标后制订具体行动计划，充分反映一个人的价值观，有一个时间维度，区分为长期目标和短期目标。

（5）学生课堂分析职业生涯计划，教师可以采取小组讨论形式调动学生的积极性，并给予点评。

（6）学生总结并完成报告书。

6. 考核要求

（1）能否准确理解职业生涯管理的相关知识。

（2）是否了解职业生涯规划的一般构成。

（3）是否独立制作个人职业生涯规划书。

（4）实验报告书是否完整记录实验内容，逻辑是否合理，表达是否清晰。

（5）实验成绩评定比例：由于该实验项目着重考察学生的案例分析能力，最终结果的表现形式是报告书，所以，总成绩 100 分，实验成绩占 70%，案例报告占 30%。

7. 实验思考

（1）你喜欢现在的专业吗？你有辅修双学位吗？

（2）你将来想在哪里找到一份什么样的工作？

（3）为了将来找到理想的工作，你都做了哪些努力？

【参考资料】

一名大学生的职业生涯规划书①

【姓名】

×××

【规划期限】

5 年

【起止时间】

2015 年 9 月至 2020 年 9 月

【年龄跨度】

22~27 岁

【发展目标】

总体目标：成为一家大中型企业的人力资源部门经理。

目标分解：总体目标可分解为两个目标，一个是顺利毕业，另一个是成为一名人力资源管理人员。第一个目标可分解为学好必修课和选修课，修满学分，顺利毕业；第二个目标可分解为接触社会环境阶段、了解社会环境阶段及熟悉社会环境阶段。

目标组合：顺利毕业的前提是学好专业课程，而学好专业课程对职业目标的实现（成为一名人力资源管理从业人员）有促进作用。

【个人分析】

个人性格：比较外向，善于沟通，能够较好地处理人际关系；有责任心，热情开朗，善于表达自己的观点，能够积极听取不同意见；有同情心，喜欢关心他人，并提供实际的帮助，对朋友真诚友好；自尊心强，做事严谨而有条理，愿意承担责任，依据明晰的判断结果和收集的信息做决定。

职业兴趣：喜欢新鲜的观点和理念，偏爱具有挑战性的工作；注重工作的逻辑性和条理性，仔细推敲细节来完成工作；对工作执着，有充足的决心和毅力坚持完成具有一定困难的工作；愿意与他人合作，利用团队的力量解决困难和棘手的问题；经个性测验发现个性特质属于胆汁质和多血质混合，霍兰德职业倾向测试结果表明是社会型和企业型两种类型的混合；16PF 人格因素测试中在乐群性、智慧性、恃强性、有恒性、独立性等因素方面的得分在 8 分以上；对人力资源管理专业非常热爱，这也是自己的兴趣所在。

自身能力：英语听说水平较好，英语六级考试 550 分，能和留学生进行英语沟通；人力资源专业理论扎实，专业课平均成绩 88 分，并涉猎心理学和社会学相关

---

① 李浇，支海宇．人力资源管理实训教程［M］．大连：东北财经大学出版社，2009：139-142.

专业的知识；有很强的学习愿望和能力；在大学中长期担任学生干部，有较强的组织协调能力。

职业价值观：获得赏识、自我发展。细化为：

（1）工作是在一个具有良好规范的制度下顺利进行的；

（2）自己在工作中能够及时有效地获取相应的资源；

（3）希望在工作中获得上级的支持与肯定；

（4）希望在工作中获得良好的职业培训和职业发展机会；

（5）所从事的工作在社会上地位比较高；

（6）希望通过积极的工作获得更多的支配权；

（7）希望通过工作获得较高的报酬来满足自身发展。

【社会环境分析】

中国现在是一个经济、政治、文化高速发展的国家。国民经济保持了适度快速发展，中国与世界各国在经济、政治、文化方面的交流日益深入，人力资源管理对企业发展的重要性也越来越突出，受到社会的高度重视，本土企业和外资企业纷纷成立了具有现代意义的人力资源部门。中国加入 WTO 后，中国企业的管理模式也更快地与世界接轨，人力资源管理将在企业长期目标的实现过程中扮演重要的角色。

【职业分析】

社会发展将会对人力资源管理产生重要的影响，社会对人力资源的依赖性将越来越大，因而对人力资源管理从业人员的需求也将越来越大。

【具体实施方案】

提高能力，缩小与专业人力资源管理从业人员的差距。

（1）思想观念上的差距：HR 不只是管理人员，HR 必须了解企业发展的各个方面，这种观念差距需要向有经验的人虚心请教。

（2）能力差距：理论知识只是学习的一个方面，目前大学培养的学生很难达到企业的需要，一个重要的原因就是理论和实际脱节，为了缩小这种差距，必须在实践中去深刻体会。

（3）心理素质差距：针对现在大部分毕业生是 90 后和“独生一代”，遇到挫折和失败往往就会退缩，这种差距只有经过磨练才能慢慢消除。

【成功标准】

在 30 岁以前有自己的家庭，成功标准是个人职业和家庭生活协调发展。

【评估和反馈】

职业目标评估：考虑职业竞争状态和发展模式，调整策略，选择职业方向和最优路径。

影响因素：所选职业如果严重影响身体健康和家庭生活，我将综合考虑个人职业发展和家庭需要，如有必要，考虑调整发展方向。

评估时间：5年。在接下来的5年，对自己做更深入的了解，充分认识自己的优点和缺点，了解最新专业知识，在最后一年制订新的、较完善的发展计划。

调整原则：由于社会家庭以及个人因素的不断变化，在实际情况中，对既定计划作出及时的改变，以适应职业发展的需要。

表 8-3 个人职业生涯规划书

<table>
<tr><td>姓名</td><td></td><td>年龄</td><td></td><td>性别</td><td></td></tr>
<tr><td>籍贯</td><td></td><td>学历</td><td></td><td>性向</td><td></td></tr>
<tr><td>个人性格</td><td colspan="5"></td></tr>
<tr><td>职业兴趣</td><td colspan="5"></td></tr>
<tr><td>自身能力</td><td colspan="5"></td></tr>
<tr><td colspan="6">自我 SWOT 分析：根据自己的职业性向和掌握的相关职业信息对自己在所处环境中的优势、劣势、机会和障碍进行分析。</td></tr>
<tr><td>优势</td><td colspan="2"></td><td>劣势</td><td colspan="2"></td></tr>
<tr><td>机会</td><td colspan="2"></td><td>障碍</td><td colspan="2"></td></tr>
<tr><td colspan="6">适合的职业发展方向和目标：</td></tr>
<tr><td colspan="3" rowspan="6">目标设定</td><td>短期目标</td><td colspan="2">起止时间</td></tr>
<tr><td></td><td colspan="2"></td></tr>
<tr><td>中期目标</td><td colspan="2">起止时间</td></tr>
<tr><td></td><td colspan="2"></td></tr>
<tr><td>长期目标</td><td colspan="2">起止时间</td></tr>
<tr><td></td><td colspan="2"></td></tr>
<tr><td colspan="3">学习目标</td><td colspan="3"></td></tr>
<tr><td colspan="3">奋斗信念</td><td colspan="3"></td></tr>
<tr><td colspan="3">如何行动</td><td colspan="3"></td></tr>
<tr><td colspan="3">评估和反馈</td><td colspan="3"></td></tr>
<tr><td colspan="3">规划人</td><td></td><td>日期</td><td></td></tr>
</table>

实验五　人员评估与挑战

1. 实验目的

通过对人员素质测评方法（公文筐测验）的正确运用，了解人员素质测评的基本流程和环节，进行有效的人员素质测评。

2. 实验条件

多媒体教室或者实验室。

3. 实验时间

本次实验时间以 4 个课时为宜。

4. 实验内容

编制或选择公文筐测试的材料，把握公文筐测验评价的能力维度，学会组织实施公文筐测验和撰写公文筐测评报告。

5. 实验步骤

测评准备阶段：

（1）老师讲授公文筐测验内容和要求，实验内容包括总指导语、测试材料、答题册、评分表和评价指标。

（2）对全班学生进行分组，每组 5~6 人。

（3）选择测试场地。

测评实施阶段：

这一阶段通常需要 1~3 个小时，为了保证公平性，在正式测评前被试者不得翻看测验材料。被测者对文件的处理意见或答案都要写在答题纸上。被测者要独立完成工作，不能与外界进行交流，期间有任何问题都不能向主考官提问。测评结束时停止答题，检查在答题纸上是否写了编号，对于提前做完的被测者，不能离开，因为下一阶段考官可能还会对被测者进行必要的追问。

测评结果的反馈运用与评价：

测评结束以后，主考官对被测者的答案做出简短的评价，在被测评者的回答模糊不清时，进行单独提问，以获取新的信息明确模糊之处。主考官在评价面试者的实际回答时，不仅要看清文件处理的方式方法，还要结合其对每个文件处理办法的理由进行说明。因为即使两位被测者的处理办法一样，但是不同的处理理由往往反映出不同的能力水平。

6. 考核要求

（1）是否掌握公文筐测验的内容。

（2）能否在规定时间内独立真实地完成多种测试内容。

（3）分析公文筐测验的优缺点和注意事项。

（4）是否完整记录实验内容，文字表达是否准确、清晰。

（5）总成绩 100 分，实验成绩占 70%，实验报告占 30%。

7. 实验思考

（1）公文筐测验测评的岗位维度有哪些？哪些维度不能使用公文筐测验？

（2）如何选择和编制公文筐测验材料，使讨论材料与拟胜任岗位相关？

（3）在实施公文筐测验时要把握哪些关键环节、哪些注意问题？

（4）掌握和运用公文筐测验的实施流程。

【参考资料】

（1）基本人员素质测评方法如表 8-4 所示①。

表 8-4 **人员素质测评方法**

测评方法	测评内容
管理能力测验	运用情景模拟中的公文处理技术对管理人员或应聘人员的管理能力进行测评
智力测验	测验人的逻辑推理、语言理解和数字计算方面的能力
卡特尔 16 种个性测验	测验人的内向与外向、聪明和迟钝、激进与保守、负责与敷衍、冒险敢为或胆小畏缩、顾全大局或矛盾冲突、情绪激动或情绪稳定等方面的个性特征
职业倾向测验	测验职业兴趣是现实性、企业型、研究型、社会型、艺术型还是常规型
气质测验	测验人的气质是胆汁质、多血质、黏液质还是抑郁质
一般能力倾向测验	测验人的图形识别、空间想象、计算的速度与准确性、语言理解、词语组合等方面的能力倾向性
A 型行为与 B 型行为	测验人对自己的要求高，经常超出自己实际能力的计划，完不成计划又很焦虑；还是随遇而安，不会强迫自己紧张地工作
领导测评	测验其是否适合在当前的职位上工作，哪些职位适合其工作，如何提高管理水平

（2）人员素质测评模型如图 8-2 所示②。

① 吴国华，崔霞．人力资源管理实验实训教程［M］．南京：东南大学出版社，2008：136.

② 萧鸣政．人力资源管理实验［M］．北京：北京大学出版社，2012：76.

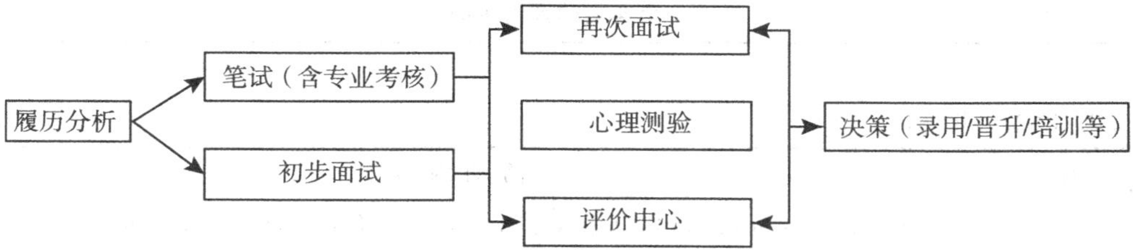

图 8-2 人员素质测评模型

（3）公文筐测评材料及结果数据可参见下文及表 8-5①。

关于挑选 A 分公司经理的请示

总经理：

由于公司业务扩张，今年将在华中区设立 A 分公司，为此需要确定 A 公司经理人选，为了保证 A 公司业务的正常运转，准备从公司总部候选人员中调任，经过对张××和李××两位部门经理的内部考核，经董事会同意，公司拟任命张××为 A 公司新任经理。

关于张李两位经理的考核结果以及 A 公司经理任命通知已经发到您的邮箱，请总经理批复。

以上请示是否得当，请批示。

人事部

××××年××月

表 8-5 公文筐测验测评结果数据表

考号：101	姓名×××	性别：女	年龄：38	—
工作条理性	预测能力	计划能力	决策能力	沟通能力
66	77	45	93	90

（4）一个典型的评价中心②如表 8-6 所示。

① 汪金龙，刘福成．人力资源管理实验教程［M］．天津：天津大学出版社，2009：44.

② 吴志明．员工招聘与选拔实务手册（第 2 版）［M］．北京：机械工业出版社，2006：236-238.

表 8-6 **一个典型的评价中心**

时　　间	活动内容
2015-10-22（星期日）	
时　　间	活动内容
17：30	6 名评价者和 12 名候选人在某宾馆集合。评价中心的所有活动都将在这个宾馆中进行。在此期间他们将在宾馆入住
18：00—19：00	晚餐
19：15—19.30	开会、致辞
19：30—19：50	介绍活动的日程安排
19：50—20：30	个人进行自我介绍
20：30—	自由活动
2015-10-23（星期一）	
时　　间	活动内容
7：30—8：30	早餐
8：45—11：45	管理游戏
	• 首先将候选人分成四个小组，参加管理游戏。管理游戏的内容是提供给每个小组一笔有限的资金用于采购原材料，制造成产品并销售出去。原材料是玩具的零件，这些零件可以装配成不同的产品，每种产品都有规定的市场价格
	• 候选人的任务是首先决定如何来投资以得到最高利润，然后组织采购、制造和销售，评价者观察候选人的领导风格、组织能力、财务敏感性、思维速度以及在紧张情况下的效率
	• 评价者也会给候选人一些突发的事件。例如，候选人突然接到一个通知，说原材料与产品的价格都突然改变了，这就需要候选人果断地作出决策，重新安排资金和组织工作。当大家刚刚安排完新的工作，忽然价格又一次发生了变化。候选人在这些突发事件中做出的决策行为和处理办法，使得评价者能够从中对他们的适应能力作出评价
	• 在游戏结束的时候，评价者要求每一位候选人写出一份报告，对自己和其他人的执行效果作出评价
12：00—13：00	午餐
13：00—15：30	心理测验与面试

续表

时　间	活动内容
	候选人接受心理测验，在此过程中，评价者会对每一个候选人进行个别谈话。每个候选人的详细背景资料已经事先提供给评价者，通过这些资料可以审查候选人过去的工作经历、求职动机以及自我发展意识等，这是考察候选人过去行为的一个重要方式
15：30—15：45	休息
15：45—17：30	无领导小组讨论
	在两个没有组长的6人小组中，候选人进行晋升决策的讨论。在这里，候选人扮演的是主管人的角色，他们将会从上级那里接到一个简短的通知，要求在6人小组中挑选出一个人给予提升。每个候选人接到一份“选拔对象”的档案资料。当每个候选人读完了手中的这份资料之后，他们将有一个小时的时间展开讨论，来决定推荐谁得到晋升。评价员可以观察候选人在讨论中所表现出来的主动性、自信心、灵活性、说服本领、表达技巧和人际交往能力等
17：30—18：45	晚餐
19：00—21：30	每个候选人接到一份如何才能更好地选用员工的材料以及一份求职者的履历表。他要阅读这些材料，因为这些材料将在第二天的一个练习中使用，当他们在自己房间里阅读这些材料时，他会接到一个特殊的“骚扰电话”。这个电话是由评价者安排的，目的是考察候选人的灵活反应能力和情绪稳定性（候选人事先并不知道这个电话，而且这个电话伪装得足够好，以至于候选人几乎不能发现这项内容在对自己的评价范围内）

2015-10-24（星期二）

时　间	活动内容
7：30—8：30	早餐
8：45—11：45	文件筐练习
	假设候选人处于总经理的职位，在他的文件筐中装满了他要处理的各种各样的文件。他要回答被查询的事件，可以索要他要进一步了解的信息，也可以适当地授权给下级。他要像真正处于那个职位的人那样组织计划和开展工作
12：00—13：00	午餐
13：00—14：30	模拟面谈

续表

时　　间	活动内容
	第一单元
	候选人按照前一天准备好的材料接待求职者的来访，评价者在场观察，申请工作的人由受过这方面专门训练的大学生来扮演。访谈持续约一个小时，等申请人离开以后，评价者会询问候选人对申请人了解到了一些什么信息
14：30—14：45	休息
14：45—15：30	模拟面谈
	第二单元
	评价者提供给候选人一份材料，材料的内容是关于一个员工违反公司纪律的问题。由候选人与这个员工进行一次面谈。通过本次练习，评价者可以评价候选人对人事问题的鉴别和判断能力，以及他在处理下级人员的事件时的敏感性。同时，还能深入了解他在集体行动中的行为表现
15：45—17：30	无领导小组讨论
	某城市决定在海边的一个小岛上开发一个休闲度假村，候选人组成一个项目小组向投资委员会提供设计方案，并接受投资委员会的质疑
17：30—18：45	晚餐
19：00—21：30	将一个公司的详细资料和数据提供给全体候选人。要求每一个候选人站在顾问的立场审阅财务和市场销售情况，并准备一份关于发展一种产品的书面建议提交给董事会。与此同时，评价者要准备第二天的活动，并详细阅读候选人的文件筐测验结果

2015-10-25（星期三）

时　　间	活动内容
7：30—8：30	早餐
8：45—9：30	演讲
	分成4个小组，每个小组有1名评价者和3名候选人轮流用口头介绍他前一晚准备好的对公司材料的分析并提出书面建议
9：30—11：45	书面的案例分析
	3名候选人集中在一起用2个小时统一意见，写出一份综合性的建议书
12：00—13：00	午餐
13：00—14：30	候选人向评价者提出自己关心的问题

续表

时　　间	活动内容
14：30	候选人离开宾馆
14：45—	• 评价者对候选人进行讨论，并准备对候选人的评价做出汇报
	• 在整个练习的过程中，每一名评价者都争取尽可能多的机会密切观察每一名候选人。因此，在评价者对候选人进行评价的过程中，例如，在对候选人 A 进行评价的时候，由接待候选人 A 进行个别谈话的评价者总结他的背景以及他自己对该候选人在谈话过程中的行为评价。然后，另外一名评价者对 A 的文件筐练习进行评价，向大家说明 A 在文件筐中的表现，以此类推。每个评价者都介绍自己所观察到的对候选人 A 的印象。每个评价者尽可能使这些评价保持客观
	• 当所有观察过 A 的评价者都对其发表意见后，他们开始从潜在的管理能力出发，判断候选人 A 的能力对拟胜任职位的适宜性以及对今后培训及发展方向的建议。最后将大家的统一意见写成总结性报告

实验六　本章综合案例

1. 实验目的

了解组织职业生涯管理的重要性，掌握组织职业生涯管理的步骤和方法，学会如何进行组织职业生涯管理。

2. 实验条件

实验室或者多媒体教室。

3. 实验时间

4 个课时。

4. 实验内容

【案例材料】

职业生涯管理对华为成功的重要作用①

在 2014 年《财富》世界 500 强中，华为排行全球第 285 位，与上年相比

① 职业生涯管理对华为成功的重要作用[EB/OL].[2016-07-16].http://baike.baidu.com/link?url = nI _ V-PR _ Uc-WYLhtfvX9udKLdxeMIFBBzvZvIFGNVQxsBcVaczcdLDA _ ZFWu0ofZ0R2SB2GXMdrtr3OSZmRNJRu-CsE8B32IK1UNR_rsMSEyX_FJ7OrWSOiB6 Jnz1-xXDwhMtYch9uZqFYBPZe4Zfq；http://doc.mbalib.com/view/d72a8011eedd4f975c6fe9713f95be7a.html.

上升30位。2014年上半年度，华为实现销售收入1358亿元人民币，同比增长19%，营业利润率为18.3%。2014年10月9日，Interbrand在纽约发布的“最佳全球品牌”排行榜中，华为以排名94的成绩出现在榜单之中，这也是中国内地首个进入Interbrand Top100榜单的企业。

华为公司的成功是因为该公司集聚了大量优秀的、受过良好训练的技术人才，这些人才是华为最宝贵的财富，是其发展与竞争力的主要根源。华为能吸引、保留和激励这些高级人才，不仅仅是因为丰厚的物质待遇，更是因为它能为这些员工提供良好的提高、成长和发展机会，其中一个非常重要的因素就是帮每位员工制订令他们满意和有针对性的职业发展计划。

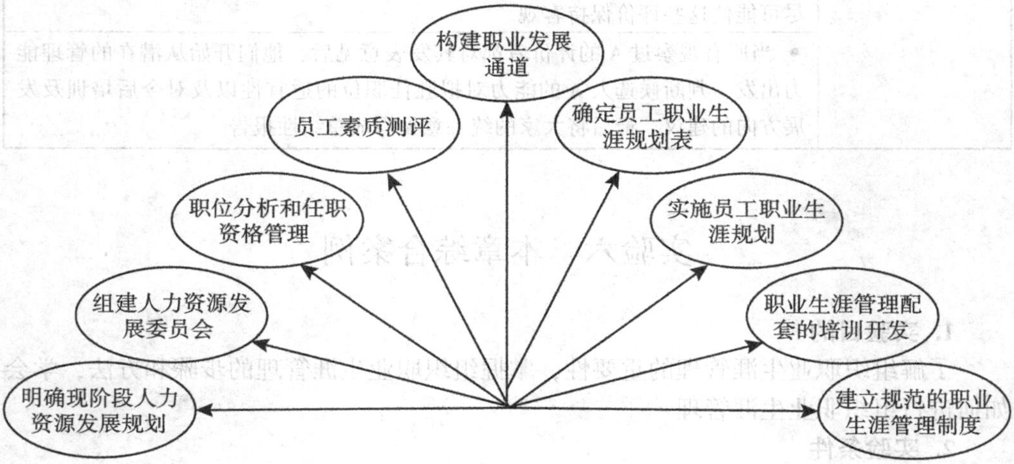

图8-3 华为员工职业生涯规划图

（1）明确现阶段人力资源发展规划。华为根据全球化发展目标制定人力资源规划。人力资源管理委员会根据年度用人标准和各部门用人标准确定公司人力资源的供给和需求状况，为公司业务正常运作提供人力资源支持。

（2）组建人力资源管理委员会。人力资源管理委员会成员包括人力资源总裁、人力资源部主管、各大部门主管、华为大学主管、各大部门干部、业务部门代表。这可以有效协调不同职类、不同职级员工的合作，保证员工职业生涯管理工作的有序进行。

（3）职位分析和任职资格管理。职位分析：根据“基于事实而不是判断，基于职位现状而不是假设，分析职位本身而不是任职者”的原则，以职位说明书的方式表示不同员工在不同职位上的职责、权限和职位关系。

任职资格：员工任职资格是优先获得岗位资格和聘用标准的依据，是员工职级上调的必要条件，是制定人力资源规划的重要依据。

(4) 员工素质测评。华为进行员工素质测评的目的在于全面掌握员工的个人能力、个性特征和职业倾向，并为其职业生涯的目标设立提供参考。员工素质测评的信息包括以下两个方面：

①员工基本信息，包括员工的年龄、学历、工作经历、兴趣爱好等。

②工作状况记录信息，包括 PBC 绩效评估结果、晋升记录及参加各种培训情况的记录等。

(5) 构建职业发展通道。华为是唯一一个实施从基层员工到副总裁岗位轮换制度的企业，这种特殊的岗位轮换制度，充分发挥了人力资源潜力，促进了内部人才科学、合理、规范的流动，建立了合理的人才流动渠道和员工双重职业发展通道，有利于最大化员工的职业目标。

(6) 确定员工职业生涯规划表。华为根据职业生涯发展通道设计，参考员工素质测评的结果，同员工一起填写企业与员工达成一致的职业生涯规划表。

员工职业生涯规划表主要体现以下两个方面的信息：

①选择适宜职业。职业选择是事业发展的起点，选择正确与否，关系到事业的成败。

②选择职业生涯路线。职业生涯路线是指一个人选定职业后通过什么途径实现自己的职业目标，比如是向专业技术方向发展，还是向管理方向发展等。企业会同员工设立的职业生涯目标可以是多层次、分阶段的，这样既可以使员工保持开放灵活的心境，又可以保持员工的相对稳定性，提高工作效率。

(7) 实施员工职业生涯规划。实施员工职业生涯就是通过对培训、轮岗、绩效考核等人力资源活动，帮助员工逐步实现职业生涯规划表所列的规划目标和过程。

(8) 进行与职业生涯管理相配套的培训开发。

新员工培训：华为大学对所有新员工进行 2 周的企业文化培训，对技术服务部和市场营销部新员工进行第一阶段 3 个月的培训，对第一阶段培训合格的营销部员工进行 1.5 个月的第二阶段培训，对所有的研发新员工进行 3 天业务培训。

在职员工培训：在职员工培训包括部门内部培训和公司统一培训。

岗位适应性训练：公司对岗位适应性差的员工，以及因工作作风进而导致本部门士气低下的中基层干部进行训练，帮助员工正确认识自我和发现管理中存在的问题。

(9) 建立规范的职业生涯管理制度。在职业生涯规划实施过程中及时听取相关员工对职业生涯规划的有效反馈，人力资源管理委员会负责对职业生涯

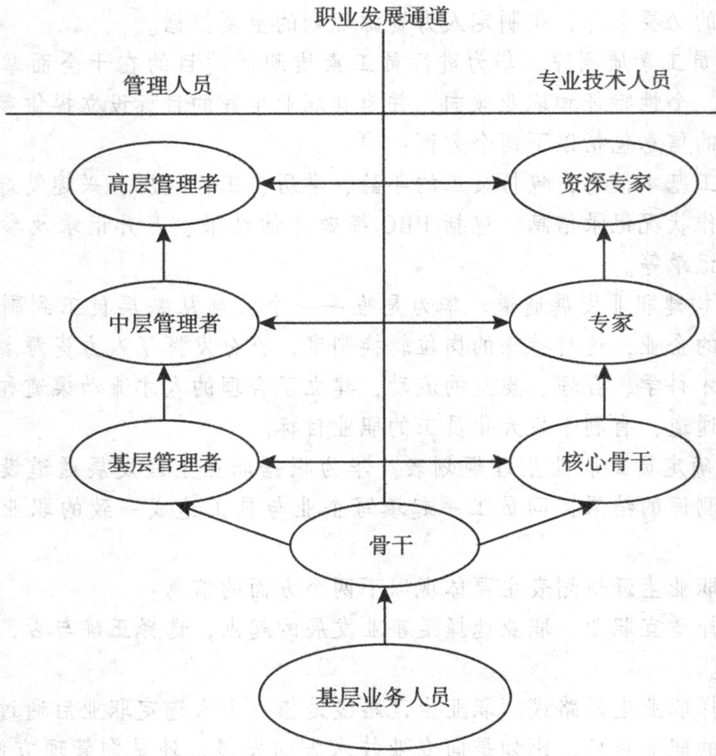

图 8-4 华为员工职业发展通道

规划实施过程中出现的问题，以及员工提出的建议与措施，经过系统评估后，修正职业生涯规划制度。通过对制度的修正和完善，及时纠正最终职业与分阶段职业的偏差。华为经过多年实践制定了有效、健全、可行的员工职业生涯管理制度（见后文参考资料 2）。

◎ **案例讨论：**

（1）华为的人力资源管理制度对华为的成功起了怎样的作用？

（2）任职资格制度对人员职业发展有什么样的影响？

5. 实验步骤

（1）准备阶段。结合本节案例，学生查阅华为公司的相关资料和信息，全面了解华为公司职业生涯管理制度。

（2）分组讨论。将所有参与学习的同学分成若干组进行无领导小组讨论，每组 5~6 人，学习华为公司员工职业生涯规划图和任职资格管理制度。

（3）各小组派代表分享本小组观点，其他小组可以在上一个小组分享结束时提问。教师做好讨论记录。

（4）所有学习成员根据讨论结果以小组形式提交华为公司组织职业生涯分析报告。

6. 考核要求

（1）能否准确运用组织职业生涯管理相关知识分析案例。

（2）对华为员工职业发展通道和任职资格管理制度的理解程度。

（3）实验报告书是否完整记录实验内容，逻辑是否合理，表达是否清晰。

（4）实验成绩评定比例：由于该实验项目着重考察小组的团队协作能力，最终结果的表现形式是小组报告书，所以课堂表现占40%，案例报告书占60%。

7. 实验思考

（1）华为公司的组织职业生涯管理有何特点？

（2）在本案例中，华为实行的轮岗制度在进行员工职业生涯规划中的作用是什么？

（3）相比传统的人员素质测评方法，华为进行员工素质测评的工具之一是PBC（Personnel Business Commitment），这种依据是否合理？为什么？

【参考资料1】

表8-7　**人员素质测评方法①**

测评方法	测评内容
管理能力测验	运用情景模拟中的公文处理技术对管理人员或应聘人员的管理能力进行测评
智力测验	测验人的逻辑推理、语言理解、数字计算方面的能力
卡特尔16种个性测验	测验人的内向与外向、聪明和迟钝、激进与保守、负责与敷衍、冒险敢为或胆小畏缩、顾全大局或矛盾冲突、情绪激动或情绪稳定等方面的个性特征
职业倾向测验	测验职业兴趣是现实性、企业型、研究型、社会型、艺术型还是常规型
气质测验	测验人的气质是胆汁质、多血质、黏液质还是抑郁质
一般能力倾向测验	测验人的图形识别、空间想象、计算的速度与准确性、语言理解、词语组合等方面的能力倾向性
A型行为与B型行为	测验人是对自己的要求高，经常制订超出自己实际能力的计划，完不成计划又很焦虑，还是随遇而安，不会强迫自己进行紧张的工作
领导测评	测验其是否适合在当前的职位上工作，哪些职位适合其工作，如何提高管理水平

① 吴国华，崔霞．人力资源管理实验教程［M］．南京：东南大学出版社，2008：136.

【参考资料2】

PBC绩效管理

PBC是Personnel Business Commitment的英文缩写，中文解释为个人绩效承诺。PBC是华为公司绩效管理的重要工具，是绩效管理的载体，PBC的使用贯穿整个绩效管理过程的始终。

在PBC绩效目标阶段，管理者与员工就绩效考核目标达成一致，共同制定“个人绩效承诺”，制定的个人绩效承诺符合SMART原则。

（1）PBC指标：

结果目标承诺；

目标承诺权重衡量标准参数；

执行措施承诺；

目标承诺权重衡量标准参数；

团队合作承诺；

目标承诺权重衡量标准参数。

（2）PBC目标来源：

来源于部门目标或公司战略目标，体现出对部门绩效的支撑；

来源于职位应付责任；

来源于业务流程的最终目标，体现出该职位对流程终点的支持；

来源于跨部门团队，体现出该职位对跨部门团队目标的支持。

（3）PBC绩效辅导。PBC绩效辅导阶段是管理者辅导员工共同达成目标/计划的过程，也是管理者收集及记录员工行为/结果的关键事件或数据的过程。管理者应注重在部门内建立健全“双向沟通”制度，实施绩效跟踪，根据实际情况对工作目标进行必要的调整，辅导员工共同解决问题。

（4）PBC绩效评价。在PBC绩效评价阶段，管理者综合记录和收集考核信息，对照员工的PBC个人绩效承诺，依据公司的“绩效等级标准定义”和比例要求，给出考核结果并做出客观的评价。

绩效等级标准定义有以下几点：

杰出实际绩效：经常显著超出预期计划/目标或岗位职责/分工要求，在计划/目标或岗位职责/分工要求所涉及的各个方面都取得特别出色的成绩。

良好实际绩效：达到或部分超过预期计划/目标或岗位职责/分工要求，在计划/目标或岗位职责/分工要求所涉及的主要方面取得特别出色的成绩。

正常实际绩效：基本达到预期计划/目标或岗位职责/分工要求，无明显的失误。

需改进实际绩效：未达到预期计划/目标或岗位职责/分工要求，在很多方面或主要方面存在着明显的不足或失误。

对于主要精力投入到跨部门项目工作中的人员，功能部门在进行季/年度考核时，原则上采用项目组的评价结果，若有不同意见，需与项目组充分沟通，达成一致。

考核评委：管理者、绩效评价者和员工共同承担考核责任。

第一，员工所在部门的直接主管为考核责任者，综合各绩效评价者提供的意见和依据，对照被考核者的个人绩效承诺，做出客观评价。考核责任者对员工考核结果的公正合理性负责。

第二，项目组是员工的绩效评价者，根据员工个人绩效承诺的达成情况，做出客观公正的评价并提供客观事实依据。绩效评价者对绩效评价的公正公平性和事实依据的真实性负责。

第三，直接主管的上级主管为考核复核者，对考核结果负有监督、指导责任。考核复核者不得擅自更改员工的考核结果。若对考核责任者的评价有疑义，应同考核责任者沟通协调解决。

（5）绩效反馈。评价结果经考核复核者同意后，经过充分准备，直接主管作为考核责任者必须就考核结果向员工进行正式的、面对面的反馈沟通，内容包括肯定成绩、指出不足及改进措施，共同确定下一阶段的个人绩效目标。对于考核结果为“需改进者”的员工，直接主管还需特别指定限期改进计划。

【参考资料3】

华为任职资格管理制度①

（1）任职资格的内涵。任职资格是指在特定的工作领域内，根据任职标准，对工作人员工作能力的证明。任职资格体现个人属性，一般指在现实工作环境中完成任务的能力。任职资格体现了组织需要，也体现了任职者的职位胜任能力，是决定个人绩效的内部关键所在。任职资格是动态的，随着企业和业界的发展而发展。

（2）任职资格管理的目的。一是通过任职资格制度规范人才的培养和选拔，推动员工不断提高水平，引导有水平的人做实事，按一定标准给予评价。二是通过资格认证，激励员工不断提高职位胜任能力，促进组织绩效和员工个人绩效的持续改进，以职业化的员工队伍参与国际竞争。三是树立有效培训和自我学习的标杆，以资格标准牵引员工不断学习、不断改进，保持公司的持续发展。

（3）任职资格原则。

第一，以岗位管理为基础。任职资格以支撑公司的业务为根本出发点，其管理、评价、提升均以职位需要为依据。

---

① 华为任职资格管理制度［EB/OL］．［2016-07-16］．http：//weibo.com/3232273277/BytUomqFn？type=comment#_rnd1429344427751.

第二，以任职能力为核心。任职资格管理的核心是员工能力的提升。

第三，关注绩效优秀的员工。任职资格为绩效优秀的员工提供更多的发展机会。

(4) 资格分类等级。任职资格类别与职位类别保持一致，但不包括操作族。任职资格等级的设置根据职位的需要设定。目前技术族、营销族任职资格分为6级；专业族任职资格分为5级；管理族任职资格分为3级。

为了更加准确地表示参加认证人员的达标程度，在任职资格认证结果中，每级分为四等：职业等、普通等、基础等、预备等。

(5) 任职资格标准。任职资格标准结构包括基本条件、核心标准和参考项。

基本条件：达到任职资格标准的基本条件，包括现从事的职位、专业经验、绩效。

核心标准：任职资格的核心要求，包括必备知识、行为、技能、胜任力。

参考项：包括品德、个性特征。

(6) 任职资格应用。

一是提升员工任职能力。

任职资格标准可以作为培训要求，促进员工学习；认证复核过程中提出的改进点，用于指导员工制订改进计划，有针对性地参加培训及相关锻炼；用于帮助主管合理地分配工作任务、有针对性地对其进行辅导；为培训机构有针对性地组织培训提供参考。

二是职位管理。

人员选拔与调配：出现职位空缺或根据组织需要进行人员调配时，优先从已获得职位要求的任职资格的员工中选拔、聘用；对外招聘时，可以参照相关职位的任职资格标准确定聘用标准。

任命管理：任命前，需对拟任命职位的拟任职者进行任职资格审核，任职资格审核未通过者不得上报审批。

员工职级管理：任职资格达标作为员工职级调整的必要条件，原则上未获得相应任职资格等级的员工，职级不得上调。

三是人力资源规划：员工任职资格分布是制定人力资源规划的重要依据。

四是年终评议：任职资格是年终结果评议的重要参考依据。

五是其他方面：如会议参与权、决策权或决策参与权、资源调配权、审批权等。

(7) 考评体系。

依据：考核认证以资格标准为依据，对员工做出评价。

考核认证主体：对员工的某项资格达标与否的考核主要以其直接主管或流程主管考核为主，任职资格专业工作人员为辅。

考核认证原则包括以下三点：

一是客观公正：标准客观，判断客观全面。

二是促进改进：认证不仅是评判达标与否，更重要的是促进改进，形成规范化工作的习惯。

三是有序可循：遵循工作的内在规律。

（8）任职资格评审。资格认证要经过个人申请或主管推荐、基本条件审核、测试评议、评审、结果反馈等环节。资格评审分为二级评审，包括部门级和公司级。

部门级评审。一、二级认证由各部门主管负责，各部门任职资格管理处具体组织，保证本部门对标准掌握的一致性。

公司级评审。三级认证资格由公司任职资格小组集体评议，评委小组为具有更高资格或相当于更高资格的人员组成，保证公司各系统对标准掌握的一致性。

认证通过后，员工即获得任职资格，有效期两年。每两年公司组织一次资格复核，复审通过，证书继续有效。

【参考资料 4】

华为 HRBP 工作模型①

华为在 HR 转型过程中，提炼了 HRBP 的角色模型：V-CROSS。在这个模型中，华为的 HRBP 将扮演以下六大角色。

图 8-5　华为 HRBP 角色类别

① 康至军 . HR 转型突破［M］. 成都：机械工业出版社，2013.

表 8-8 **华为 HRBP 角色类型详解**

角色类型	角色描述	关键业务活动
战略伙伴：Strategic Partner	参与战略规划，理解业务战略，将业务战略与 HR 战略连接，并组织落地	1. 战略理解
		作为战略规划的核心成员，参与 SP 规划，将 SP 作为“望远镜”，理解中长期发展战略
		2. Outside-in
		关注客户需求（如客户满意度调查报告），分析竞争对手和业界标杆，洞察外部人才市场，发现组织、人才和氛围方面的机会和差异，提供有价值的人力资源分析作为 SP 的输入
		3. 战略连接
		组织制定人力资源战略（组织、人才、氛围），确保从业务战略到人力资源战略的紧密连接
		4. 执行落地
		根据业务规划（SP/BP）和人力资源战略，制定人力资源年度规划，并纳入 AT（Administration Team，主要负责组织内干部的用人推荐和员工评议、激励的相关工作）议题，通过 AT 跟踪落地
HR 解决方案集成者：HR Solution Integrator	理解业务诉求和痛点，集成 COE 专长，组织制定 HR 解决方案，将业务需求转化为 HR 需求	1. 理解业务诉求
		准确理解业务诉求和痛点，主动利用组织诊断等工具识别需求和问题，将业务需求转化为 HR 需求
		2. 制定解决方案
		集成 COE 的专业化方法和工具，组织制定既符合公司核心价值观，又匹配业务需求的 HR 解决方案，并与管理团队达成一致
		3. 组织执行落地
		组织业务主管、COE（Center of Expertise）、SSC（Shared Service Center）等相关角色，制订实施计划，执行计划；及时衡量解决方案的实施效果，根据需要优化调整
		4. 总结回顾
		总结固化经验；为 COE 在制定政策、流程和方案时提供业务输入，将经验固化到流程中

续表

角色类型	角色描述	关键业务活动
HR 流程运作者：HR Profess Operator	合理规划 HR 重点工作，有效运作 AT，提升人力资源工作质量与效率	1. 制定 HR 工作日历
		根据公司和上级部门的 HR 工作日历，结合业务需求，制定部门 HR 工作日历，保证 HR 工作的规范化和可视化
		2. 制定方案与实施
		结合公司的政策导向和业务需求，制定各项人力资源工作的实施方案，并根据执行情况继续优化，确保对业务的适用性
		3. 运作 AT
		建立有效的运作机制，规划议题沙盘，提高决策质量，保证人员管理工作的客观和公正
		4. 赋能主管
		借助教练式辅导和 90 天转身等方式帮助主管（尤其是新任主管）理解和掌握 HR 政策、流程，提升其人员管理意识和能力
关系管理者：Relationship Manager	有效管理员工关系，提升员工敬业度；合法用工，营造和谐的商业环境	1. 敬业度管理
		借助组织气氛评估工具，定期评估员工敬业度，识别改进机会，采取改进行动
		2. 矛盾调停
		建立主管与员工的例行沟通渠道，让员工理解公司，让主管理解员工，认真处理好员工的建议和投诉，持续改进管理工作
		3. 员工健康与安全
		将员工的健康与安全纳入 HR 的工作流程中，以预防为主，通过压力测试、“3+1”等活动，引导员工积极正向思维，通过业务主管、HRBP、秘书等途径，提前识别风险人群，持续跟踪
		4. 突发和危机事件
		快速响应，组织制定应急方案，妥善处理
		5. 合规运营
		确保人力资源政策符合当地法律法规，防范用工风险
		6. 雇主品牌建设
		当地雇主品牌建设

续表

角色类型	角色描述	关键业务活动
变革推动者：Change Agent	理解变革需求，做好风险识别和利益相关人员沟通，促进变革的成功实施	1. 变革方案制定
		风险识别
		理解变革需求，提前预见和识别变革过程中组织、人才、氛围方面存在的阻力和风险，提出相应变革方案供团队进行决策
		利益相关人员沟通
		帮助业务主管做好变革准备，确定变革方案，制订利益相关者沟通计划，积极主动地与相应变革的相关利益者做好沟通
		2. 变革实施
		负责组织、人才、氛围方面的变革实施，及时发现并解决问题，促进变革成功
		3. 评估与固化
		评估变革效果，将好的实践融入业务流程和人力资源流程，固化变革效果
核心价值观传承的驱动者：Core Value	通过干部管理、绩效管理、激励管理和持续沟通等措施，强化和传承公司价值观	1. 干部身体力行
		通过对干部选拔、辅导和管理，让干部践行核心价值观，并通过干部大会等方式定期回顾和研讨，各级主管在业务管理和人员管理中，持续向员工传递核心价值观
		2. 员工理解实践
		组织部门员工学习理解核心价值观，讨论输出结合本职岗位的具体行为表现，并通过绩效管理、激励分配，梳理标杆强化
		3. 建立沟通渠道
		定期安排各级主管和员工学习公司政策和讲话，利用全员大会、宣传案例等形式持续传承核心价值观；对于核心价值观传承中的问题，及时反馈到管理团队，制定改进措施
		4. 跨文化传承
		尊重和理解文化差异，针对不同的文化背景、不同层级的员工（如新员工、本地高端），制定针对性的传递方案，以其能够接受和理解的方式进行一致性传承

【参考资料5】

阿里巴巴人力资源管理策略①

2014年全年，阿里巴巴总营收762.04亿元人民币，净利润243.20亿元人民币。2015年11月11日，阿里巴巴当天交易量达到912.17亿元人民币，比2014年“双11”成交额提升近60%，而2009年阿里巴巴第一次“双11”的销售额才5200万元人民币。这次“双11”阿里巴巴将尝试申请吉尼斯纪录，首先将申请的是坚果、牛奶、蜂蜜、汽车、手表、手机等八项吉尼斯世界纪录。阿里巴巴从不认为自己是一家科技公司，他们一直认为自己是一家服务型的企业，在阿里巴巴的实时成交显示屏上，马云口中的电商生态系统一目了然，在电商交易平台之下，阿里巴巴还搭建了电子商务交易最重要的前端和后端，即支付环节和物流系统。基于这三个平台所产生的轨迹，又衍生出对大数据的应用。

阿里发展如此迅速，离不开阿里巴巴强大而坚固的企业文化。阿里巴巴的员工，无论他们职位、层级如何，都有一种共同的精神，这种精神不同于任何洗脑式培训带来的短期效果，而是一种长期共同奋斗沉淀下来的信仰。每天9点上班的阿里巴巴，电梯最拥挤的时段却出现在9点半到10点之间。在阿里巴巴，员工并不强制打卡，这就是为什么上班时间在咖啡馆和健身房还能看到阿里员工的影子。或许在大多数人的观念里面，民营企业的企业文化大多数是由老板决定的，但在阿里巴巴的管理中，他们所遵循的是“企业文化体现在员工行为上，需要发挥群体的力量”。

阿里巴巴人力资源管理四大策略包括：

（1）选人战略。在阿里巴巴，价值观是决定一切的准绳，员工招聘、培训以及考核，都坚决彻底地贯彻这一原则。阿里的干部80%通过内部选拔，20%来自外部招聘，干部体系是一个内生不断的循环体系。宁可业务不好，也不冒险从外面找人来领军，强调团体凝聚力和组织安全性。政委体系的二三百人里1/3都是业务骨干，干部晋升必须拥有HR工作经历。对政委选拔要求：个人梦想要与组织梦想统一；个人能力及特长能够在岗位上为阿里作贡献，具有公司主人翁精神而不是职业经理人心态，把公司当成自己的家，把公司的事情当成自己的事情。

（2）育人战略。阿里认为，人才是可以“培养”出来的。什么是“培”？“培”就是多关注员工，但也不能天天去关注，因为一棵树，水多了会死，水少了也死。什么是“养”？就是既要给员工成功的机会，也要给他失败的机会，但是管理者要严格把好关。

---

① 孔艺轩．阿里巴巴研究书系4：阿里巴巴的人力资源管理［M］．深圳：深圳出版发行集团，深圳市海天出版社，2010.

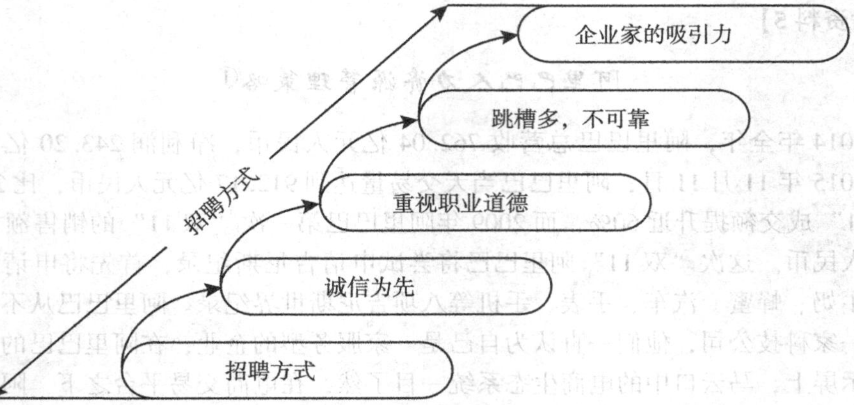

图 8-6　阿里巴巴的选人策略

阿里巴巴认为公司要成长，主要取决于两样东西的成长：一是员工的成长，二是客户的成长。阿里巴巴成立了阿里学院，主要目的也是培训员工、培训客户。阿里巴巴为每一个员工提供同等机会和内部培训，同样的职业发展平台，不论职位和层级，不论业务经理和政委都要接受培训。不是洗脑式的短期培训，而是贯穿职业生涯的培训，侧重于将公司文化和理念传播给新人，发展机会全靠个人主动把握。

新员工培训。新员工进入阿里之后，都会经历三个时期的培训。首先是入职后27 天的专职培训，在这 27 天之内，新员工将接触到三大类培训，即文化制度类、产品知识类、技能心态类，这三者的课程比例分别是 42%、28%、30%。

上岗培训。新员工还将接受 3~6 个月的融入项目培训。一般而言，新员工在上岗第一天将会被介绍给团队成员，在一个月之内还将安排团队聚餐。接下来，在一年之后、三年之后和五年之后分别有不一样的培训内容。

企业“干部”培训。一个企业发展到成千上万人的规模，没有一个班子而只靠一个人的领导肯定是不行的。领导要真正树立威信，希望自己制定的东西能够顺利实施，就要有一个班子，有了班子，才能群策群力。

（3）用人策略。阿里巴巴靠团队打天下，而不是靠个人英雄主义。马云能认识到别人的长处，了解到自己的不足和需要帮助的地方。阿里巴巴认为，员工之间互相弥补的心态很重要，否则会有怨气和冲突，这是组建团队的关键。

员工激励。激励对象最好是全体员工，使每一个员工都紧紧地和公司捆绑在一起，特别是关键人才，更要强调“我的就是你的，你的就是我的”，这样才能留住人才。

员工管理。阿里巴巴注重给员工提供一个良好的成长环境，一个广阔的成长空间，能让他们心甘情愿地留在自己的公司，为实现百年企业的梦想而共同奋斗。它

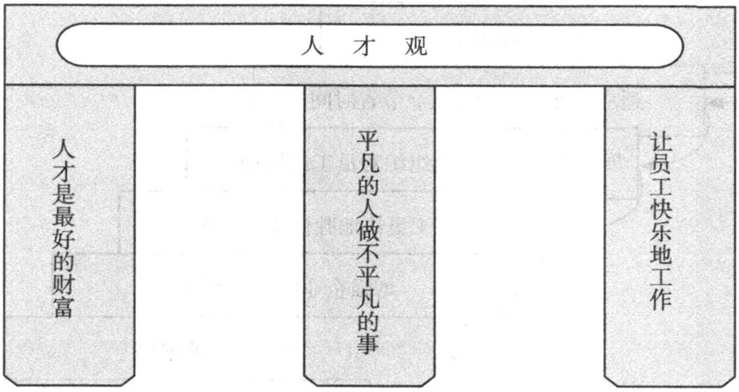

图 8-7 阿里巴巴的用人策略

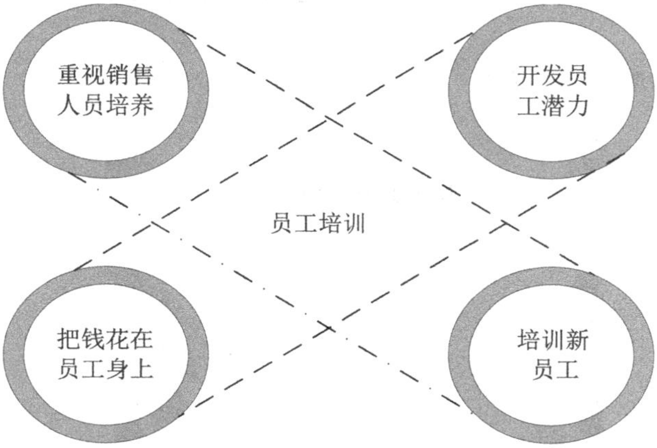

图 8-8 阿里巴巴的育人策略

强调员工个人的尊严和自律，强调员工的地位平等和民主管理，使员工之间互相帮助，了解一线员工的工作和生活状态，在指引员工职业发展之外，关注员工情感，满足员工情感需要。

员工考核。优秀人才通常都希望自己的成果能得到别人尤其是上级领导的认可，而不努力的员工则是希望谁也不知道。要留住优秀员工，淘汰差的员工，绩效考核是很有效的方法。良好的绩效评估系统，可以使企业甄别出优秀的人才，并使双方都大大受惠。

在阿里巴巴的管理体系中，对人才是特别敏感的。阿里巴巴有一套自己的人才盘点体系，即 30%是最有潜力的，60%是潜力一般的，10%是没有潜力的。

每位主管都要给自己的下属打分，并根据 360 度原则对员工素质进行强制排

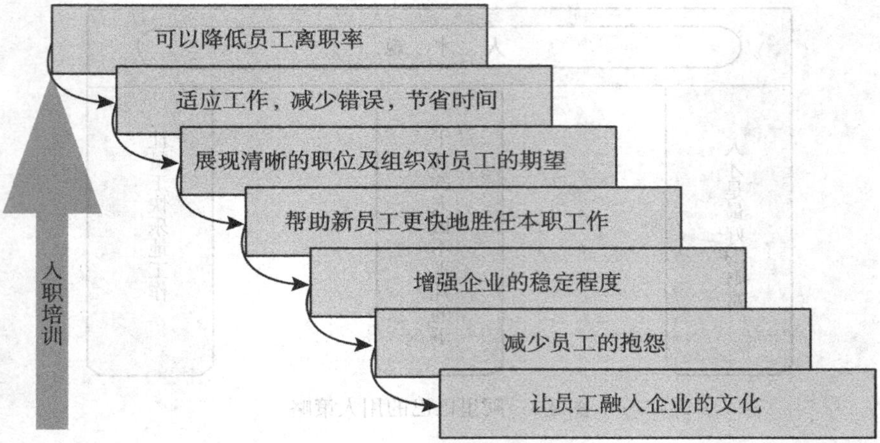

图 8-9　企业对新员工进行入职培训的目的

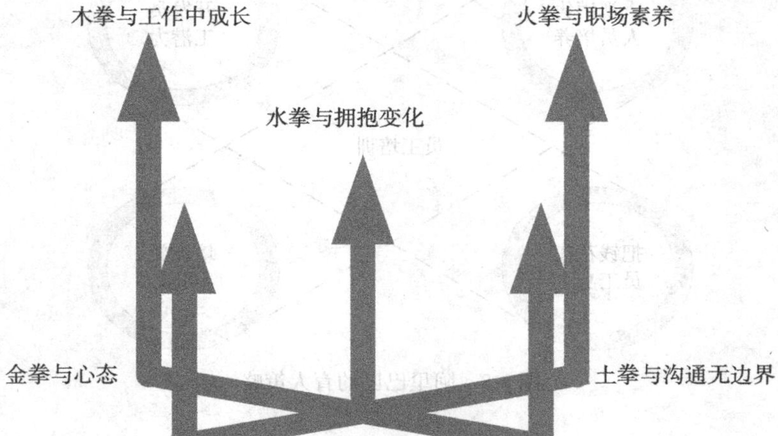

图 8-10　新员工培训的策略——“五行拳”

序，这是阿里巴巴绩效管理中特别重要的一点。他们强调的是管理者的责任，就是让主管不断地关注下属。据贾老师介绍，这样的方法能够让主管对下属的关注提高 60%。

阿里巴巴人才管理中最为外界所知的一点是鼓励轮岗。这就意味着一位员工的能力并不是由一位主管说了算，而是多位主管共同评价的结果，这就让员工得到了相对公平的评价。阿里巴巴员工的盘点是随时进行的，主管可以每天对其员工进行评价，甚至可以记录下具体事件，而每换一次主管就会获得一次评价。

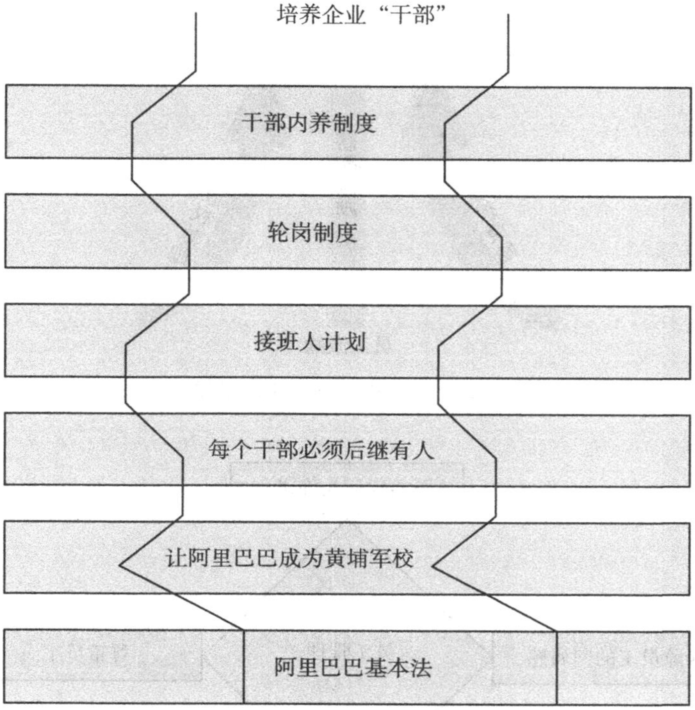

图 8-11 企业“干部培训”

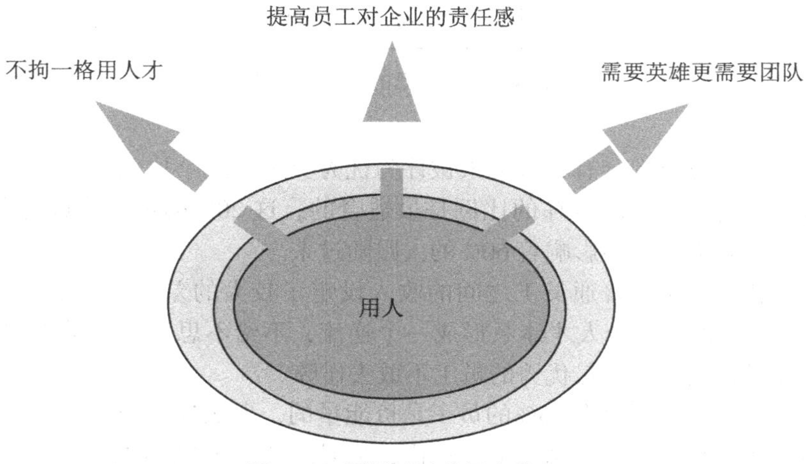

图 8-12 阿里巴巴的用人策略

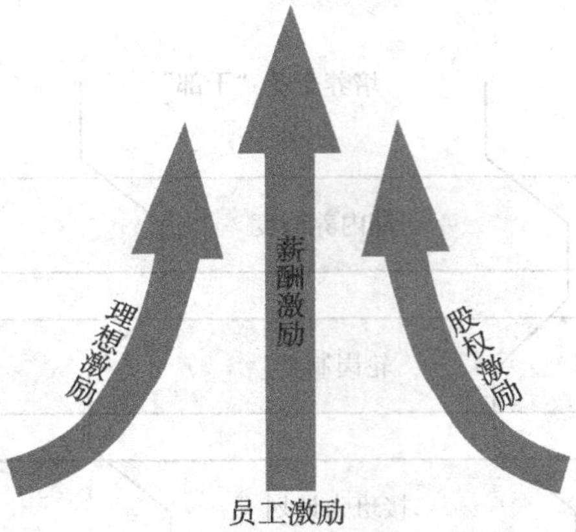

图 8-13 阿里巴巴的员工激励模型

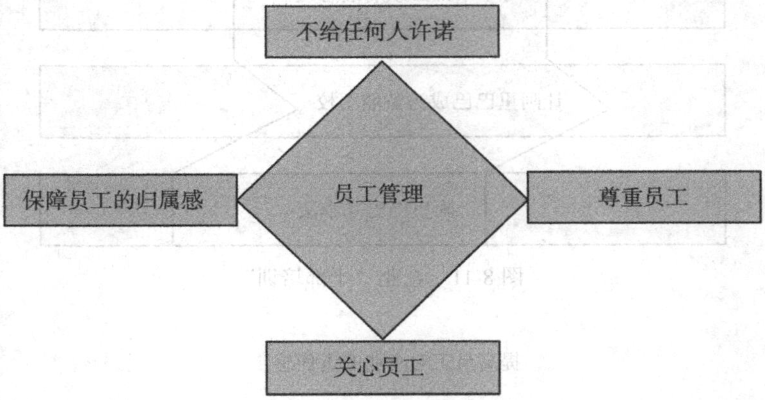

图 8-14 阿里巴巴的员工管理办法

每一年阿里巴巴都会有 20%的人被评为优秀员工，这个比例是有严格讲究的。一个企业的优秀员工，占 20%的比例是最适合的。这 20%的员工将成为公司的正能量，这部分正能量又会影响着 60%的人跟随过来。

同时，优秀员工和普通员工之间的收入设定了较大的差距，这个差距激励着 60%的员工向前冲，整个人才体系形成一个逆流，不给不思进取的员工留下温床。此外，这个差距也保证了最优秀的员工不敢去作弊。

相反，一个企业一旦有 15%的员工是负能量的，那么这个企业就会非常危险。负能量的员工比例一定要控制在 10%以内，适时地裁掉 5%最负能量的员工。

在阿里巴巴的每个业务部门，都相应地设立了“政委”这个角色。政委的主要任务就是传播阿里巴巴的价值观。员工的价值观在一定程度上决定了员工的工资、奖金以及晋升。

阿里巴巴将员工的能力评价分为三层，包括价值观、专业能力和流程能力。其中，价值观的审核占据了基础能力的75%，其次是流程能力的15%，以及专业能力的10%。

KPI评价方面：在年度考核指标中，业务比重小于50%，其他大部分是关于领导力、团队合作和个人成长问题。

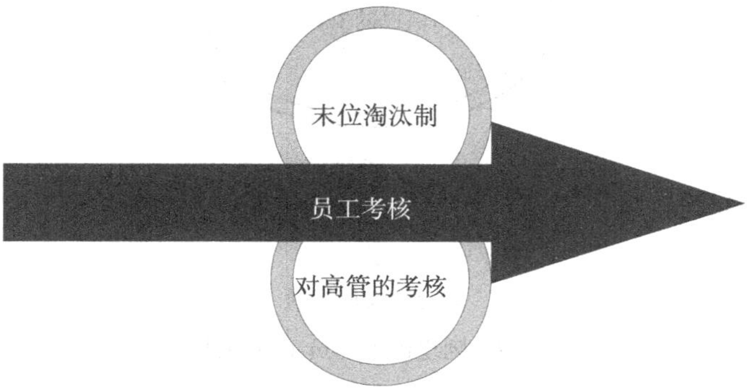

图 8-15　阿里巴巴的绩效考核办法

（4）留人策略。阿里巴巴在整合雅虎中国的过程中，合理安置了雅虎中国的优秀人才，还发明了被人津津乐道的留人“四宝”：远景吸引高管；事业和待遇留住中层；不变薪酬福利安定员工；注资员工的“感情银行”。

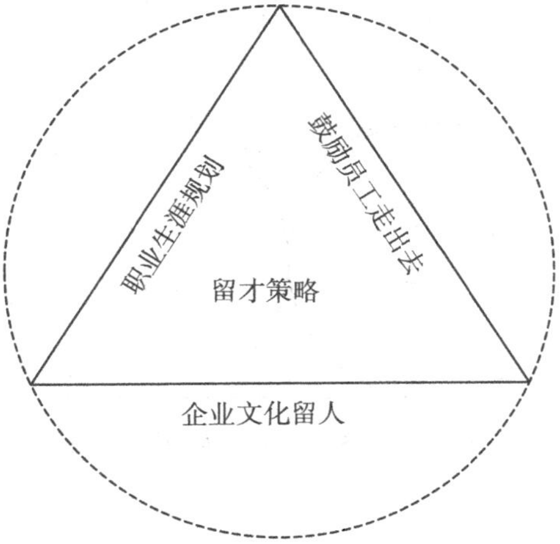

图 8-16　阿里巴巴的留人策略

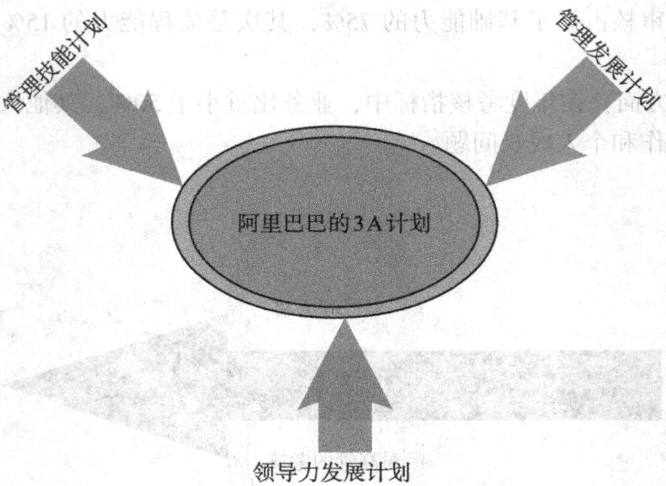

图 8-17 阿里巴巴的员工发展计划

（5）经济危机下的人力资源策略。当金融危机让一些企业因为财务状况紧张而大量裁员时，阿里巴巴却开始悄悄地吸纳人才。

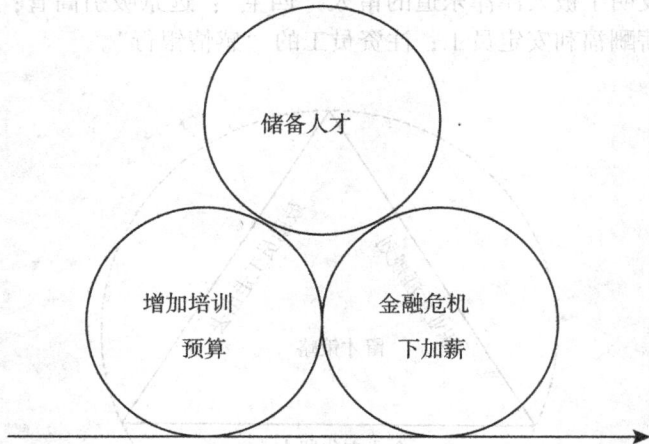

图 8-18 经济危机下的人力资源策略

表 8-9 所示是阿里巴巴文化工具。

表 8-9　**阿里巴巴文化工具①**

类型	阐释	表　现
文化道具	借助一些“物语”来与员工的心连接，通过借物管心	淘宝的所有员工都要学会“倒立”，淘宝希望员工能够在工作中换个角度看问题
传承布道	在企业内部以一定的传播机制宣传和传递价值观，员工不应是卫道士，而应成为布道者	只有 5 年以上的老员工才能佩戴橙色的工牌，工牌只针对工龄，跟职位并无关系，橙色工牌是对老员工的一种荣誉和尊敬
制度与文化协同	用制度保障文化，以文化支持制度	当严重违规的人员被开除之后，在一定范围内为员工还原事情本来的真相，不让谣言继续传播
固定仪式	在对公司具有重要意义的日子举行纪念或者庆祝活动	每年 5 月 10 日，马云亲自主持集体婚礼；在公司开放日，员工可以和家属或者宠物一起上班；2009 年员工大会，马云和阿里巴巴的高管集体演出话剧《白雪公主》
故事传播	一名管理者要成为故事的发现者、收集者和传播者	给新员工讲解关于创业或者工作的故事，将员工的故事拍成视频，用来激励其他员工

① 孔艺轩．阿里巴巴研究书系 4：阿里巴巴的人力资源管理［M］．深圳：深圳出版发行集团，深圳市海天出版社，2010：201-202.

第九章　劳动关系管理

》》知识要点

1. 劳动关系与劳动关系管理

劳动关系是指劳动者与用人单位包括各类企业、个体工商户、事业单位等在劳动过程中建立的社会经济关系。劳动关系管理传统意义上一般包括签订合同、解决劳动纠纷等内容。劳动关系管理贯穿了员工从进入企业直至离开企业的整个过程。

表 9-1　　**劳动关系部分相关法律法规汇总**

法律法规名称	颁布单位	实施日期
《中华人民共和国劳动法》	全国人大通过	1995 年 1 月 1 日
《中华人民共和国劳动合同法》	全国人大通过	2008 年 1 月 1 日
《中华人民共和国劳动争议调解仲裁法》	全国人大通过	2007 年 12 月 29 日
《中华人民共和国社会保险法》	全国人大通过	2011 年 7 月 1 日
《中华人民共和国就业促进法》	全国人大通过	2008 年 1 月 1 日
《劳动争议仲裁委员会组织规则》	劳动和社会保障部	1993 年 10 月 18 日
《劳动争议仲裁委员会办案规则》	劳动和社会保障部	1993 年 10 月 18 日
《违反和解除劳动合同的经济补偿办法》	劳动和社会保障部	1995 年 1 月 1 日
《工伤保险条例》	国务院	2004 年 1 月 1 日
《工伤认定办法》（最新）	人力资源与社会保障部	2011 年 1 月 1 日
《集体合同规定》	劳动和社会保障部	2004 年 5 月 1 日

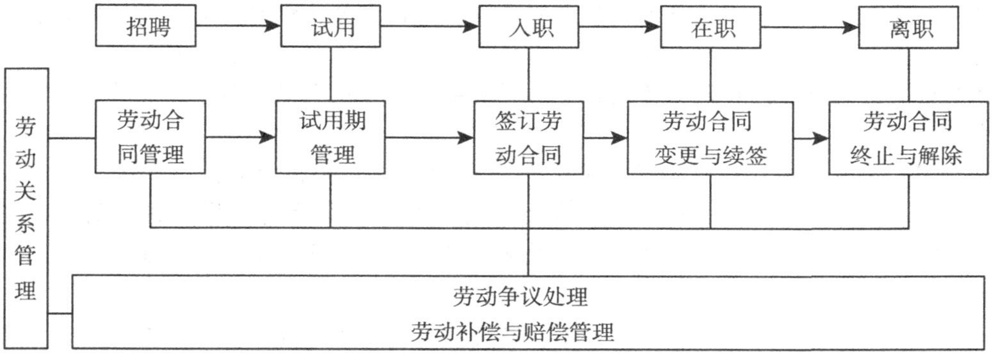

图 9-1　员工劳动关系管理过程模型①

2. 集体谈判的概念

根据 1981 年国际劳工组织颁布的《关于集体谈判的公约》（154 号）的解释和界定，集体谈判是适用于一名雇主或多名雇主，一个或多个雇主组织为一方，同一个或数个工人组织为另一方，就以下目的所进行的所有谈判：①确定就业条件；②调整雇主与工人之间的关系；③调整雇主组织与工人组织之间的关系。

3. 集体谈判的类型及策略

谈判是一种艺术，通常谈判中没有一方是完全赢或者完全输，掌握合适的谈判策略可以使自己获得更大的利益。我们可以根据不同的谈判类型采取不同的策略。沃尔顿（Walton）和麦克西（Mckersie）认为集体谈判有四种类型，根据这四种类型可相应采取不同策略。

（1）分配式谈判。分配式谈判认为资源是有限固定的，一方利益的增加必然导致另外一方利益的相应损失，所以谈判双方通常相互对立，通过谈判确定对资源的分配，双方均站在自己的立场辩护，很难达成折中状态。

沃尔顿和麦克西提出分配式谈判存在一个谈判区，如果存在正谈判区，即双方的谈判价格底线有重合的区域，双方可能在该区域达成协议。但是如果存在负谈判区，即双方谈判底线没有重合区域，双方不能达成协议。分配式谈判更多表现为强硬谈判，开始时可以夸大对方对己方的需求，充分了解对方的需求信息与偏好，尽量收集对对方不利的信息，逼近对方的底线位置，尽可能地隐藏自身的底线，寻找更多的替代方案并形成优势。

（2）整合式谈判。整合式谈判也被称为双赢式谈判，通常谈判双方能够面对问题，通过共同协商解决问题。在双方能够换位思考，充分认识和考虑对方的需求

① 萧鸣政. 人力资源管理实验［M］. 北京：北京大学出版社，2012：245.

或者双方均能够获益时，较容易达成双赢谈判。

在整合式谈判中，尽量创造和谐的氛围，应该充分认识双方的共同利益和长远利益，尽量了解对方的利益和偏好，将自己的利益和价值信息告诉对方，通过帮助对方达到双赢目的，可以在不太重要的利益中让步以换得对方为己方更重要的利益让步。

(3) 态度结构。谈判过程中常常会产生对立、冲突和矛盾，当然也会出现合作、和谐及信任的氛围，这种氛围也会影响谈判双方行为进而影响谈判的最终结果。在谈判中我们要把握适度原则。通常与对方沟通合作的态度更可能达成一致的结果。

在谈判时应当注意态度把握，不能激怒对方，采用侮辱性语言，态度傲慢或者过于谦卑也是不可取的，控制好自己的情绪很重要。

(4) 组织内部的谈判。组织内部的谈判发生在组织内部，比如在劳方组织内部，劳方代表（通常是工会）与劳动者之间也会相互影响。谈判人员要充分了解委托人需求并且进行筛选组合，并向劳动者说明情况，必要时说服他们以达成统一。

4. 劳动争议的概念

我国《劳动争议仲裁调解法》第二条规定，中华人民共和国境内的用人单位与劳动者发生的劳动争议包括：①因确认劳动关系发生的争议；②因订立、履行、变更、解除和终止劳动合同发生的争议；③因除名、辞退和辞职、离职发生的争议；④因工作时间、休息休假、社会保险、福利、培训以及劳动保护发生的争议；⑤因劳动报酬、工伤医疗费、经济补偿或者赔偿金等发生的争议；⑥法律规定的其他劳动争议。

5. 劳动争议处理的方式

我国《劳动争议仲裁法》第五条规定，发生劳动争议，当事人不愿意协商、协商不成或者达成和解协议后不履行的，可以向调解组织申请调解；不愿意调解、调解不成或者达成调解协议后不履行的，可以向劳动争议仲裁委员会申请仲裁；对仲裁裁决不服的，除本法另有规定的外，可以向人民法院提起诉讼。劳动争议一般处理方式包括协商、调解、仲裁和诉讼，当然也存在紧急处理方式。紧急处理方式是指，对发生在公众日常生活必不可少的服务部门或对国民经济有着重要影响的行业如医疗、消防、铁路、邮电、银行等的集体劳动争议事件采取特殊的处理程序。具体方法是：第一，坚持优先、迅速解决的原则；第二，政府在必要时可采取强制仲裁，即停止或者限制影响公共利益和国民生活争议的行为，采取紧急方法提出解决问题的方案。①

---

① 唐鑛．劳动关系管理概论［M］．北京：中国人民大学出版社，2011：240-241.

6. 劳动争议仲裁制度

劳动争议仲裁是指劳动争议仲裁机构根据当事人的请求解决争议，是依法居中公断的执法行为，包括对争议进行调解，依法审理并作出裁决的一系列活动。① 我国劳动争议仲裁委员会裁决劳动争议案件实行仲裁庭制，分为合议制和独任制，一般简单的劳动争议案件采取独任制，即由一个仲裁员仲裁。合议制则是由三名或者三名以上的单数仲裁员共同审议劳动争议案件。劳动争议仲裁参加人是指那些通过仲裁来维护自身合法权益的法人、依法成立的企业和单位以及自然人。②

实验一　劳动合同编写实验

1. 实验目的

通过劳动合同的编写，掌握各项劳动关系管理操作要点；了解各项内容相关的法律法规；学习劳动合同的编写思路及一般技能。

2. 实验条件

多媒体教室或者实验室。

3. 实验时间

本次实验时间以 2 个课时为宜。

4. 实验内容

（1）选择一个目标单位，了解该单位和职位的情况，选取一个适合的职位，根据提供的劳动合同模板，完善劳动合同。

（2）分析各项劳动合同内容的合理性，并找出相关法律规定。

5. 实验步骤

（1）教师说明实验任务与要求，以及考核标准。

（2）熟悉相关法律法规以及不同类型的劳动合同框架，做好编写准备。

（3）根据劳动合同框架填写和完善各条款内容。

（4）仔细检查各个条款的准确性、规范性、合理性和合法性。

（5）教师点评。

6. 考核要求

（1）小组成员的合作性，是否讨论充分。

（2）劳动合同的完整性、准确性、合理性和合法性。

（3）劳动合同编写的认真负责程度。

---

① 董保华．劳动争议处理法律制度研究［M］．北京：中国劳动社会保障出版社，2008：25.

② 程延园．劳动关系（第三版）［M］．北京：中国人民大学出版社，2011：303.

（4）实验报告的完整性和完善性。

（5）总成绩 100 分，实验成绩 70%，实验报告 30%。

7. 实验思考

（1）劳动合同的主要内容有哪些？

（2）不同类型的劳动合同之间主要有什么不同？

【参考资料 1】

编号：＿＿＿＿＿＿

劳动合同书 1①

（劳务派遣）

甲　方：＿＿＿＿＿＿＿＿＿＿

乙　方：＿＿＿＿＿＿＿＿＿＿

签订日期：＿＿＿年＿＿月＿＿日

北京市劳动和社会保障局监制

根据《中华人民共和国劳动法》《中华人民共和国劳动合同法》和有关法律、法规，甲乙双方经平等自愿、协商一致签订本合同，共同遵守本合同所列条款。

一、劳动合同双方当事人基本情况

第一条 甲方＿＿＿＿＿＿＿＿＿＿

法定代表人（主要负责人）或委托代理人＿＿＿＿＿＿＿＿＿＿

注册地址＿＿＿＿＿＿＿＿＿＿＿＿＿＿＿＿＿＿＿＿

经营地址＿＿＿＿＿＿＿＿＿＿＿＿＿＿＿＿＿＿＿＿

第二条 乙方＿＿＿＿＿性别＿＿户籍类型（非农业、农业）＿＿

居民身份证号码＿＿＿＿＿＿＿＿＿＿＿＿＿＿＿

或者其他有效证件名称＿＿＿＿＿证件号码＿＿＿＿＿＿＿＿＿＿

在甲方工作起始时间＿＿＿＿年＿＿月＿＿日

家庭住址＿＿＿＿＿＿＿＿＿＿＿＿＿＿邮政编码＿＿＿＿＿

在京居住地址＿＿＿＿＿＿＿＿＿＿＿邮政编码＿＿＿＿＿

户口所在地＿＿＿＿省（市）＿＿＿＿区（县）＿＿＿＿街道（乡镇）

二、劳动合同期限

第三条 本合同为固定期限劳动合同。

① 北京市劳动合同（劳务派遣）范本．[2010-10-24]．http：//www.mohrss.gov.cn/ldgxs/LDGXhetong/LDGXshifanwenben/201011/t20101124_86682.html.

本合同于______年____月____日生效，其中试用期至______年____月____日止。本合同于______年____月____日终止。

甲方派遣乙方到用工单位的派遣期限自______年____月____日开始。

三、工作内容和工作地点

第四条　甲方派遣乙方工作的用工单位名称____________________

第五条　乙方同意根据用工单位工作需要，担任________岗位（工种）工作。

第六条　根据用工单位的岗位（工种）作业特点，乙方的工作区域或工作地点为______________

第七条　乙方按用工单位的要求应达到____________________工作标准。

四、工作时间和休息休假

第八条　用工单位安排乙方执行__________工时制度。

执行标准工时制度的，乙方每天工作时间不超过8小时，每周工作不超过40小时。每周休息日为______。

用工单位安排乙方执行综合计算工时工作制度或者不定时工作制度的，应当事先取得劳动行政部门特殊工时制度的行政许可。

第九条　甲方和用工单位对乙方实行的休假制度有________________

五、劳动报酬

第十条　甲方每月____日前以货币形式支付乙方工资，月工资为______元。

乙方在试用期内的工资为________________元。

甲乙双方对工资的其他约定______________________________________

第十一条　甲方未能安排乙方工作或者被用工单位退回期间，按照北京市最低工资标准支付乙方报酬。

六、社会保险及其他保险福利待遇

第十二条　甲乙双方按国家和北京市的规定参加社会保险。甲方为乙方办理有关社会保险手续，并承担相应社会保险义务。

第十三条　乙方患病或非因工负伤的医疗待遇按国家、北京市有关规定执行。甲方按________支付乙方病假工资。

第十四条　乙方患职业病或因工负伤的待遇按国家和北京市的有关规定执行。

第十五条　甲方为乙方提供以下福利待遇______________________

七、劳动保护、劳动条件和职业危害防护

第十六条　甲方应当要求用工单位根据生产岗位的需要，按照国家有关劳动安全、卫生的规定为乙方配备必要的安全防护措施，发放必要的劳动保护用品。

第十七条　甲方应当要求用工单位根据国家有关法律、法规，建立安全生产制度；乙方应当严格遵守甲方和用人单位的劳动安全制度，严禁违章作业，防止劳动过程中的事故，减少职业危害。

第十八条 甲方应当要求用工单位建立、健全职业病防治责任制，加强对职业病防治的管理，提高职业病防治水平。

八、劳动合同的解除、终止和经济补偿

第十九条 甲乙双方解除、终止、续订劳动合同应当依照《中华人民共和国劳动合同法》和国家及北京市有关规定执行。

第二十条 甲方应当在解除或者终止本合同时，为乙方出具解除或者终止劳动合同的证明，并在十五日内为乙方办理档案和社会保险关系转移手续。

第二十一条 乙方应当按照双方约定，办理工作交接。应当支付经济补偿的，在办理工作交接时支付。

九、当事人约定的其他内容

第二十二条 甲乙双方约定本合同增加以下内容：

____

____

十、劳动争议处理及其他

第二十三条 双方因履行本合同发生争议，当事人可以向甲方劳动争议调解委员会申请调解；调解不成的，可以向劳动争议仲裁委员会申请仲裁。

当事人一方也可以直接向劳动争议仲裁委员会申请仲裁。

第二十四条 本合同的附件如下______________________

____

____

第二十五条 本合同未尽事宜或与今后国家、北京市有关规定相悖的，按有关规定执行。

第二十六条 本合同一式两份，甲乙双方各执一份。

甲方（公章） 乙方（签字或盖章）

法定代表人（主要负责人）或委托代理人

（签字或盖章）

签订日期： 年 月 日

劳动合同续订书

本次续订劳动合同期限类型为____________期限合同，续订合同生效日期为_____年_____月___日，续订合同______终止。 甲方 （公章） 乙方 （签字或盖章） 法定代表人（主要负责人）或委托代理人（签字或盖章） 年 月 日
本次续订劳动合同期限类型为____________期限合同，续订合同生效日期为_____年_____月___日，续订合同_____终止。 甲方 （公章） 乙方 （签字或盖章） 法定代表人（主要负责人）或委托代理人（签字或盖章） 年 月 日

劳动合同变更书

经甲乙双方协商一致，对本合同做以下变更：   甲方 （公章） 乙方 （签字或盖章） 法定代表人（主要负责人）或委托代理人 （签字或盖章） 年 月 日

使 用 说 明

一、本合同书可作为用人单位与职工签订劳动合同时使用。

二、用人单位与职工使用本合同书签订劳动合同时，凡需要双方协商约定的内容，协商一致后填写在相应的空格内。

签订劳动合同，甲方应加盖公章；法定代表人或主要负责人应本人签字或盖章。

三、经当事人双方协商需要增加的条款，在本合同书中第二十二条中写明。

四、当事人约定的其他内容，劳动合同的变更等内容在本合同内填写不下时，可另附纸。

五、本合同应使钢笔或签字笔填写，字迹清楚，文字简练、准确，不得涂改。

六、本合同一式两份，甲乙双方各持一份，交乙方的不得由甲方代为保管。

【参考资料2】

编号：______________

劳动合同书2①

（固定期限）

甲　　方：__________________

乙　　方：__________________

签订日期：______年____月______日

北京市劳动和社会保障局监制

根据《中华人民共和国劳动法》《中华人民共和国劳动合同法》和有关法律、法规，甲乙双方经平等自愿、协商一致签订本合同，共同遵守本合同所列条款。

一、劳动合同双方当事人基本情况

第一条　甲方____________________

法定代表人（主要负责人）或委托代理人______________

注册地址______________________________________

经营地址__________________________________

第二条　乙方__________性别____

户籍类型（非农业、农业）________________

居民身份证号码________________________________

或者其他有效证件名称__________证件号码__________________

在甲方工作起始时间________年________月____日

家庭住址________________________________邮政编码__________

在京居住地址______________________邮政编码____________

---

① 中华人民共和国人力资源与社会保障部．北京市劳动合同（固定期限）示范文本.［2010-10-24］ http：//www.mohrss.gov.cn/ldgxs/LDGXhetong/LDGXshifanwenben/201011/t20101124_86681.html.

户口所在地______省（市）______区（县）______街道（乡镇）

二、劳动合同期限

第三条　本合同为固定期限劳动合同。

本合同于______年____月____日生效，其中试用期至______年____月____日止。本合同于______年____月____日终止。

三、工作内容和工作地点

第四条　乙方同意根据甲方工作需要，担任____________________岗位（工种）工作。

第五条　根据甲方的岗位（工种）作业特点，乙方的工作区域或工作地点为____

第六条　乙方工作应达到____________________________________标准。

四、工作时间和休息休假

第七条　甲方安排乙方执行___________工时制度。

执行标准工时制度的，乙方每天工作时间不超过8小时，每周工作不超过40小时。每周休息日为________。

甲方安排乙方执行综合计算工时工作制度或者不定时工作制度的，应当事先取得劳动行政部门特殊工时制度的行政许可。

第八条　甲方对乙方实行的休假制度有______________________

五、劳动报酬

第九条　甲方每月____日前以货币形式支付乙方工资，月工资为________元或者按____执行。

乙方在试用期内的工资为________________元。

甲乙双方对工资的其他约定______________________________。

第十条　甲方生产工作任务不足使乙方待工的，甲方支付乙方的月生活费为________元或按____执行。

六、社会保险及其他保险福利待遇

第十一条　甲乙双方按国家和北京市的规定参加社会保险。甲方为乙方办理有关社会保险手续，并承担相应社会保险义务。

第十二条　乙方患病或非因工负伤的医疗待遇按国家、北京市有关规定执行。甲方按________支付乙方病假工资。

第十三条　乙方患职业病或因工负伤的待遇按国家和北京市的有关规定执行。

第十四条　甲方为乙方提供以下福利待遇__________________

七、劳动保护、劳动条件和职业危害防护

第十五条　甲方根据生产岗位的需要，按照国家有关劳动安全、卫生的规定为乙方配备必要的安全防护措施，发放必要的劳动保护用品。

第十六条　甲方根据国家有关法律、法规，建立安全生产制度；乙方应当严格遵守甲方的劳动安全制度，严禁违章作业，防止劳动过程中的事故，减少职业危害。

第十七条　甲方应当建立、健全职业病防治责任制度，加强对职业病防治的管理，提高职业病防治水平。

八、劳动合同的解除、终止和经济补偿

第十八条　甲乙双方解除、终止、续订劳动合同应当依照《中华人民共和国劳动合同法》和国家及北京市有关规定执行。

第十九条　甲方应当在解除或者终止本合同时，为乙方出具解除或者终止劳动合同的证明，并在十五日内为乙方办理档案和社会保险关系转移手续。

第二十条　乙方应当按照双方约定，办理工作交接。应当支付经济补偿的，在办结工作交接时支付。

九、当事人约定的其他内容

第二十一条　甲乙双方约定本合同增加以下内容：

____

____

____

十、劳动争议处理及其他

第二十二条　双方因履行本合同发生争议，当事人可以向甲方劳动争议调解委员会申请调解；调解不成的，可以向劳动争议仲裁委员会申请仲裁。当事人一方也可以直接向劳动争议仲裁委员会申请仲裁。

第二十三条　本合同的附件如下______________________

第二十四条　本合同未尽事宜或与今后国家、北京市有关规定相悖的，按有关规定执行。

第二十五条　本合同一式两份，甲乙双方各执一份。

甲方（公章）　　　　　　　　　　乙方（签字或盖章）

法定代表人（主要负责人）或委托代理人

（签字或盖章）

签订日期：　　年　　月　　日

劳动合同续订书

<table>
<tr><td>
本次续订劳动合同期限类型为________期限合同，续订合同生效日期为______年______月____日，续订合同________终止。

甲方（公章）　　　　　　　　　　乙方（签字或盖章）
法定代表人（主要负责人）或委托代理人（签字或盖章）
年　月　日
</td></tr>
<tr><td>
本次续订劳动合同期限类型为________期限合同，续订合同生效日期为______年______月____日，续订合同______终止。

甲方（公章）　　　　　　　　　　乙方（签字或盖章）
法定代表人（主要负责人）或委托代理人（签字或盖章）
年　月　日
</td></tr>
</table>

劳动合同变更书

<table>
<tr><td>
经甲乙双方协商一致，对本合同做以下变更：

甲方（公章）　　　　　　　　　　乙方（签字或盖章）
法定代表人（主要负责人）或委托代理人（签字或盖章）
年　月　日
</td></tr>
</table>

使 用 说 明

一、本合同书可作为用人单位与职工签订劳动合同时使用。

二、用人单位与职工使用本合同书签订劳动合同时，凡需要双方协商约定的内容，协商一致后填写在相应的空格内。

签订劳动合同，甲方应加盖公章；法定代表人或主要负责人应由本人签字或盖章。

三、经当事人双方协商需要增加的条款，在本合同书中第二十一条中写明。

四、当事人约定的其他内容、劳动合同的变更等内容在本合同内填写不下时，可另附纸。

五、本合同应使钢笔或签字笔填写，字迹清楚，文字简练、准确，不得涂改。

六、本合同一式两份，甲乙双方各持一份，交乙方的不得由甲方代为保管。

实验二 劳动关系管理实验

1. 实验目的

通过本次实验了解劳动关系管理相关的内容；了解与劳动关系管理相关的法律法规；了解劳动关系管理中的相关风险并且掌握具体的规避风险的方法。

2. 实验条件

多媒体教室或者实验室。

3. 实验时间

本次实验时间以 2 个课时为宜。

4. 实验内容

【案例材料 1】

赔了夫人又折兵的培训

王某是某建筑公司的技术工程师，极其受领导的重视。20××年，公司将王某送往德国进修一年。进修期间，王某的个人能力和技术均得到了很好的发展。20××年他学成回国后重回公司，还是待在原来的岗位上，岗位待遇没有得到增加，更糟糕的是因为其观念想法与同事不同，常常受到批判和打击，领导私下也认为送他出国是错误的决定，对其渐渐疏远。王某无法忍受公司的这种待遇，半年后离开了这家建筑公司，并且很快进入竞争对手的公司中担任项目技术总监。

◎ **案例讨论：**

（1）根据案例材料分析该建筑公司在管理中存在哪些问题？应如何解决这些问题？

（2）请你设计一份培训协议书。

【案例材料2】

保密协议引发的争议

赵某于2008年6月入职上海市X电动汽车有限公司担任技术主管，主要负责电动汽车的机械设计，并且与公司签订了劳动合同、保密协议和竞业限制协议，合同规定劳动合同期为2008年6月10日至2009年6月10日。双方约定，赵某应该保守公司的如下秘密：①相关技术秘密，包括但不限于设计方案、源代码、电路设计等；②相关经营秘密，包括但是不限于客户信息、交易价格等。在职期间，公司每月向赵某支付保密费用每月500元，其离职后无需另行支付保密费用。赵某无论因为何种原因离职，离职后两年内不能到与X公司有竞争关系或者同行业公司任职，如果违反约定，赵某应该向X公司支付违约金2万元并且支付该公司的所有损失。

2008年9月，X电动车有限公司与上海市Y技术研究院签订《联合开发智能汽车的协议》，约定双方共同进行相关智能电动车的研究，并由Y研究院负责控制器和动力系统的研究，操控系统和底盘设计由X公司负责，双方的共同研究成果由双方共享，各自研究成果的知识产权由各自拥有。

2008年12月，赵某以X公司未及时发放报酬为由离职，并且加入Y研究院担任技术人员，并且告知Y研究院，称其与X公司已经签订过相关保密协议和竞业限制协议，并保证不违反协议约定的义务。

X公司向法院起诉，宣称赵某跳槽到Y研究院并且将X公司的研发技术泄露给了Y研究院，要求赵某承担X公司的经济损失100万元，追究Y研究院的连带赔偿责任。

针对X公司的起诉，赵某认为其依法解除劳动合同，入职是为了生存需要。Y研究院认为自己依法使用科技人员，没有侵犯原告权利，不承担任何责任。

◎ **案例讨论：**

（1）根据案例分析，赵某是否应该赔偿X公司损失？

（2）请设计一份竞业限制协议书。

【案例材料3】

如何签订无固定期限劳动合同

马先生于1986年进入X公司工作，2002年3月X公司改制为Y公司，马先生与X公司终止劳动关系并进行了身份置换，与Y公司签订了劳动合同，劳动合同期限为2002年10月1日至2005年9月30日，合同期满后又续签到2008年12月20日止。

2008年9月30日，Y公司书面通知马先生，由于劳动合同即将到期，要求马先生于2008年10月30号前到公司书面回复是否同意续签6年期限的劳动合同，如果逾期未回复视同不愿意续签劳动合同，公司将办理劳动合同终止手续。马先生认为X公司与Y公司是继承关系，他在单位工作了10年以上，所以要求Y公司与其签订无固定期限劳动合同，但是Y公司不同意签订。因为双方协商未达成一致，Y公司于2008年12月20日与马先生终止了劳动合同。马先生向劳动人事仲裁委员会申请仲裁，要求订立无固定期限劳动合同。

◎ 案例讨论：

(1) 无固定期限劳动合同的订立要求有哪些？

(2) Y公司是否应该与马先生订立无固定期限劳动合同？

5. 实验步骤

(1) 教师说明实验任务与实验要求，以及考核方法。

(2) 阅读相关材料，进行案例分析，并进行相关设计。

(3) 根据存在的问题提出解决建议，并完成实验报告。

6. 考核要求

(1) 案例分析的条理性、完整性和合理性。

(2) 对问题的分析以及提出建议的合理性与实用性。

(3) 方案设计的完整性和科学性。

(4) 如果是团队合作，要考察团队合作情况。

(5) 实验报告的完整性和内容充实性。

(6) 总成绩100分，实验成绩占70%，实验报告占30%。

7. 实验思考

(1) 劳动关系管理过程中都有哪些风险？如何规避？

(2) 关于培训协议、竞业保密协议内容有哪些相关规定？违反后有哪些后果？

【参考资料1】

××公司培训协议①

甲方（企业）：________________________

乙方（参训员工）：________________________

为了明确甲、乙双方的权利和义务，经双方平等协商，特签订以下条款以便共同遵守。具体内容如下：

一、甲方派乙方到____________________进行____________________专业培训；培训时间从______年____月____日到______年____月____日，共______天。

二、乙方应在甲方指定或者是约定的地方进行学习，如需变更应事先通知甲方，并得到甲方批准，否则以旷工处理。

三、乙方学习时间计入工作时间，按连续工龄计算。培训期间相关福利待遇按照公司相关规定处理。

四、乙方在学习期间应自觉遵守培训方要求和规定，虚心学习，圆满完成培训任务。

五、乙方在学习过程中必须每隔________向甲方汇报学习情况，并附有相关成绩证明等材料，达到甲方提出的其他学习目标与要求。

六、乙方在培训学习期间的学费、书费、调研费、实习费、住宿费、来回往返甲方的交通费（需有事甲方召回）由甲方全额承担。

七、乙方如果在培训学习期间辞职，应向甲方支付由甲方缴纳的全部培训费用的双倍违约金，不足________元的按________元算。

八、培训学习结束后，乙方应为甲方继续服务______年，从培训结束之日算起。该服务期约定视作劳动合同期限。乙方以任何理由解除劳动合同的，乙方应赔偿甲方培训费用，按照服务期限等分培训费，服务期限不足一年的按月份计算，服务期满可免交培训费，因严重违纪被甲方解除劳动合同的，亦按此办理。

九、在服务期内乙方以任何理由违反服务期约定解除劳动合同的，乙方应支付甲方违约金______元；因严重违纪被甲方解除劳动合同的，亦按此办理。

十、培训学习结束后，乙方应于培训结束之日起______日内向甲方报到，逾期不向甲方报到，视为解除劳动合同，按本协议第八条、第九条处理。

---

① ××公司培训协议［EB/OL］.［2016-07-14］. http：//fanben. lawtione. cn/ldpeixun/2011063099283. html.

十一、本协议自双方签字之日起生效，本协议一式两份，甲乙双方各执一份，具有同等法律效力。

甲方：　　　　　　　　　　　　乙方：
签章：　　　　　　　　　　　　签章：
年　月　日　　　　　　　　　　年　月　日

【参考资料2】

竞业限制合同范本①

甲方：（企业）　　　　　　　　营业执照码：
乙方：（员工）　　　　　　　　身份证号码：

鉴于乙方知悉的甲方商业秘密具有重要影响，为保护双方的合法权益，双方根据国家有关法律法规，本着平等自愿和诚信的原则，经协商一致，达成下列条款，双方共同遵守：

一、乙方义务

1. 未经甲方同意，在职期间不得自营或者为他人经营与甲方同类的行业。

2. 不论因何种原因从甲方离职，离职后2年内不得到与甲方有竞争关系的单位就职。

3. 不论因何种原因从甲方离职，离职后2年内不自办与甲方有竞争关系的企业或者从事与甲方商业秘密有关的产品生产。

二、甲方义务

从乙方离职后开始计算竞业限制时起，甲方应当按照竞业限制期限向乙方支付一定数额的竞业限制补偿费。补偿费的金额为乙方离开甲方单位前一年的基本工资（不包括奖金、福利、劳保等）。补偿费按季支付，由甲方通过银行支付至乙方银行卡上。如乙方拒绝领取，甲方可以就补偿费向有关方面提存。

三、违约责任

1. 乙方不履行规定的义务，应当承担违约责任，一次性向甲方支付违约金，金额为乙方离开甲方单位前一年的基本工资的50倍。同时，乙方因违约行为所获得的收益应当还给甲方。

2. 甲方不履行义务，拒绝支付乙方的竞业限制补偿费，甲方应当一次性

① 竞业限制合同范本[EB/OL].[2016-07-16].http://fanben.lawtime.cn/ldbaomi/20110907119117.html.

支付乙方违约金人民币5万元。

四、争议解决

因本协议引起的纠纷，由双方协商解决。如协商不成，则提交××仲裁委员会仲裁。

五、合同效力

本合同自双方签章之日起生效。本合同的修改，必须采用双方同意的书面形式。

双方确认，已经仔细审阅过合同内容，并完全了解合同各条款的法律含义。

甲方：（签章）　　　　　　　　　　乙方：（签名）

年　　月　　日

【参考资料3】

《中华人民共和国劳动合同法》中关于培训和竞业限制的相关规定

第二十二条　用人单位为劳动者提供专项培训费用，对其进行专业技术培训的，可以与该劳动者订立协议，约定服务期。

劳动者违反服务期约定的，应当按照约定向用人单位支付违约金。违约金的数额不得超过用人单位提供的培训费用。用人单位要求劳动者支付的违约金不得超过服务期尚未履行部分所应分摊的培训费用。

用人单位与劳动者约定服务期的，不影响按照正常的工资调整机制提高劳动者在服务期期间的劳动报酬。

第二十三条　用人单位与劳动者可以在劳动合同中约定保守用人单位的商业秘密和与知识产权相关的保密事项。

对负有保密义务的劳动者，用人单位可以在劳动合同或者保密协议中与劳动者约定竞业限制条款，并约定在解除或者终止劳动合同后，在竞业限制期限内按月给予劳动者经济补偿。劳动者违反竞业限制约定的，应当按照约定向用人单位支付违约金。

第二十四条　竞业限制的人员限于用人单位的高级管理人员、高级技术人员和其他负有保密义务的人员。竞业限制的范围、地域、期限由用人单位与劳动者约定，竞业限制的约定不得违反法律、法规的规定。

在解除或者终止劳动合同后，前款规定的人员到与本单位生产或者经营同类产品、从事同类业务的有竞争关系的其他用人单位，或者自己开业生产或者经营同类产品、从事同类业务的竞业限制期限，不得超过二年。

第二十五条　除本法第二十二条和第二十三条规定的情形外，用人单位不得与劳动者约定由劳动者承担违约金。

【参考资料4】

《中华人民共和国劳动合同法》中关于无固定期限劳动合同的规定

第十四条 无固定期限劳动合同，是指用人单位与劳动者约定无确定终止时间的劳动合同。

用人单位与劳动者协商一致，可以订立无固定期限劳动合同。有下列情形之一，劳动者提出或者同意续订、订立劳动合同的，除劳动者提出订立固定期限劳动合同外，应当订立无固定期限劳动合同：

（一）劳动者在该用人单位连续工作满十年的；

（二）用人单位初次实行劳动合同制度或者国有企业改制重新订立劳动合同时，劳动者在该用人单位连续工作满十年且距法定退休年龄不足十年的；

（三）连续订立二次固定期限劳动合同，且劳动者没有本法第三十九条和第四十条第一项、第二项规定的情形，续订劳动合同的。

用人单位自用工之日起满一年不与劳动者订立书面劳动合同的，视为用人单位与劳动者已订立无固定期限劳动合同。

实验三 劳动关系诊断实验

1. 实验目的

了解劳动关系的概念，明确劳动关系认定的要素；了解相关法律规定，了解用人风险以及规避方法。

2. 实验条件

多媒体教室或者实验室。

3. 实验时间

本次实验时间以2个课时为宜。

4. 实验内容

【案例材料1】

多重劳动关系未签订书面劳动合同时适用两倍赔偿吗①

职工徐某是重庆国有企业A公司的员工，2009年，A公司因生产不景气、

① 陈建华．劳动关系经典案例100篇［M］．北京：中国财富出版社，2014：239.

产品不能满足市场需求而停产，徐某也因无事可做处于待岗状态，A公司仍在为所有职工缴纳社会保险。2011年10月10日，徐某经人介绍被某机械制造公司（以下称为B公司）录用，从事冲压工作，该岗位实行计件工资制，每月平均工资2400元左右。徐某与B公司未签订书面劳动合同，B公司也未给徐某缴纳工伤保险。2013年2月22日，徐某以“B公司未与自己签订书面劳动合同”为由解除了与B公司的劳动关系，同时要求B公司支付未签订书面劳动合同二倍工资差额。B公司认为：徐某与A公司存在劳动关系，因而不同意支付徐某关于二倍工资差额的诉求。徐某遂向劳动人事争议仲裁委员会申请仲裁。

◎ **案例讨论：**

徐某与A公司存在劳动关系的同时又在B公司从事全日制工作，其与B公司是否构成劳动关系？如果你是劳动仲裁员，该案最终应该如何判决？

【案例材料2】

未盖公章的劳动合同纠纷

王先生于2009年4月10日开始入职福建某商贸公司从事销售工作，法人代表与其在2009年7月22日签订相关协议，在该协议中规定王先生是该公司的兼职销售合作伙伴，在公司内部上班，遵守公司的相关规章制度，履行相关工作职责和义务，主要负责对外贸易销售工作，每月工资为4500元，绩效提成另外计算。2010年8月王先生离职，向劳动人事争议仲裁委员会申请仲裁，要求该公司支付未签订劳动合同的双倍工资赔偿，以及手机通讯费500元和交通补贴费600元，并为其缴纳公司所在的厦门市城镇职工社会保险费用。该公司表示不能接受请求，认为公司与王先生只是销售合作伙伴关系，不存在劳动关系，并且协议没有公司的公章，从协议内容看，双方已经约定了相关合作费用，因此不需要额外的费用。

◎ **案例讨论：**

未盖公章的劳动合同算不算数？王先生与公司是否存在劳动关系？他能够获得相应赔偿吗？

【案例材料3】

劳务公司派遣人员的劳动关系

W劳务派遣公司于2005年6月成立，注册资本50万元。Y公司从2006年起就一直与W劳务派遣公司合作，并且约定劳务派遣合同内所有派遣人员的社会保险和工资由W公司承担，相关工作管理则由Y公司进行，长久的合作使得两家公司建立了友好的伙伴关系。到了2012年年底，W劳务派遣公司因为违法经营被取消了劳务派遣的资质，但是并未及时告知Y公司。2014年6月20日，Y公司与W公司签订100人的劳务派遣合同，由于时间紧迫，W公司迅速在劳动力市场中招募了200人送往Y公司工作，W公司也未与这200人签订劳动合同和缴纳社会保险，但是按时支付了劳动报酬。2014年8月15日，这批被派遣的100人中的老刘在从事窗户除尘工作时，不慎从高架摔倒，右腿骨折。老刘要求W劳务派遣公司和用人单位Y公司共同承担法律责任。而W公司认为自己并未与老刘签订劳动合同，也没有用工事实，所以不存在法律责任。Y公司则认为老刘与W劳务派遣公司建立了劳动关系，自己也已经将劳务派遣相关款项付清，所以不存在法律责任。

◎ **案例讨论：**

老刘的劳动关系是与谁建立的？W公司和Y公司应该承担相应责任吗？

5. 实验步骤

（1）由教师说明实验任务和实验要求，以及考核标准。

（2）阅读案例材料，了解相关法律法规规定。

（3）分析案例，完成实验报告。

6. 考核要求

（1）案例分析的完整性、合理性和合法性。

（2）课堂上讨论是否充分，是否积极参与案例讨论并收集相关资料。

（3）是否积极表达自己的观点，观点是否有理有据。

（4）完成实验的认真程度。

（5）实验报告的完整性和内容的充实性。

（6）总成绩100分，实验成绩占70%，实验报告占30%。

7. 实验思考

（1）劳动关系确定的依据主要有哪些？

（2）企业如何规避用人风险？

【参考资料】

《中华人民共和国劳动合同法》相关规定

第三十九条 劳动者有下列情形之一的，用人单位可以解除劳动合同：

（一）在试用期间被证明不符合录用条件的；

（二）严重违反用人单位的规章制度的；

（三）严重失职，营私舞弊，给用人单位造成重大损害的；

（四）劳动者同时与其他用人单位建立劳动关系，对完成本单位的工作任务造成严重影响，或者经用人单位提出，拒不改正的；

（五）因本法第二十六条第一款第一项规定的情形致使劳动合同无效的；

（六）被依法追究刑事责任的。

第四十六条　有下列情形之一的，用人单位应当向劳动者支付经济补偿：

（一）劳动者依照本法第三十八条规定解除劳动合同的；

（二）用人单位依照本法第三十六条规定向劳动者提出解除劳动合同并与劳动者协商一致解除劳动合同的；

（三）用人单位依照本法第四十条规定解除劳动合同的；

（四）用人单位依照本法第四十一条第一款规定解除劳动合同的；

（五）除用人单位维持或者提高劳动合同约定条件续订劳动合同，劳动者不同意续订的情形外，依照本法第四十四条第一项规定终止固定期限劳动合同的；

（六）依照本法第四十四条第四项、第五项规定终止劳动合同的；

（七）法律、行政法规规定的其他情形。

第四十七条　经济补偿按劳动者在本单位工作的年限，每满一年支付一个月工资的标准向劳动者支付。六个月以上不满一年的，按一年计算；不满六个月的，向劳动者支付半个月工资的经济补偿。

劳动者月工资高于用人单位所在直辖市、设区的市级人民政府公布的本地区上年度职工月平均工资三倍的，向其支付经济补偿的标准按职工月平均工资三倍的数额支付，向其支付经济补偿的年限最高不超过十二年。

本条所称月工资是指劳动者在劳动合同解除或者终止前十二个月的平均工资。

第八十二条　用人单位自用工之日起超过一个月不满一年未与劳动者订立书面劳动合同的，应当向劳动者每月支付二倍的工资。

用人单位违反本法规定不与劳动者订立无固定期限劳动合同的，自应当订立无固定期限劳动合同之日起向劳动者每月支付二倍的工资。

> 小辞典
>
> 另外，一般可以证明存在劳动关系的证明材料有：工资支付凭证或记录，缴纳各类社会保险费的记录，用人单位向劳动者发放的工作证、服务证等，劳动者填写的用人单位招工招聘登记表或报名表等，以及考勤记录、其他劳动者的证言等。

实验四　集体谈判模拟实验

1. 实验目的

了解劳动关系管理相关的法律法规；掌握集体谈判的要点和技巧；提高沟通协

调能力和应变能力等。

2. 实验条件

多媒体教室或者实验室。

3. 实验时间

本次实验时间以4个课时为宜。

4. 实验内容

【案例材料1】

××煤矿公司劳资谈判①

（1）××煤矿公司背景。××煤矿是一家中型国有企业。煤矿业是当地的支柱产业，政府的关注程度很高，近年来一直在大力推行煤矿企业的兼并重组工作。在此背景下，一方面，煤矿企业开始逐渐重视员工福利，政府也给予了极大支持；另一方面，煤矿工人也逐渐意识到可以通过怠工、停工的方式要求权益，促使公司正视劳方需求。

（2）谈判事由。煤矿公司员工要求公司加薪或者给予更多的福利照顾，如未能达到员工满意效果，则以怠工、停工威胁来达成目的。虽然此次之前有过几次协商，但都是无果而终。具体的事件和焦点有四项：

①由于多次协商无果，同时五名员工不满矿长排班安排，与矿长争执发生口角，矿长将五名员工停职。

②井下机械设备出现过几次无法运作的情况，但是经简单修理一下可以使用。

③井下时常出现小事故，虽未有人员受伤，但是员工感到不安，希望增设安检人员以保障他们的生命安全。

④低温、有毒补助虽然符合国家标准，但是与本行业其他企业相比并不算高，同时员工认为公司这些年的高额利润应该能够满足员工对补贴的要求。

（3）劳方要求。工会主席要求公司尽量满足员工的要求，员工坚决要求公司提高福利待遇，如果不能达成协议，员工有可能采取停工。作为谈判主要成员的工会主席不愿意看到两败俱伤的结果，而是希望公司和员工都能有良好的发展。根据劳资双方先前的协商结果，劳方拟定了协商的内容大纲与可能协议细目，大纲如下所列：

---

① 宋湛，李岩．集体谈判演练技术，赢在共赢［M］．北京：中国工人出版社，2013：123.

井下采掘人员起薪提高幅度	现为1400元/月
提高井下辅助人员薪资幅度	现为1200元/月
提高矿工的年休假长度（工作未满五年员工）	现为10天
提高矿工的年休假长度（工作满五年员工）	现为15天
增加机械维修师编制	—
增加安检人员人数	—
低温、有毒有害条件下的补助	目前没有补助
矿长的命运	—
五名员工的命运	—

（4）资方要求。作为资方代表，总经理认为要考虑到公司目前的发展情况。同时，由于近年来政府对煤矿企业的监管力度加强，公司在安全与员工福利上也一直非常重视并且投入很大。随着煤矿资源的不断减少，公司的产量已大不如前。基于公司的发展状况，员工薪资及福利不宜做出大幅度调整。然而资方也不希望和工会搞僵关系，希望缓和员工和公司的关系，为公司创造出更多的利润。所以资方的谈判原则是：以公司利益为大，员工福利同样要考虑。

◎ **案例讨论：**

请劳资双方结合上述背景信息各自拟定谈判方案，运用相关谈判技巧展开谈判。

【案例材料2】

老北京味道餐饮管理公司集体谈判案例①

（1）材料说明。材料中的信息是资方代表和劳方代表在形成模拟集体谈判策略时必须考虑的信息。案例最后附录多张表格，对于开展集体谈判的老北京味道餐饮管理公司的背景和所处的市场环境进行了详细的描述。其中包括工资率、公司财务状况、行业状况等内容。

谈判双方遵守下列基本原则：工人和管理方均试图达成协议而无需求助罢

① 老北京味道餐饮管理公司集体谈判案例［EB/OL］．［2016-07-14］．http：//www.btdcw.com/btd_ 4x7qm0vsg7bmsokloklo32e_ 1.htm.

工或闭厂的形式，但是需要通过谈判争取各自利益的最大化。

(2) 公司情况介绍。北京老北京味道餐饮管理公司是在北京市东城区注册成立的一家有限责任公司，始创于1992年，主要经营老北京风味各式经典菜品，是北京最具知名度和影响力的餐饮品牌之一，入选北京“50强餐饮企业”，采用24小时营业模式，在北京开设30家门店，还建立了一个菜品研发中心、一个蔬菜种植基地、一个食品加工中心和一个采购配送中心。食品主推“传统、健康、绿色”，顾客人均消费80元。

2013年以来，受中央“八项规定”和反对铺张浪费、提倡勤俭节约的政策影响，以及快餐等大众餐饮业的竞争冲击，老北京味道的营业受到一定程度的影响。高价值酒水、菜品消费大幅度减少，公司的利润下滑，到2015年一季度，公司的盈利状况并未明显扭转。公司决定继续研发大众菜品的同时，考虑开展创新的营业模式，实现转型发展，其中调整人员队伍和店员工作时间势在必行。

(3) 行业概况。2013年度北京50强餐饮企业（集团）与100强餐饮门店的销售收入总额（已扣除重复统计部分）为276.81亿元，较2012年50强集团、100强门店销售收入总额下降了7.2%。这是自2009年开展北京餐饮百强认定以来营业额总收入首次出现下跌。其中，餐饮50强集团营业收入同比下降6.7%；百强门店营业收入同比下降17.7%。北京餐饮业打破了连年快速递增的态势，个别企业发展甚至陷入“冰点”，迫切需要加快转型。从50强餐饮企业集团的业态分布来看，正餐类占席位的60%，但销售额占比仅为42%。快餐、休闲、团膳等综合类占席位的24%，销售额占比却达到48%。旗下拥有庆丰包子铺、护国寺小吃两个大众化连锁品牌的华天饮食集团，在2013年北京餐饮行业20年来首次出现负增长的背景下，销售额却逆势上扬11.12%，跃居2013年度北京餐饮50强的第四把交椅。

2014年度北京餐饮业持续下滑。2015年全国总工会强调职工正常福利不能削减，北京餐饮业一季度营业状况有所回暖。

大众化和休闲化的餐饮逐渐成为主流，而休闲餐饮的需要显得更为迫切，消费者更为偏好的是休闲性餐饮，如快餐、咖啡厅等。特别是白领阶段，对于小资范儿更明显的休闲餐饮有极大的好感。可见未来休闲餐饮或许会成为餐饮发展的新亮点。

(4) 公司人员结构。公司共拥有员工2000余人，包括管理人员、厨房人员、店内服务员、采购运输人员、种植人员、研发人员、信息维护人员、保安等。人工成本占销售额的比重过高。此次谈判涉及1000名店内服务人员和1200名厨房人员。服务员平均年龄22岁，女性占70%，在老北京味道的工龄平均1.5年。厨房工作人员平均年龄36岁，女性占40%，平均工龄6年。

公司此前服务员和厨房人员采用8小时工作制，每天4个班次，分班轮换，每周休息2天。本次谈判公司方面想最大限度地节约人力成本，一方面打算裁减人员，另一方面打算调整店内服务人员和厨房人员工作时间，在中午11：30—2：00，下午5：00—9：30引入非全日制的小时工人员。

（5）公司工会及劳动关系状况。老北京味道公司工会成立于2004年，属于较早建立工会的餐饮企业，隶属于东城区工会。总体来说，公司并不反对工会，而且事实上，公司工会在协调劳动关系方面发挥了重要的积极作用。工会与公司较早展开集体协商，自2009年起与公司签订综合性集体协议，且约定2年重新签订一次。最近一次的综合性集体协议为2013年签订，本次重新签订协议日期临近。工会预计到公司方面将有大的变动。

另外，2014年工会方面积极与公司签订工资专项集体协议，这得益于北京市餐饮业的行业集体协议。2014年9月1日，对于北京市餐饮行业部分企业职工来说是一个非同寻常的日子，本市22家餐饮连锁企业，12个特色美食街区的569个企业与职工签订了工资协商专项集体合同，涉及职工21701名，根据该合同，参与协商的企业最低工资标准不低于2000元，高于本市最低工资标准28.2%。这对于有6万多家餐饮企业的北京来说，覆盖到的企业虽然不到1%，实际意义有限，但形式意义非凡，意味着全市餐饮行业掀开了新的一页。老北京味道公司虽然未参与本次行业集体协商，但是在公司工会的积极作用之下，与工会签署了工资集体协议，约定各类岗位最低工资标准从原来的1800元提高到不低于2000元。

工会与公司的关系是建设性的，总体较为和谐。2009年，因为公司未给服务员缴纳社会保险，公司曾出现过一次短暂的小规模停工事件，对于此次停工地方工会积极干预，公司及时回应，事后为所有员工缴纳社会保险，并且给在职员工补缴社会保险，未酿成严重的劳动者群体性事件。

老北京味道公司员工工资待遇在同行业中处于中上水平，公司按时足额为所有员工缴纳社会保险，为单身员工就近安排集体宿舍，为晚班员工提供休息场所。定期组织员工做健康体检，为困难员工提供援助。

（6）谈判前情况。对于公司前景，管理层保持积极乐观的态度，但与其他餐饮公司一样，也担心因正餐行业的不景气带来的更高的劳动成本、场地租金以及上升的利率水平。

为了应对危机，公司启动了降低成本的计划，强调了控制人工成本的重要性。近期，公司发表了一系列公开声明，分析目前餐饮行情和竞争态势，希望在随后的谈判中从工会获取工资方面的让步。其声明如果不这么做，可能会丧失目前在本地区的竞争优势。公司打算在工作时间调整上与工会代表进行协调，并适当裁减人员，缩减营业规模。但裁员后如何计算补偿，对于劳资双方又是一个有待解决的问题。

公司尽量避免罢工行为，但是如果双方无法达到合理的协议，有可能真的出现停工或罢工。谈判需要公平，但是也要极力避免人工成本增加导致未来的增长停滞，影响盈利能力和公司的生存。

公司在积极准备谈判的同时，也在准备它的最佳替代方案，即积极与外包公司接洽，准备在忙时采用外部小时工的方式解决劳动力短缺问题。

公司管理方表示将本着与劳动者合作互信的原则，共同分享企业经营目标和经营成果，但工会持观望态度，希望管理层能做到言行一致。工会也在积极搜集劳动者的诉求，其中最明显的呼声是要求提高工资率。

(7) 相关资料。

资料1：公司当前部分岗位工资

工资等级	工种	工资率（元）
1	服务员	
	一级服务员	11.49
	二级服务员	14.37
	三级服务员	17.24
	大堂经理	54.47
2	厨房人员	
	厨师长	114.94
	领班	57.47
	高级厨师	68.96
	中级厨师	57.47
	初级厨师	40.22
	三级杂工	17.24
	二级杂工	14.37
	一级杂工	11.49

资料 2：公司净销售额和净收入（元）

	净销售额	净收入（未刨除人工成本）
2012	3269681370	1871356610
2013	2491185800	1220681040
2014	2092596070	837038430
2015 年一季度	470834110	177870660

资料 3：公司员工工资占销售额的比重

2012	16%
2013	21%
2014	25%

注：餐饮业员工工资占销售额 16%～18%属于正常水平，超过 20%则达到亏损状态。

◎ **案例讨论：**

请劳资双方结合上述背景信息各自拟定谈判方案，运用相关谈判技巧展开谈判。

【案例材料 3】

GZ 大学城环卫工人劳资集体谈判案例①

（1）案例背景。GD 物业管理有限公司（以下简称 GD 公司）是 GZ 大学城的一家老牌物业管理公司，自 GZ 大学城开始运营以来的 10 年时间，其一直负责大学城的物业管理工作。2015 年 4 月，GZ 大学城进行了新一轮物业管理的竞标，GD 公司在竞标过程中意外失败，新的物业公司将于 9 月初进行物业管理接管。但是，GD 公司并没有把这一情况告知 200 多名环卫工人，而是与他们续签了一份为期 4 个月的劳动合同，并在合同中进行了工作地点的变更，由原来的大学城改为 PY、GZ，或空白。

GZ 大学城的环卫工人绝大多数是因为建造大学城而失去土地的村民，有着十多年的维权经验。2015 年 8 月初，环卫工人终于知道了 GD 公司即将退出大学城物业管理的消息，由于担心自己未来的工作及安排问题，环卫工人很快

① GZ 大学城环卫工人劳资集体谈判案例［EB/OL］．［2016-07-16］．http：//blog. sina. com. cn/s/blog_ 4d8d48790102v4dk. html.

就团结和组织起来，开始向GD公司展开了维权抗争。

（2）事件经过。8月21日，GZ大学城的环卫工人举行了第一次罢工抗议。适逢大学城部分高校开学的日子，全部200多名环卫工因合同终止，GD公司不承认工龄，集体举行了罢工抗议。在此之前，工人们从8月8日开始，先后去过公司、街道办以及劳监等相关部门，后者不是避而不见就是敷衍了事，没有给予任何积极的回应，工人们像皮球一样被踢来踢去。眼看劳动合同即将在8月31日终止，环卫工们不知道自己将何去何从，迫于无奈，他们决定在开学日举行罢工，希望以此引起社会和学生的关注。

8月22日，200多名环卫工人集体前往GD公司、街道办、劳动部门提交了诉求书，要求GD公司在三天之内给予回应，否则将继续采取行动。下面是大学城环卫工人诉求书的内容摘要：

从2004年至今，200多位环卫工开始为大学城的物业管理服务。2005年，全部环卫工人的劳动关系从市Q环卫处转到“GD物业管理有限公司”，直到2015年8月。在此期间，环卫工人与公司至少签了三次合同，还不包括两次总共一年多的变更合同。如今，由于GD公司没有中标，200多名环卫工的去处也没有说法，环卫工的合法合理权益受到侵害，对此，环卫工提出以下诉求，期望公司回应，同时期望政府相关部门依法执法，监督公司保障工人的合法权益。

①去向问题。跟据2015年5月1日签订的《劳动合同变更协议书》，所有工人的合同将于2015年8月31日中止，而200多名环卫工的去向却至今没有说法。据传将被分配到大学城外的地方从事楼宇保洁等类型的工作。所有工人对此深感忧虑，强烈要求公司告知每个工友的具体去向安排（包括工种、工作内容、工作地点、工作时间和工作待遇等）。对于将来的工作安排，工人应当有参与决策和协商的权利，不能接受公司单方面强加的工作安排。

②合同问题。之前与公司签订的合同中工作地点五花八门，包括GD、GZ、PY等，没有具体的工作地点，哪怕具体到街道。个别合同没有起止日期。之前签订劳动合同时，公司要求工人在空白合同上签字按手印，而具体合同内容却不告知。自2005年至今，工人与GD公司至少签订了三次合同，还不包括两次总共一年多的变更合同，因此强烈要求依法签订无固定期限劳动合同，并对2010年以来未签订“无固定期限合同”进行依法补偿。

③工作量问题。自2010年亚运以来，环卫工数量不断减少，扫水车和扫路车再未出现，全部工作都是人工打扫，清扫面积不断增加，工人实际的劳动量大大增加（是以前的2~3倍），未完成工作任务则要扣除工资。更令人不满的是，公司承包绿化带的园林工作，却将部分工作强加给该路段的环卫工，要求环卫工从事工作范围之外的工作（这个问题与劳动合同未能明确工作内容

有关)。因此要求公司补偿自2010年以来每个月因工作量增加所致费用(每月至少120元)。

④工作内容和待遇。自2004年大学城规划建设以来，政府承诺对每一名环卫工就地安排就业，如果更换工作内容，工人现有的待遇将不能得到保障。大多数环卫工从事环卫工作长达十年之久，希望继续从事环卫工作，并且待遇能得到提高。另外，环卫工的家庭都在大学城，这里是环卫工的老家，是环卫工生长的地方，因此强烈要求在大学城内继续从事环卫工作。

8月23日，环卫工人举行第一次工人大会和工人代表会议。著名劳工公益机构PY打工族服务部工作人员来到大学城，辅导工人召开了第一次工人大会，200多名工人参会。会上，以工作组别和部门为单位，选举产生了18名工人代表。8月23日下午，召开了第一次工人代表会议，选举产生了1名总代表、4名谈判代表和3名经费审查代表，按集体行动需要进行了分工，由相应代表负责组建了组织、谈判、对外宣传和联络、后勤与财务等若干小组。

8月25日举行了第二次工人代表会议，大学生发起签名和众筹支持活动。会上进一步梳理了工人的诉求，集中在要求GD公司给予合理安置方案和留在大学城工作两点上，并讨论和部署了工人的行动策略。

8月26日，大学城环卫工人在公司没答复其诉求后，正式停工维权。

8月27日，大学城环卫工人继续停工并进行维权静坐。PY区总工会也明确表示下午会派人过来支持环卫工人。然而，经工人代表多次催问，直到下午三点还未见“娘家人”的身影，导致全体工人对“娘家人”失去信任。工人情绪失控，讨论8月28日要进一步升级行动。

8月28日冲突升级，1名女工代表被打，工人方的W律师被带走。此时，区总工会派人赶到现场，工人提出四项诉求：①放了W律师；②支付被打伤的环卫代表的医疗费；③要求委托第三方谈判顾问；④确定集体谈判的时间、地点。

8月29—30日，环卫工人继续静坐维权。与此同时，近年大学城所在地街道的环卫成本测算表被披露：2004年成立街道办时环卫工核定420人，成本工资每人每月3800元，而现在环卫工实际到手工资是2000元多一点，相差巨大，环卫工说只有200多个工人干活。

8月31日环卫工人继续静坐维权，ZS大学学生申请公开大学城环卫作业财政拨款及雇佣环卫工人数、工资组成等，并公开对GD公司环卫工合法权益保障的调查情况，让公众更加了解环卫工境况。

9月1日环卫工人继续静坐维权，RMZX报也发表了支持文章。9月1日是大学城学生普遍开学的日子，也是GD公司和大学城环卫工合同到期后的第一天，到目前为止，GD公司和政府的相关部门还没有为环卫工人解决有关诉求。

（3）GD公司与环卫工人双方的争议问题。针对该劳资纠纷事件，大学城街道办宣传处W主任表示，从2015年8月8日开始，环卫工几乎每天都来街道办，街道办也成立了工作小组跟进处理，劳动和社会保障中心、司法、信访、综合治理、工会、爱卫办等部门都在协助解决，帮助工人走法律途径，并不存在不理工人的现象。多数工人表示，一开始之所以没有选择申请劳动仲裁等法律途径，一是不懂法，二是能协商解决的话，工人也不想把事情闹大。不过，由于事情久未解决，已经闹得沸沸扬扬。环卫工人还称，为了此事曾多次到GD公司大学城办事处，也曾多次致电公司相关负责人，但屡遭推脱或拒绝。GD公司表示，公司曾在街道办开过两次大会与工人商讨问题，也组织了管理人员到工人家里进行家访，并请部分员工进行一对一或者一对多沟通，但遭到了工人的拒绝。

据悉，GD公司与大学城的环卫承包项目于2015年4月30日到期，此次投标未中，由新公司SC公司接手。宣传处W主任称，按照投标协议，如果环卫工人愿意，SC公司将无条件接收这批工人，工资、医保、社保等仍按原来的水平进行发放，这些都是环卫工所知道的。而此次事件的矛盾在于，工人认为与GD公司合同期满，故而提出GD公司给他们经济补偿金以及加班工资等多项诉求，并称GD公司一直不给正面回应。具体争议如下：

①经济赔偿金。工人认为与GD公司合同期既满，公司需支付经济补偿金。很多工人有着长达10年的工龄，此次双方争论的最大焦点即“公司是否该支付工人经济补偿金”。按街道办所说，GD公司投标未中引发工人上访后，本需在8月16日前制定环卫工人合同期满人员安置方案，然而至今双方仍未达成协议。工人们多是本地居民，并不愿意离开大学城去市区的楼宇或其他地方做保洁工作，一则担心被分到路途遥远之地，有交通费等的顾虑，二则有家庭方面的考虑，家里还有老人小孩，在这边工作方便照顾。GD公司代表人称已于8月21日将最终解决方案交给街道办，希望与这批环卫工续约，因为需要这批员工，并已给工人发了续签通知书，承诺在劳动变更合同期满之后按照“三不变”（劳动关系、劳动性质、工资待遇）原则安排员工在合同所填地点附近上班，并提出会给予工人一定的交通补贴与住宿补贴，倘若工人单方面拒绝签订，是自动放弃合同，公司不必进行经济补偿。

②加班工资。环卫工称2012年5月到2013年4月期间，他们每月四天休息日都加班，却无相应的加班工资。街道办称GD公司此前在街道办的要求下需要准备工人请求支付时间段的工资表和考勤表等资料，以便查证。

③补发未达标准部分的工资。环卫工人称，根据GZ市政府文件，每人的薪资水平应达到3800元/月，而自己每月只拿了3000元左右的工资。GD公司

认为，按市政府有关文件规定，环卫工每人用工成本为3800元/月，包括用工成本、社保、医保、住房公积金、其他津贴等，再加上纳税，收到3000元左右是正常的。而关于住房公积金问题，有工人反映有人被多收了一两个月的公积金，每月212元。针对此争议，GD公司表示，目前还没有资料证明公积金缴纳有误，如果有问题，公司一定会补偿。

④工人质疑协议书的有效性。GD公司与工人的合同三年一签，原本GD公司与工人在2015年4月30日就已终止劳动合同关系，而在这之前，GD公司曾给工人每人一份《劳动合同变更协议书》，将合同期限变更为2015年5月1日至2015年8月31日，工作地点部分是“PY区”，部分是“GZ市”，部分是“GD省”。而环卫工人曾称，自己当初是在一张白纸上签字画押。后来又表示，这份协议书在签订时没有具体时间和内容，很多处空白，他们认为自己被欺骗了，是在不知情的情况下签订的，因而质疑协议书的有效性，一名工人反映签名和空白处填的字，字迹是不同的。而GD公司回应，一个成人不可能会在一张白纸上或者一张多处空白的合同上签字画押，工人所说并不符合事实。辖区劳动保障中心表示，曾抽检工人协议书，并没有发现工人反映的现象，转而告知工人们如果还对协议书的有效性存疑，可以申请仲裁以最终确定。

（4）集体谈判。在有关部门的推动下，GD公司最终同意与GZ大学城环卫工开启集体谈判，GD公司副总、人力资源部等部门3位总监与4名工人谈判代表进行了谈判。

◎ **案例讨论：**

请劳资双方根据案例提供的材料，切合实际，进行模拟集体谈判。

5. 实验步骤

（1）由教师说明实验任务与实验要求，以及考核标准。
（2）划分小组，一般以4~5个人为一组，分别扮演不同角色。
（3）认真阅读背景材料，了解相关法律法规规定，查找资料，做好谈判准备。
（4）进行集体谈判模拟实验。
（5）教师对其表现进行打分和点评。

6. 考核要求

（1）各个小组对背景材料的把握程度。
（2）谈判材料的准备是否充足。
（3）集体谈判意向书的完整性。
（4）各个角色的诠释程度。
（5）谈判策略与技巧的运用。
（6）总成绩100分，实验成绩占70%，实验报告占30%。

7. 实验思考

(1) 集体谈判的类型和策略有哪些？

(2) 集体谈判模拟给你哪些启示？

实验五 劳动争议仲裁模拟实验

1. 实验目的

了解劳动争议调解仲裁的相关法律法规及其相关程序；了解与劳动关系管理相关的法律法规；促进知识运用和实践相结合。

2. 实验条件

多媒体教室，模拟法庭或者宽敞的实验室、会议室。

3. 实验时间

本次实验时间以4个课时为宜。

4. 实验内容

【案例材料1】

参加集体活动受伤是工伤吗①

2012年3月11日星期天，重庆某汽车配件公司在铁山坪风景区举办公司成立1周年庆典，工会组织员工积极参与。在庆典开始前的舞蹈彩排中，员工张某不慎从舞台上跌倒，经医院诊断，张某腿部骨折并伴有轻微脑震荡，需住院观察治疗。公司垫付了检查治疗费，并给予了一定的慰问金。

张某伤愈出院后，要求公司报销其住院期间的相关费用。公司认为，其摔伤也有自身原因，工会已对其进行慰问，单位不再担责。张某认为，其摔伤是因为公司安排其参加舞蹈演出造成的，应该认定为工伤。

◎ **案例讨论：**

根据案例材料，进行角色扮演，模拟劳动争议仲裁法庭。

【案例材料2】

破产清算三期女职工的赔偿问题

王某于2004年4月1日进入天津××冷轧钢板有限公司从事会计工作，签订的合同期限为2004年4月1日至2007年9月1日，合同期间工资为4000

---

① 陈建华. 劳动关系经典案例100篇［M］. 北京：中国财富出版社，2014：321.

元/月。由于王某工作勤恳、技术扎实，该公司与其商量并续签了合同，合同期限到2016年4月1日，合同期限工资为5500元/月。2016年1月5日，该公司因为经营不善，准备进行内部破产清算，但是王某此时已经有了3个月的身孕。公司在制定相关经济补偿的时候，将王某的经济补偿年限算至合同结束的2016年4月1日。王某与公司协商不成，于是向当地劳动争议仲裁委员会申请仲裁，要求将工资和经济补偿金的计算年限延伸至哺乳期结束。

◎ **案例讨论：**

根据案例材料，进行角色扮演，模拟劳动争议仲裁法庭。

【案例材料3】

公司搬迁的劳动合同解除问题

林女士于2009年1月入职一家钢板制造公司担任采购部经理，与公司签订了为期6年的劳动合同，合同期间约定每月基本工资为1万元，交通补贴500元，通信补贴500元，职务津贴1000元，加班工资另外计算。2014年6月，由于公司战略转变，人力资源部门通知所有员工搬迁到更为偏远的郊外办公，并配有班车接送往来职工上下班，也解决员工的午饭问题。林女士因为家住在市区，有孩子、父母需要照顾，无奈选择辞职，在辞职的同时提出了经济补偿的请求，但是公司仅接受离职请求，不接受经济补偿请求。林女士无奈，只好向劳动人事争议仲裁委员会申请仲裁。据了解，林女士离职前12个月的平均工资为25000元，该公司所在地2013年度职工的平均工资为3990元。

◎ **案例讨论：**

根据案例材料，进行角色扮演，模拟劳动争议仲裁法庭。

5. 实验步骤

（1）由教师说明实验任务和实验要求，以及考核标准。

（2）划分几个大组，每个大组里需要有劳方和资方。

（3）根据案例材料分配角色，查找资料，做好仲裁准备。

（4）进行劳动争议仲裁模拟。

（5）由教师进行打分和点评。

6. 考核要求

（1）劳动争议仲裁模拟的规范性。

（2）角色扮演的合理性。

（3）相关材料的完整性、合理性和合法性。

（4）对角色的把握程度。

（5）实验报告的完整性和内容充实性。

（6）总成绩100分，实验成绩占70%，实验报告占30%。

7. 实验思考

（1）劳动争议的处理方式有哪些？

（2）劳动争议仲裁的程序有哪些？

（3）工伤认定的条件是什么？

（4）各种情形下经济补偿金的计算方法是什么？

【参考资料】

××省劳动争议仲裁案件开庭审理程序

一、书记员宣布仲裁纪律

二、书记员报告仲裁庭的准备工作和双方当事人到庭情况

三、宣布开庭

首席仲裁员宣布：

1. 现在开庭。

2. 劳动争议仲裁委员会现在开庭审理（申诉人）诉（被诉人）（案由）争议案。

四、宣布仲裁庭组成人员

首席仲裁员宣布：

1. 宣布仲裁庭组成人员。

2. 本庭由首席仲裁员（姓名）、仲裁员（姓名）、仲裁员（姓名）组成，仲裁员（姓名）兼任书记员或（姓名）任书记员负责本庭记录。

五、核对当事人身份

首席仲裁员宣布：

1. 现在核对当事人身份。

2. 请申（被）诉人说明自己的姓名、性别、年龄、民族、原工作单位、职务、现工作单位、现住址；请委托代理人说明自己的姓名、性别、工作单位、职务、委托权限。

3. 请被（申）诉人说明单位全称、单位性质、上级主管部门；法定代表人的姓名、性别、工作单位、职务；请委托代理人说明自己的姓名、性别、工作单位、职务、委托权限。

4. 申诉人对被诉人的情况有质疑吗？

5. 被诉人对申诉人的情况有质疑吗？

六、宣布当事人在仲裁活动中的权利、义务

首席仲裁员（可以指派仲裁员宣读）宣布：

1. 当事人在仲裁活动中享有以下权利：当事人有权委托代理人、申请回避、提供证据、进行辩论、请求调解、提起诉讼、申请执行。申诉人有变更、撤回仲裁申请的权利；被诉人有反驳、承认申诉人申请的权利。

2. 当事人在仲裁活动中应履行以下义务：当事人有义务依法行使属于自己的权利，遵守仲裁活动的程序，有义务回答仲裁员的提问，尊重对方当事人及其他仲裁活动参加人的权利，履行发生法律效力的裁决、调解协议。

3. 申诉人听清了吗？

4. 被诉人听清了吗？

如果提出回避请求，令其说明理由，仲裁庭暂时休庭，由仲裁委员会或仲裁委员会主任作出决定。

七、仲裁庭调查

1. 现在本庭调查开始。

2. 请申诉人宣读申诉书。

3. 请问申诉人对请求事项有无补充说明。

如申诉人提出不宜在本案中一并审理的补充或变更事项，可请申诉人另行申诉，作另案处理。

4. 请被诉人宣读答辩书。

5. 请问被诉人对答辩的主要事项有无补充说明？

如被诉人在答辩中提出反诉，可一并审理，亦可请被诉人另行申诉，作另案处理。

6. 请申诉人回答本庭提出的如下问题（按拟定的调查提纲进行）。

7. 请被诉人回答本庭提出的如下问题（按拟定的调查提纲进行）。

8. 请证人到庭。

9. 宣读证人应履行的义务：证人有义务协助仲裁庭调查案件事实，提供与案件事实有关的证据，必须实事求是地反映案件的真实情况，所证明的事实不准扩大或缩小，对所提供的证据要承担法律责任。

10. 请证人回答本庭提出的问题。

11. 下面核实如下证据。

在调查过程中如发现有关键性事实需要庭下重新调查、补充调查或当事人需要补充证据的，可以宣布休庭。下次开庭时间可当庭通知，也可庭后另行通知。

八、仲裁庭辩论

首席仲裁员宣布：

1. 现在辩论开始，双方当事人应就本案审理的（案由）争议所涉及的主要事实和证据进行辩论。

2. 先由申诉人发言。

3. 请申诉人的委托代理人发言。

4. 请被诉人发言。

5. 请被诉人的委托代理人发言（仲裁庭应正确引导当事人进行辩论）。

6. 双方意见本庭已经清楚，仲裁庭辩论结束。

7. 当事人作最后陈述。

如果双方当事人就已清楚的问题争论不休，告知双方当事人，本庭对这个陈述已经清楚，不要再对这个问题进行争辩。

如遇当事人或当事人的委托代理人违反仲裁庭纪律或攻击仲裁庭，可作如下处理。

首席仲裁员宣布：

1. ×××（姓名），请注意，您的发言已脱离本庭的辩论范围。

2. ×××（姓名），本庭再次提醒您，您的发言不应离开本案的事实，如果您不听仲裁庭的再次劝告，请您退庭。

3. ×××（姓名），请您退庭。（视情况，对申诉人按撤诉处理，对被诉人作出缺席仲裁）

九、仲裁庭调解

首席仲裁员宣布：

1. 现在进行仲裁庭调解。

2. 申诉人，是否愿意调解解决您与被诉人的争议？

3. 被诉人，是否愿意调解解决您与申诉人的争议？

4. 申诉人，请您提出具体的调解方案。

5. 被诉人，您同意申诉人的调解方案吗？如不同意，请您提出具体的调解方案。

根据案情，双方当事人可以当庭调解，必要时可以分别做调解工作。如调解成功，将调解协议写入开庭笔录，双方当事人签字，宣布闭庭。庭后制作调解书送达双方当事人。如调解不成，则继续开庭。

6. 现在宣布调解不成。

十、休庭合议，继续开庭

首席仲裁员宣布：

1. 现在休庭，稍候继续开庭。

休庭合议，如合议中发现有需要补充调查的内容，拟出补充调查提纲。

2. 现在继续开庭。

3. 请申诉人回答如下问题（按补充调查提纲进行）。

4. 请被申诉人回答如下问题（按补充调查提纲进行）。

5. 请问申诉人还有需要补充的吗？

6. 请问被申诉人还有需要补充的吗？

十一、宣读仲裁决定书

首席仲裁员宣布：

1. 视案情可作当庭裁决或庭后裁决。

（1）现在仲裁庭进行裁决，××省劳动争议仲裁委员会受理的（申斥人）诉（被诉人）（案由）劳动争议案，经开庭审理，现作如下裁决：经查的内容；本庭认为的内容；裁决的内容。今天是口头宣布裁决，本庭将在7日内将裁决书送达双方当事人，裁决内容以裁决书为准。

（2）今天不做当庭裁决，本庭将在日内将裁决书送达双方当事人。

2. 如不服本裁决，当事人有权在接到裁决书之日起15日内向当地人民法院起诉；期满不起诉的，裁决书即发生法律效力。

3. 申诉人听清楚了吗？

4. 被诉人听清楚了吗？

5. 双方当事人庭后审阅庭审笔录，并在上面签字。记录中如有遗漏或差错的，当事人有权提出补充、更正。

十二、宣布闭庭

首席仲裁员宣布：

现在闭庭。

注：以上庭审程序，可以依据案情选择使用。

实验六　本章综合案例

1. 实验目的

了解并掌握相关劳动法律法规，并了解其在劳动关系管理实践中的应用。

2. 实验条件

多媒体教室或实验室。

3. 实验时间

本次实验以4个课时为宜。

4. 实验内容

【案例材料】

提要：本案例以公司搬迁引发的一系列劳动争议事件为背景，从多个侧面呈现AP公司在签约管理、岗位管理、纪律管理、离职管理、员工手册等人力资源管理风险节点控制方面的时间举措，揭示AP公司在劳动关系处理过程中的适当和不适当做法，以启发公司各方在维护各自权益方面的深刻反省和思考。

公司搬迁，我的权益谁做主?①

“搬迁啦，搬迁啦，所有部门都迁到位于另一个城市的厂区……”

2010年11月27日，AP公司人力资源部向全体员工发出一纸公司搬迁通知，计划12月31日前由海南省的海口市搬迁至海南省洋浦经济开发区，并宣布近期裁员和相关人事政策调整。

(1) 公司发展及现状。AP公司为某外资跨国集团的子公司，1998年于海南省海口市注册登记，办公地点亦设立于工商注册地；2000年因业务需要搬迁到海南省洋浦经济开发区办公，2002年迁回海口市；2010年12月31日因集团管理需要再次迁往海南省洋浦经济开发区。现有员工1500多人。AP公司经营范围遍及海南省全部市县，各市县均设有办事处，员工因公司业务需要而内部调动。AP公司全体员工劳动合同中的工作地点均为海南省，未注明具体城市。员工社会保险于海南省洋浦经济开发区社保局缴纳；用工名册也于海南省洋浦经济技术开发区劳动部门备案。2010年12月8日，人力资源部发出公司搬迁调查问卷，征询员工随迁意愿。2010年12月31日，AP公司正式迁往海南省洋浦经济技术开发区。

(2) 辞退“临时工”。

①事件背景信息。2006年3月，彭华与肖雪以临时工的身份加入AP公司从事保洁工作，每天早晨7点负责打开公司大门，并为员工擦拭办公桌，每天下午临下班前清扫所有办公室卫生。一周工作5天，两班倒制。早班时间为7点到15点，午班为10点到18点，需要本人打卡记录考勤，日常工作归总务部门管理。

初入公司时，口头约定月收入800元，2007年6月调为1000元/月，2009年6月调为1200元/月，均高于当地最低工资标准，公司不为其缴纳“五险一金”，但是可以加入工会，并享受工会福利。

临时工的收入都是公司总务每月从总务备用金中代付，彭华和肖雪签收后，总务再填制费用单向财务核销。

彭华和肖雪自进入AP公司工作以来，公司从未与其签订任何劳动或者劳务合同。

在随迁意愿书上，彭华和肖雪注明不愿意随迁。2010年12月12日公司人力资源部以不愿意随迁为由辞退了彭华和肖雪。

②纷争。彭华和肖雪咨询律师后，2010年12月15日向AP公司提出如下补偿请求：

---

① 蔡东宏. 人力资源管理案例分析指导与训练［M］. 北京：经济科学出版社，2015：393-408.

第一，用工关系已构成劳动关系，但未签订劳动合同，公司应当自用工次月起予以两倍工资补偿。补偿金额 = 800×14+1000×24+1200×19（元）。

第二，自用工满一年起未签订劳动合同的，视同已订立无固定期限劳动合同，解除合同应补偿，每一年工龄补一个月。补偿金额 = 1200×5（元）。

第三，补缴应纳社会保险与公积金，自 2006 年 3 月起算。

公司则主张：

第一，当年公司只希望雇请临时劳务工提供清洁服务，并无意将保洁员视同正式劳动用工管理，对其实施的管理行为，非公司之过，属总务部门的工作失误。

第二，2006—2009 年的纠纷已超过一年仲裁时效，不予协商。

第三，鉴于彭华和肖雪为公司服务多年，基于感情的因素，给予每人 1 万元的生活补贴并解除双方所有关系。

（3）解聘孕期女职工。

①事件背景信息。女职员鲁小宁一年前在与 AP 公司签订劳动合同时，已阅读并签署了员工手册。AP 公司的员工手册中明确指出："公司员工若有两次严重违纪行为，公司有权与其解除劳动关系。"鉴于鲁小宁五次无故旷工数天，两次被人力资源部门当场抓到使用公司设备干私活，鲁小宁的行为严重违反了该公司员工手册中的公司规章制度，也严重耽误了公司生产进度。按照企业的规章制度，公司对鲁小宁进行了警告和处罚共计七次，同时，在每次的违纪处罚单上，也有鲁小宁的签字认可，公司最终在公司搬迁期间的 2010 年 12 月 16 日决定与其解除劳动关系。此时，鲁小宁通知公司自己已经怀孕并提供了相关证明，以此为理由拒绝与公司解除劳动关系。

②纷争。2011 年 1 月 5 日公司仍按原定方案与鲁小宁解除劳动关系。鲁小宁不服，于 2011 年 1 月 6 日以《女职工劳动保护规定》规定了在女职工怀孕期、产期和哺乳期不得解除劳动合同，而且没有规定其他例外条件，诉至海口劳动争议仲裁委员会申请仲裁。2011 年 1 月 7 日，公司则向用工名册所在地和公司现在用工所在地海南省洋浦经济技术开发区劳动争议仲裁委员会提起劳动仲裁，以解除与鲁小宁的劳动关系。

（4）中止承包合同。

①事件背景信息。为了改善员工的伙食和确保食品安全，AP 公司于 2006 年 3 月建了一个小型养鸡场，养了几百只鸡，公司每年只与养鸡场的管理人员签订《劳动合同》，并为其缴纳社会保险费，而与何琼生、刘学平、蔡万宁三位饲养员签订的是《承包合同》，没有为其缴纳社会保险费。《承包合同》约定，饲养员必须遵守养鸡场的规章制度，公司根据其喂养鸡的增重和产蛋量向其发放效益工资，发生疫情时，饲养员仍有保底收入，并同养鸡场管理人员一

样享受公司节日补贴福利。

2010年12月18日公司宣布中止此《承包合同》。

②纷争。2010年12月20日，AP养鸡场饲养员何琼生、刘学平、蔡万宁三人向海口市劳动争议仲裁委员会提起劳动仲裁，提供AP公司与其签订的有关于其工资、工作时间、工作纪律和发生疫情时仍有保底收入约定的《承包合同》，并提供工资发放表、工作证、先进工作者荣誉证书等相关证据。三人的仲裁请求主要有三项：一是确认与AP公司的劳动关系；二是AP公司为其补缴工作期间的社会保险费；三是要求AP公司因未签订书面劳动合同向其支付2008年1月至2010年12月期间的双倍工资。

AP公司认为公司与何琼生等三人之间签订的是《承包合同》，双方之间是民事关系，未建立劳动关系。并辩称：工资发放表是财务为了入账方便，就没有做详细区分；工作证仅仅是为了进出机场的管理方便而发；先进工作者是为了鼓励何琼生等三人养好鸡，创造更好效益的鼓励，不代表公司承认何琼生、刘学平、蔡万宁三人是其员工。

(5) 裁剪老员工。

①事件背景信息。2010年12月19日，林峰（老林）像往常一样高高兴兴地到公司上班，下午公司人力资源部经理钱猛突然来到他所在的部门，宣布公司搬迁裁员，并告知老林被列入裁员名单，限他两天内离开公司，同时承诺公司将按照高于法定标准，以“N+2”的方式支付经济补偿金。所谓“N”即给予每工作一年补偿一个月工资的经济补偿金。老林在这家公司工作了将近5年，前12个月平均工资约为5000元，照此计算可得到经济补偿金为35000元。

②纷争。老林很享受在AP公司目前这个岗位的工作，也愿意随迁至海南省洋浦经济技术开发区的相同岗位上班，这突然的变故还是让老林无法接受，老林向AP公司人力资源部交涉未果，遂向海口市劳动争议仲裁委员会提出了申诉主张。

(6) 变更劳动合同引发的解除劳动合同事件。

①事件背景信息。王军于2000年5月8日入职AP公司，2008年7月1日与AP公司签订无固定期限劳动合同，工作岗位为行政主管。

鉴于公司搬迁引起的王军岗位工作内容变动，2010年12月19日AP公司人力资源部向王军送达书面《变更劳动合同通知书》，当天，王军向该公司书面回执，不同意变更劳动合同。后经双方协商，2010年12月21日签署《解除劳动合同协议书》，并办理了工作交接。双方在《解除劳动合同协议书》中对解除劳动合同的日期、解除经济补偿金、代通知金及工资支付的日期和办理工作交接等事宜进行了约定，双方一致同意，履行本协议约定的内容之后，不再向对方提出任何要求，即就劳动关系事宜不再存在任何纠纷。2010年12月

22 日，该公司履行了《解除劳动合同协议书》中的约定义务。

②纷争。2010 年 12 月 24 日王军向 AP 公司提出权益诉求，要求支付违法解除劳动合同的赔偿金；补发 2008 年 7 月 1 日至 2010 年 12 月 21 日的加班工资。遭拒后，他向海口市劳动仲裁委员会提出诉讼申请。

AP 公司认为，公司依法与王军协商解除劳动合同，无需向其支付解除劳动合同的赔偿金；另外根据该公司《加班调休管理制度》《加班审批制度》和《员工手册》等相关内容，王军不应享受 2008 年 7 月 1 日至 2010 年 12 月 21 日的加班工资，且在《解除劳动合同协议书》中已约定，就劳动关系事宜不再存在任何纠纷。

（7）出台新的特殊人才招聘管理办法。

①事件背景信息。由于企业集团国际商务业务的发展需要，2009 年 12 月 2 日 AP 公司从深圳聘请经验丰富的国际商务专业人才魏学清，并在 12 月 7 日签订为期 3 年的劳动合同，试用期为 3 个月，合同约定魏先生的薪酬福利如下：

第一，目标年收入为人民币 12 万元，月薪为 1 万元。

第二，带薪年假：在公司连续工作满 1 年后，可享受带薪年假。第一年为 5 天（不含双休日和法定节假日），以后每年增加 1 天，但最多不超过 15 天。

第三，社会保险：公司按照国家和本省的有关规定，在本地区办理有关社会保险的手续，并承担相应社会保险义务。

第四，住房：工作期间，公司提供集体宿舍，房屋租金及管理费免缴，但水、电、气、网络费用需自理。

第五，探亲：配偶不在工作地期间，在不影响正常工作的前提下，公司负责提供每月 1 次往返深圳探亲的交通费用，交通工具不限。

第六，手机通讯费用报销标准：300 元/月。

第七，其他常规福利按公司的相关规定执行。

魏学清按照合同规定，入住 AP 公司提供的宿舍，按时缴纳水、电、气费用。试用期工作也很出色，3 个月后顺利转正。在 1 年时间内，在不影响工作的前提下，魏先生有时 1 个月，有时 2 个月回深圳探亲，相关交通费用、通信费用报销正常、工资发放也正常。

由于公司搬迁到另一城市的特殊性，2010 年 12 月 20 日金光集团 APP 林务事业总部出台并执行《特殊人才招聘管理办法》，其中规定：

第一，试用期间，公司提供临时集体宿舍，转正后，员工必须搬离公司提供的集体宿舍，否则，按 2000 元/月收取租金。

第二，执行协议薪酬的特殊人才，一经（与公司）协商确定薪酬总额后，公司不再承担其他任何费用。

②纷争。在魏学清搬迁到洋浦经济技术开发区企业新的集体宿舍刚满半个

月时，2011年1月1月16日AP公司人力资源部在未与其沟通协商的情况下，就强制魏学清从集体宿舍搬出去，并通知他在2011年1月以后实际发生的探亲往返深圳的交通费、手机通信费等费用都不予以报销。魏学清在与人力资源部沟通未果的情况下，于2011年1月18日向海南省洋浦经济开发区劳动争议仲裁委员会提出申诉，要求企业继续履行合同约定。

(8) 尾声。公司搬迁的近2个月内劳动关系纷争不断。AP公司总经理郭松林和人力资源部经理钱猛想通过这次搬迁之机，裁减不重要的岗位雇员和问题员工，调整公司相关人事管理政策，旨在精兵简政，适当缩减公司开支，轻装上阵。但由于对《劳动合同法》和《劳动合同法实施条例》把握得还不够透彻，公司和雇员双方缺乏充分的沟通，没有达成共识和谅解，引起了一系列不必要的劳动纠纷案，增加了公司不必要的经济补偿和劳资双方冲突，或多或少地损害了公司形象和凝聚力。当然，过去为了规避劳动合同埋下的劳动合同纠纷隐患在公司搬迁中集中爆发，也深刻教育了公司的广大管理层要与公司雇员进行换位思考，兼顾各方利益，协商解决争议，达成共赢。

同时，AP公司较完善的人力资源管理制度和较扎实的人事管理工作规范在处理问题员工和维护企业合法权益方面发挥了重要作用，进一步坚定了郭总和人力资源部钱猛吃透《劳动法》《劳动合同法》《劳动合同法实施条例》和《劳动争议调解仲裁法》的精髓，完善公司相关人力资源管理制度和人事管理工作规范的决心和信心。

5. 实验步骤

(1) 老师首先简单介绍本次实验内容，明确要求，并说明注意事项。

(2) 根据班级上课人数进行分组，确定每个小组的人数。

(3) 小组成员进行讨论，并分工协作，准备实验案例的相关材料，对案例进行分析并总结。

(4) 各小组对自己的成果进行展示，在课后形成书面实验报告并上交存档。

(5) 老师对学生的表现进行点评，指出其在实验及成果展示中的不足，以便在下次实验中加以改进。

6. 考核要求

(1) 是否掌握了劳动相关法律法规知识。

(2) 是否在规定时间完成实验要求。

(3) 是否准确分析总结了实验内容，实验报告内容是否清晰准确。

7. 实验思考

(1) 企业劳动关系管理中应该注意哪些问题?

(2) 劳动关系管理与人力资源管理其他模块的联系有哪些?